사자의 부르짖음

: 예언자 아모스의 선포와 삶

-설교를 위한 아모스서 연구-

국립중앙도서관 출판시도서목록(CIP)

사자의 부르짖음: 예언자 아모스의 선포와 삶- 설교를 위한 아모스서 연구
/ 김태훈 지음. -- 서울 : 한국성서학, 2012
p. ; cm

ISBN 978-89-86015-84-3 93230 : ₩13000

아모스서 [--書]

233.48-KDC5
224.8-DDC21 CIP 2012004113

사자의 부르짖음

: 예언자 아모스의 선포와 삶

-설교를 위한 아모스서 연구-

김 태 훈

한국성서학연구소
KOREA INSTITUTE OF BIBLICAL STUDIES

본 연구는 2010년도 한일장신대학교 종합연구원의 지원으로 이루어졌음.

책 머리에

“사자의 부르짖음-예언자 아모스의 선포와 삶”을 시작하며

- 하나님의 말씀을 듣기를 원하는 모든 분들이 그때 그 곳에서 있었던 옛 백성의 이야기를 배우고 지금 여기서 여전히 말씀하시는 하나님의 음성에 순복하게 되기를 …

아모스서는 다른 성경책에 비해 그리 익숙한 책이 아니다. 길이도 짧고, 위치적으로 열두 예언서에 들어 있어 찾기도 어렵고, 이야기체로 되어 있지도 않아 내용이 잘 기억되지도 않는다. 그러나 아모스서는 지난 수십 년간 구약성경학자들과 특정한 독자들로부터 지대한 관심을 받아왔다. 그것은 아모스의 예언과 아모스서가 가지는 독특성 때문이다.

아모스서는 “처음”이라는 단어와 밀접하게 연관되어 있다. 아모스는 이른바 주전 8세기 이후 나타나는 이스라엘의 고전 예언자들 classical prophets, 즉 말씀 위주의 전형적인 예언자 중 가장 먼저 활동한 예언자이다. 또한 아모스는 자신의 이름을 예언서의 제목으로 가진 첫 예언자이다사무엘서는 예언서가 아니며 그 내용도 예언적이지 않다. 당시 사회와 종교에 대한 아모스의 통렬한 비판은 성경 전체를 통해 그 유례를 찾아볼 수 없다. 또한 아모스는 여호와 하나님이 이스라엘만의 하나님이 아니라 세계의 주권자이심을 보여주는 "열방신탁"을 예언자들 중 제일 먼저 선포한 사람이다이사야에도 열방신탁의 개념과 용어가 나오지만, 이사야는 아모스 후대의 사람이다. 아모스는 이미지와 예화와 수사를 사용한 강력한 설교자였다. 그러므로 아모스와 아모스서에 대한 연구는 다른 예언서 연구의 서론적 이해가 되기도 한다.

본서의 의도는 아모스서를 읽는 모든 분들이 아모스의 선포를 보다 가까이에서 들을 수 있도록 인도하는 것이며, 나아가 아모스를 통해 우리에게 주신 하나님의 말씀을 보다 쉽게 이해하도록 돕는 것이다. 우리는 아모스서를 읽는 것만으로도 우리를 향한 하나님의 음성을 상당 부분 깨달을 수 있다. 옛적에 이스라엘에게 말씀하신 하나님이 오늘 우리에게 말씀하시는 하나님이기 때문이다.

그러나 아모스서를 더 정확하게 이해하기 위해서는 어느 정도의 간격 메우기가 필요하다. 아모스의 선포가 우리와는 시간적으로 상당히 먼 특정한 시대에, 특정한 환경에서, 특정한 청중들을 대상으로 선포된, 긴급성을 가진 말씀이기 때문이며, 또한 아모스는 효과적인 전달을 위해서 그 시대 사람에게 익숙한 표현과 이미지와 비유와 생활 관습을 사용하고 있기 때문이다.

그러므로 필자는 아모스와 아모스서가 도입하고 있는 특정한 단어나 개념, 문법-문학적 표현 방식, 역사적 배경, 사회-경제적 상황들을 고려하면서 본문을 설명해 나갈 것이다.

본서는 여러 과정을 거치며 여러분들의 도움으로 나오게 되었다. 아모스 본문에 대한 주해와 적용은 처음에 한국신학정보연구원원장: 김정

우 교수 발행의 정기간행물인 『헤르메니아 투데이』구 『성서사랑방』에 싣기 위해 준비된 것이다. 그 후 한 권의 책으로 출간되기 위해 많은 부분이 수정되고 첨가되었다. 한일장신대학교는 이 일을 위해 일정액의 연구비를 지원해 주었다. 마지막으로 본서는 한국성서학연구소소장: 장흥길 교수의 제안으로 2011년 9월 5일부터 11월 21일까지 열 번에 걸쳐 강의하면서 보충되고 수정되어 현재의 모습을 갖게 되었다. 이 책의 출판을 허락해 주신 한국성서학연구소의 소장님과 출판을 위해 수고해 주신 연구소의 라병원 목사님께 마음 깊은 곳으로부터 감사를 드린다.

하나님의 말씀을 듣기를 원하는 아모스서를 통해 그 때 그곳에서 있었던 옛 백성의 이야기를 배우고 지금 여기서 여전히 말씀하시는 하나님의 음성에 순복하게 되는 데에 본서가 조금이나마 기여할 수 있기를 소망한다.

2012년 9월

한일장신대학교에서

김태훈 씀

차 례

■ 책 머리에 :
"사자의 부르짖음- 예언자 아모스의 선포와 삶"을 시작하며 _ 5

제1부 서론: 아모스서와 아모스의 삶의 자리

1. 아모스서 ---------- 15
2. 아모스 ---------- 16
3. 시대적 배경 ---------- 18
4. 아모스의 주요 신학 ---------- 20
1) 정의〈미쉬파트〉מִשְׁפָּט와 공의〈츠다카〉צְדָקָה ---------- 20
2) 선택 사상과 여호와의 날 ---------- 20
3) 하나님의 우주적 주권 ---------- 22
4) 이스라엘의 미래 회복 ---------- 22
5) 심판의 하나님 ---------- 23
5. 신약성경과 아모스서 ---------- 24

제2부 본문 주석

I. 서두: 사자의 부르짖음(1:1-2) ---------- 27

1. 예언의 시대적 배경과 예언의 출처(1:1) ---------- 28

2. 예언의 요약(1:2) ---------- 36

II. 열방과 이스라엘에 대한 신탁(1:3-2:16) ---------- 39

1. 서론적 논의 ---------- 40

2. 열방에 대한 신탁(1:3-2:5) ---------- 46

가. 아람의 반역(1:3-5) ---------- 46

나. 블레셋의 반역(1:6-8) ---------- 50

다. 두로의 반역(1:9-10) ---------- 51

라. 에돔의 반역(1:11-12) ---------- 52

마. 암몬의 반역(1:13-15) ---------- 53

바. 모압의 반역(2:1-3) ---------- 54

사. 유다의 반역(2:4-5) ---------- 55

3. 이스라엘에 대한 신탁(2:6-8) ---------- 58

가. 서론적 논의 ---------- 58

1) 올가미 수사와 수 신탁 ---------- 58

2) 아모스 예언의 심판 대상 ---------- 62

나. 단어 연구 ---------- 62

다. 이스라엘에 대한 신탁(2:6-8) ---------- 65

4. 타락한 나라, 탈락된 백성(2:9-16) ---------- 75

가. 하나님의 종을 가로막은 이스라엘(2:9-12) ---------- 76

나. 능한 자에 대한 하나님의 심판(2:13-16) ---------- 81

III. 아모스의 자기 확신과 이스라엘의 깨어지는 영광(3:1-15) ---------- 87

1. 이스라엘과 아모스의 자기 확신(3:1-8) ---------- 88

가. 선택 백성 이스라엘의 자기 확신(3:1-2) ---------- 88

나. 선택 예언자 아모스의 자기 확신(3:3-8) ---------- 93

2. 무너지는 영광들: 사마리아, 벧엘, 야곱의 집(3:9-15) ---------- 98

가. 약탈 당하는 약탈자(3:9-11) ---------- 99

나. 엉터리 구원 신학(3:12) ---------- 103

다. 무너지는 영광들(3:13-15) ---------- 107

IV. 바산의 암소와 벧엘 성소(4:1-13) ---------- 113

1. 사람이 어찌 바산의 암소로 살겠는가?(4:1-3) ---------- 114

2. 벧엘과 길갈마저 썩었다면(4:4-13) ---------- 125

가. 죄악의 진원지 중앙 성소 벧엘(4:4-5) ---------- 127

나. 돌아오라 하였으나(4:6-11) ---------- 131

다. 심판의 날(4:12-13) ---------- 138

V. 성문에서 공의를(5:1-27) ---------- 143
1. 성문에서 공의를(5:1-17) ---------- 144
가. 애가: 참혹한 죽음(5:1-3) ---------- 144
나. 살 길이 있는데(5:4-6) ---------- 149
다. 여호와를 바로 알라(5:7-9) ---------- 153
라. 성문에서 공의를(5:10-17) ---------- 156
2. 비극적 환상: 여호와의 날(5:18-27) ---------- 163
가. 여호와의 날을 기다리는 사람들(5:18-20) ---------- 165
나. 정의를 물 같이, 공의를 강 같이(5:21-24) ---------- 168
다. 사이비 종교: 삶이 없는 제사(5:25-27) ---------- 173

VI. 〈마르제아흐〉와 야곱의 영광(6:1-14) ---------- 179
1. 〈마르제아흐〉에 대한 비난(6:1-7) ---------- 180
2. 야곱의 영광인가, 야곱의 교만인가(6:8-14) ---------- 196

VII. 이스라엘에 대한 세 심판 환상과 아마샤와의 대면(7:1-17) ---------- 211
1. 세 심판 환상(7:1-9) ---------- 214
가. 첫 번째 환상(7:1-3) ---------- 214
나. 두 번째 환상(7:4-6) ---------- 220
다. 세 번째 환상(7:7-9) ---------- 221
2. 아마샤인가, 아모스인가?(7:10-17) ---------- 227

VIII. 아모스의 네 번째 환상과 여호와의 날(8:1-14) ---------------- 245
1. 네 번째 환상(8:1-3) -- 246
2. 육체의 소욕이 부른 여호와의 날(8:4-14) --------------------- 251

IX. 다섯 번째 환상과 이스라엘의 미래(9:1-15) --------------------- 269
1. 다섯 번째 환상과 심판(9:1-10) ------------------------------------ 271
가. 다섯 번째 환상(9:1-4) -- 271
나. 송영(9:5-6) --- 280
다. 여호와의 집행 명령(9:7-10) --------------------------------------- 282
2. 아모스의 마지막 설교: "그러나 그 날에는"(9:11-15) ------ 288

■ 참고문헌 _ 303

제1부

서론: 아모스서와 아모스의 삶의 자리

• 배경: 로마 시대의 벧엘 망루

- 사진 장흥길(장로회신학대학교 신약학 교수, 한국성서학연구소장)

1. 아모스서

구약성경에서 열두 예언서(이른바 '소예언서')에 속하고 그 중간(세 번째)에 들어 있으며, 비교적 얇은 책으로 찾기에 쉽지 않은 책 중의 하나인 아모스서는 아모스에 의해 선포된 말씀과 그의 활동을 기록한 모두 9장 146절(히브리어 성경) 2050여 단어로 이루어져 있다. 그러나 아모스서는 지난 수십 년간 다른 어떤 책보다도 많은 관심을 받아온 책이다.

아모스(서)는 '최초'라는 단어와 친숙하다. 아모스는 주전 8세기 이후 나타나는 고대 이스라엘의 고전 예언자들(classical prophets) 중 가장 먼저 예언했다. 곧 아모스는 자신의 이름을 책의 제목으로 가진 이른 바 '문서 예언자들'(writing prophets) 중 첫 예언자로, 처음으로 '열방 신탁'과 '여호와의 날'을 선포하였다(이사야에도 두 개념과 용어가 나오지만, 이사야는 아모스보다 후대의 사람이다).

또한 아모스는 최초의 사회 비판 예언자이며 강력한 설교자였다. 아모스의 사회에 대한 통렬한 비판은 성경 전체를 통해 그 유례를 찾아볼 수 없다. 그는 부자, 정치 지도자, 종교 지도자들이 힘없는 사람들을 착취하고 억압한 것을 비난했다. 당연히 아모스 본문들은 제3세계 신학, 민중신학, 흑인신학, 여성신학의 중요 본문이 되었다.

아모스서는 예언자의 신탁과 선포와 활동이 정교하게 짜인 문학 작품으로 예언 문학, 예언 현상, 예언의 기능, 예언자가 활동한 사회 상황, 예언자의 정신세계와 학문적 또는 종교적 배경, 예언서의 형성 등에 관심 있는 학도들이 먼저 통과해야 하는 입문서와 같은 책이다. 그러므로 아모스(서)를 이해한다는 것은 구약성경 예언에 대한 열쇠를 가진 것을 의미한다.[1)]

2. 아모스

성경 어디에서도 아모스의 가족 관계에 대한 것은 알려져 있지 않으며, 부친명도 언급되지 않는다.[2] 아마 아모스가 부친의 이름을 내세우기 어려운 신분이 낮은 집 출신이거나, 또는 너무 잘 알려진 가문 출신이어서 따로 언급할 필요가 없었기 때문일 것이다. 아모스는 예루살렘에서 남쪽으로 약 16km 떨어진 유다의 드고아 출신이다(1:1). 그의 유다적 배경은 아모스에게 유다로 돌아가라고 말한 벧엘 제사장 아마샤에 의해서도 확인된다(7:12).

특이하게도 그는 유다 출신이지만 북왕국 이스라엘에 대해서 예언했다. 그런데 아모스의 모든 예언이 한 번의 여행에서 이루어진 것 같지는 않다.[3] 드고아에서 벧엘까지의 거리가 그리 멀지 않았다는 점과 그의 예언의 다양성을 고려해 본다면 아모스는 북쪽으로 여러 번 갔으며 또한 오랜 기간에 걸쳐 선포했을 가능성이 크다.

아모스는 예언자 아닌 예언자이다. 아모스는 자신의 예언을 저지

---

1) Gerhard F. Hasel, *Understanding the Book of Amos: Basic Issues in Current Interpretation* (Baker Book House, 1991), 12.

2) 구약성경에서 〈아모스〉עָמוֹס라는 이름을 가진 사람은 예언자 아모스 밖에 없다. 비슷한 이름으로는 〈아마시야〉עֲמַסְיָה(대하 17:16)가 있다. 우리말 성경 이사야 1:1에는 이사야의 부친명이 아모스로 나타나지만, 정확하게 말하면 〈아모츠〉אָמוֹץ이다. 아모스와 대면한 아마샤(암 7:12)는 〈아마츠야〉אֲמַצְיָה이다.

3) 아모스가 벧엘 성소에서 한 번의 연설로 말하고자 했던 모든 것을 말했고, 그의 방문은 제사장 아마샤가 그를 쫓아내면서 벧엘에서 예언하지 못하게 했던(7:10-17) 그때 한 번으로 끝이 났을 가능성이 있다는 견해도 있다. 자세한 논의는 F. I. Andersen · D. N. Freedman, *Amos*, AB (New York: Doubleday, 1989), 11-12를 보라.

하는 제사장 아마샤 앞에서 자신이 "예언자의 아들"〈벤 나비〉בֶּן־נָבִיא이 아니라고 말한다(7:14). "예언자의 아들"이란 말은 특정한 예언자 그룹에 소속된 사람을 가리킨다(왕상 20:35; 왕하 2:3; 4:1, 38). 여호와 신앙에 연결되어 있던 예언자들도 자신들의 지속적인 활동을 위해(엘리야와 엘리사의 관계에서처럼) 후계자들을 뽑고 훈련시켰다. 그렇지만 아모스는 어떤 전문적 조직에서 훈련받지 않았고 예언 전문가로서 활동하지도 않았다. 여호와의 부름을 받음으로 활동한 개인적인 예언자였던(3:8) 그는 자기 자신을 예언자라고 생각하지 않았으나 분명 가장 전형적인 예언자의 모습을 가진 예언자였다.

아모스의 일상적인 삶의 현장은 농촌에 있었다. 그는 목자〈노케드〉נֹקֵד(1:1)였고, 가축치는 사람〈보케르〉בּוֹקֵר(7:14)이었으며, 시카모 무화과(개역, 뽕나무) 재배자〈볼레스〉בּוֹלֵס(7:14)였다. 그러나 이것만으로 그의 경제적 위치에 대해서 결정하기는 어렵다. 그는 가난한 노동자로서, 가축을 돌보고 무화과가 잘 익도록 열매에 상처를 내는 일용직 고용인으로 생각되기도 했다.[4] 또한 아모스가 가난한 사람의 사정을 잘 알고 있었고 부유층 사람들에게 항거한 사실로부터 미루어 빈곤층 사람으로 추정하기도 한다.

그러나 아모스가 자신을 소개하면서 사용한 〈노케드〉가 수많은 가축 떼를 소유한 모압 왕 메사에게도 적용되는 단어(왕하 3:4)여서, 아모스는 아마 부유한 자영 목축업자 또는 가축이나 농장을 맡은 관리인일지도 모른다. 그래서 어떤 이들은 아모스가 가축 떼를 소유한 부유층인 〈암 하아레츠〉עַם־הָאָרֶץ(땅의 백성)에 속한 사람이라고 추측한다.[5]

---

4) Bruce E. Willoughby, "Amos, Book of," *ABD* I, 203b.

5) 위의 책, 204a. 〈암 하아레츠〉가 어떤 사람들인지 대하여 아직 통일된 의견은 없다. 이는 땅을 소유한 사람들, 땅 없는 사람들(민중, 왕하 24:13-17), 특정 지방/지역의 대표들, 다윗 왕정의 지지자들, 왕의 임명에 관여한 예루살렘의 특정한 행정 또는 정치 조직에 속한 사람들(왕하 11:13-16; 왕하

빈곤층 사람이었든, 부유층 사람이었든 아모스는 상당한 지식인이었음에 틀림없다. 그의 담화와 신탁이 그것을 말해준다. 그는 유다와 이스라엘은 물론 주변 국가들의 역사와 정치 상황이나(1:3-2:16), 성소와 종교적 관행들에 대해서도 잘 알고 있었으며(예. 길갈: 4:4, 5:5; 브엘세바: 5:5, 8:14), 사회를 망가뜨리는 사회-경제 상황과 엘리트들의 남용과 결탁에 대해서 정확한 실상을 파악하고 있었다.

3. 시대적 배경

아모스는 주전 8세기에 활동했다. 그가 예언 활동을 했던 시기는 이스라엘의 여로보암 2세(주전 786-746년; 왕하 14:23-29)와 유다의 웃시야(주전 783-742년; 왕하 15:1-7)가 통치하던 때로 많은 사람들의 기억에 남아 있는 "지진 2년 전"이다(1:1; 참고. 슥 14:4-5). 열왕기하 14:25의 "여로보암이 이스라엘 지경을 회복하되 하맛 어귀에서부터 아라바 바다까지"가 아모스 6:14의 내용과 일치하므로 아모스의 예언 시기는 여로보암 2세 통치 기간 중 어느 때일 것이다.

보다 구체적으로는 앗수르가 아직은 강력한 위협 대상으로 언급되지 않기 때문에 티글랏필레셀 3세의 등극(주전 744/743년) 이전으로 볼 수 있다. 또한 750-742년까지 부친인 웃시야와 공동으로 통치하고, 부친의 사후 742-735년까지 단독으로 통치한 유다의 요담(왕하 15:5; 대하 26:21)

21:19-26; 왕하 23:30 이하), 예루살렘이 아닌 지역의 유력자들, 원주민들(창 23:7; 42:6; 출 5:5), 영향력 있는 귀족층(겔 22:29), 자유 시민, 전체 백성 등이라고 주장된다. Shemaryahu Talmon, "The Judaean 'Am HA'AREṢ in Historical Perspective," in *King, Cult and Calendar in Ancient Israel* (Leiden: Brill; Jerusalem: Magnes Press, 1986), 68-78.

에 대한 언급이 본문에는 나오지 않으므로 아모스의 예언 활동 시기를 750년 이전으로 좁혀볼 수 있다. 그 외 아모스 4:6-11은 백성들에게 떨어진 여러 가지 재난에 대하여, 5:1은 이스라엘을 이미 죽었다거나 또는 죽어가고 있다고 묘사하고, 6:2은 국경 근처인 갈네, 하맛과 갓에 불안이 있었다고 암시하는 것으로 보아 아모스는 여로보암 2세 통치 기간의 평화와 번영이 깨어지기 시작한 때까지 계속 예언 활동을 했던 것으로 생각된다.[6]

주전 8세기는 정치-경제적으로 특별한 의미를 가진다. 주전 8세기, 특히 여로보암 2세 시대는 이스라엘의 두 번째 황금기였다.[7] 주전 801년경 앗수르가 아람의 수도 다메섹을 파괴하여 아람이 곤경에 처하게 되자, 이것을 기회로 여로보암 2세는 길르앗 지역을 합병하고 트렌스요르단 지역과 유다를 점령했으며(6:13-14), 중요 교역로를 확보하고 국제 교역에 적극적으로 참가하였다. 이로 인하여 이스라엘은 큰 부를 축적하고, 종교 생활도 활발하게 진행할 수 있었다.

당시 이스라엘 백성들은 자신들이 누리는 부가 하나님이 자신들의 행위에 복을 준 결과라고 생각했다. 그들은 당연히 받을 만한 것을 받고 있다고 생각하거나 아니면 하나님의 무조건적인 은혜를 남용하면서 선택된 백성의 불멸성을 믿고 있었다. 결과적으로 종교가 타락하고 사회는 부패하여 그에 따른 많은 희생자들을 양산했다. 하나님의 말씀을 가르치고 전해야 하는 제사장들마저 타락했을 때 하나님은 아모스를 보내어 심판의 말씀을 전하셨다.

---

6) 예를 들어 헤이즈(J. H. Hayes)는 6:1-14가 아람 주도의 반-앗수르 동맹이 힘을 얻기 시작한 750년경의 상황을 반영하고 있다고 하면서 갈네, 하맛, 갓이 이 동맹에 의해 정복되었다고 본다. J. H. Hayes, *Amos the Eighth-Century Prophet: His Times and His Preaching* (Nashville: Abingdon, 1988), 128-129, 184-185.

7) Philip J. King, "The Eighth, the Greatest of Centuries?," *JBL* 108 (1989), 3-15.

4. 아모스의 주요 신학

1) 정의〈미쉬파트〉מִשְׁפָּט와 공의〈츠다카〉צְדָקָה[8]

아모스서가 기독교 신앙에 기여한 가장 큰 공적은 참된 신앙의 현장이 어디인가를 가르쳐 준 것이다. 참된 신앙의 현장은 성소와 골방을 넘어 더 멀리, 더 깊이 나아가야 한다. 참된 신앙은 사람들의 삶들이 씨줄과 날줄로 엉켜있는 현실 세계에서 신앙인답게 살아가는 것이다. 곧 참된 신앙은 특정한 장소와 특정한 날에서의 열정이 아니라, 삶의 현장에서 정의롭고 공의롭게 사는 것이다(5:24).

아모스는 하나님을 믿는다고 하면서도 이웃을 억압하고 착취하는 권력자들을 고발하고, 그러한 권력자의 편에 선 종교를 비판한다. 이렇게 아모스는 사회 지도층 사람들을 비난할 뿐 아니라, 당시의 중요 성소인 벧엘, 길갈, 브엘세바의 죄악을 지적한다. 신앙적 열정을 가지고 있지만 악행을 지속하는 그러한 사람들의 예배는 자신의 실상을 볼 수 없게 만드는 가장 악한 것이 되며, 악을 용인하거나 악인의 제물을 탐하는 종교는 결과적으로는 악의 축으로 작용할 수 있다. 아모스는 신앙인이란 그가 누구든지 간에 악한 생활을 미워하고 선한 행동을 하며 살아가야 함을 강력히 촉구한다(5:4-5, 6-7, 14-15, 21-24).[9]

2) 선택 사상과 여호와의 날[10]

8) 이 히브리 단어들에 대한 설명은 2:6; 5:7; 5:24 주석을 보라.

9) 김태훈, 『소예언서』, 신학전문도서시리즈 6(서울: 한국장로교출판사, 2007), 91.

10) 여호와의 날에 대한 구절과 설명을 위해서는 5:19 주석을 보라.

아모스는 이스라엘의 "선택 사상"이나 "여호와의 날"과 같은 전통적인 종교적 사상을 변경시킨다. 이스라엘은 하나님의 선택을 자신들만이 갖고 있는 특권으로 여기고 그것이 자신들의 번영과 보호의 기초라고 생각했다.[11] 이렇게 이스라엘은 자신들의 선택 사상에 근거해서 여호와가 어떤 경우에든지 이스라엘을 보존한다는 보증으로서의 여호와의 날을 고대했다. 곧 그 날에는 모든 적은 파괴될 것이며, 이스라엘은 하나님의 권력과 권위의 증인으로 세상 앞에 서게 될 것이라고 믿었던 것이다.

그러나 아모스는 여호와의 날에 대한 이러한 이스라엘의 이해를 정정한다. 그 날은 파괴의 날, 어두움의 날, 심판의 날이다(4:12; 5:18-20; 8:9-10). 요엘서에서 여호와 하나님은 이스라엘을 보호하시는 사자이시나, 이어 나오는 아모스서의 서두에서 여호와 하나님은 이스라엘을 파괴하시는 사자이시다.

> 여호와께서 시온에서 부르짖고 예루살렘에서 목소리를 내시리니 하늘과 땅이 진동하리로다 그러나 여호와께서 그의 백성의 피난처, 이스라엘 자손의 산성이 되시리로다(욜 3:16)

> 그가 이르되 여호와께서 시온에서부터 부르짖으시며 예루살렘에서부터 소리를 내시리니 목자의 초장이 마르고 갈멜 산 꼭대기가 마르리로다(암 1:2)

이러한 차이는 두 책의 하나님에 대한 이해 차이에서가 아니라, 백성들의 삶의 차이에서 나온 것이다. 이스라엘을 사랑하시는 하나님은 사랑하는 이스라엘의 범죄를 심판하는 하나님이심을 아모스는 가르쳐 준다. 곧 역사적 이스라엘의 멸망(주전 722년)은 하나님의 경고가 하나님의 백성에게도 실제로 실현되었다는 것을 확인시켜 주었다. 하나

11) 위의 책, 91.

님은 선택 백성에게 선택 백성으로서의 합당한 삶을 요구하신다.

3) 하나님의 우주적 주권

아모스서의 특징은 심판 선고가 이스라엘과 유다를 넘어간다는 것이다. 아모스서는 첫 장부터 이스라엘 주변 국가들에 대한 심판 선고를 담고 있다. 그 나라들은 하나님의 선택 백성이 아니며, 하나님의 말씀으로 경고를 받은 나라들도 아니다. 그들은 자신들의 신들을 믿고 그 신들과 관련된 종교 행위를 하는 나라이다. 그러나 하나님은 그들의 행위에 따라 그들을 심판하신다. 하나님의 모든 나라들의 주권자이시며 심판자이심을 아모스서는 분명하게 드러낸다. 세상의 나라들과 백성들은 그들의 종교가 무엇이든 간에 하나님 보시기에 적합한 삶을 요구받는다. 여호와 하나님은 이스라엘의 신이 아니라 온 세계의 하나님이시다.

하나님은 모든 피조물의 창조자이시며, 우주를 주관하시는 분이시다(4:13; 5:8–9; 9:5–6). 이것은 이스라엘 백성에게는 아픈 진리이기도 하고 희망이기도 하다. 이스라엘 지도자들의 권세가 어떠하든 그들은 하나님의 징계를 피할 수 없다. 하나님은 참된 의미의 주관자이시기 때문이다. 그러나 이스라엘을 파괴하는 나라들조차 그들은 하나님의 도구에 불과하다. 하나님은 앗수르를 움직이시고 애굽을 주관하시는 분이시기 때문이다. 그러므로 강대국에 의해 멸망당했을 때에라도 희망은 남아 있다. 여호와 하나님은 강대국을 움직이기도 하시며 그들을 파괴하기도 하시는 참된 주관자이시기 때문이다.

4) 이스라엘의 미래 회복

주전 8세기 아모스는 철저히 심판 선고(Absolute No)만 내렸는가? 아니면 현재 아모스서에 있는 것처럼 희망에 대해서 선포했는가? 아모스

5:4의 "나[여호와]를 찾으라. 그리하면 살리라"는 누가 한 말인가? 아모스의 말인가 아니면 포로 시대를 경험한 편집자의 첨언인가? 책 결론에 나오는 희망의 의미는 무엇인가? 아모스가 심판 선포를 이어 더 한 것인가? 아니면 포로 시대의 희망인가? "요셉의 남은 자"(5:15)의 회복은 아모스의 주관심사인가 아니면 철저한 파괴 후의 결과를 말하는 것인가? 그 대답은 학자들이 사용하는 연구방법론과 맥을 같이 한다.

아모스는 주로 심판을 선고했지만, 본문 자체는 미래의 희망을 남겨놓는다(예. 9:11-15). 이스라엘은 아모스가 불순종의 결과에 대해 예언한 바대로 722년에 멸망한다. 유다 역시 같은 행로를 따르다가 587년에 멸망한다. 그러나 역사는 그것이 하나님의 선택 백성의 끝이 아님을 말해준다. 아모스서는 미래의 "어느 날" 회복이 있을 것을 예언한다. 그 날이 아모스로부터 얼마나 먼 날인지에 대해 논란이 있을 수 있으나, 그 회복의 날이 전적으로 하나님으로부터 말미암는다는 것은 분명하다.

5) 심판의 하나님

아모스에게 있어서 여호와는 사랑으로 나라들을 불러내시는 분이며 동시에 나라들을 원 위치로 보내는 분이시다. 세우기도, 부수기도, 구원하기도, 파괴하기도 하는 분이다. 종교만 문제가 되는 것은 아니다. 곧 여호와를 섬기는가, 바알을 섬기는가 하는 것만 문제가 아니라는 말이다. 하나님은 그들의 종교가 아니라 그들의 행위를 문제 삼으신다. 우리는 구원에 대해서 많은 말을 한다. 그러나 하나님은 심판자이시기도 함을 잊지 말아야 하며, 우리의 행위를 돌아보아야 한다.

어떤 사람들은 구약의 하나님은 심판의 하나님이시며, 신약의 하나님은 구원의 하나님이시라고 말한다. 그렇지 않다. 구약에도 사랑이 넘치고, 신약에도 심판이 깔려 있다. 아모스의 '돌이키라'는 선언은 악한 지도자들마저 기회가 있다는 사랑에서 나오는 것이다. 신약의 마지막은 하나님을 사랑하여 온갖 고초를 겪어내는 고난 받는 이들에게 주어지는 하나님의 사랑의 이야기며 온갖 권력으로 하나님을 대적하는 세력들에 대한 심판의 이야기다. 하나님의 사랑을 받고 사는 신앙인들은 죄악을 멀리하고 버려야 한다. 아모스는 우리에게도 하나님의 경고를 전하고 있다.

5. 신약성경과 아모스서

앞에서 언급한 것처럼 아모스는 하나님의 선택 백성의 삶에서 드러나야 하는 것이 "정의와 공의"라는 것을 강조한다. 하나님은 인간이 제사 행위로 설득하거나 누그러뜨릴 수 있는 분이 아니다. 곧 신앙은 정의롭고 공의로운 행위를 포함해야 한다. 정치, 종교, 경제, 사회 활동 등 삶의 전반적인 분야에서 정의와 공의가 실천되어야 하는 것이다.

아모스의 가르침은 신약성경에서도 도도히 흐른다. 주의 이름을 부르는 자가 아니라 주의 뜻을 행하는 자가 되어야 하며(마 7:21; 12:50), 자신의 이익을 우선으로 하는 제의적 종교인이 아니라 자신의 위험을 무릅쓰고라도 환난 당한 자를 살피는 선한 이웃이 되어야 한다(눅 10:25-37). 또한 참된 신앙은 힘없는 사람들을 압제하지 않고 힘을 북돋우어 주며, 궁핍한 사람들의 삶을 돌아보는 것이다(약 1:27; 5:1-6).

아모스의 구원 희망(9:11-12)은 사도행전 15:15-18에서 인용된다. 죄로 말미암아 절망을 경험하게 될 옛 청중 이스라엘에게 아모스가 선포한 다윗 장막의 회복은 "내 이름을 일컫는 만국"에게로 확장되며, 예수 그리스도 안에서 주어지는 새 백성의 희망이 된다.[12]

12) 위의 책, 92.

제2부

본문 주석

I. 서두: 사자의 부르짖음 (1:1-2)

아모스서는 역사적 배경과 책의 내용을 함축하는 예언서의 전형적인 서두로 시작한다(1:1; 참고. 호 1:1; 사 1:1; 렘 1:1).[13] 책의 내용은 아모스가 이스라엘에 대하여 받은 "말씀"으로 그가 "이상" 중에 본 것이다. 예언을 시작한 시기는 유다 왕 웃시야와 이스라엘 왕 여로보암 2세가 통치하던 시절 "지진 이년 전"인 760년경으로 생각된다.[14] 2절의 "여호와께서 부르짖으시며, 소리를 내신다"는 표현은 아모스의 예언이 어떠할 것인가를 축약한 것이다.[15]

---

13) 학자들은 아모스서를 다양한 방식으로 세분화하여 두 단락에서부터 거의 열 단락에 이르기까지로 나눈다. 자세한 것은 Stephen J. Bramer, "The Literary Genre of the Book of Amos," *BS* 156 (January-March 1999), 42-60; "Analysis of the Structure of Amos," *BS* 156 (April-June 1999), 160-174; "The Structure of Amos 9:7-15," *BS* 156 (July-September 1999), 272-281을 참조하라.

14) 이 지진의 흔적이 하솔 Stratum VI에 남아 있다. P. J. King, *Amos, Hosea, Micah: an Archaeological Commentary* (Philadelphia: Westminster Press, 1988), 21, 38.

1. 예언의 시대적 배경과 예언의 출처(1:1)

[1:1] 유다 왕 웃시야의 시대 곧 이스라엘 왕 요아스의 아들 여로보암의 시대의 지진 전 이년에 드고아 목자 중 아모스가 이스라엘에 대하여 이상으로 받은 말씀이라.

이 절은 아모스서 전체의 개요로 볼 수 있다. 히브리어
1:1 성경에 따르면, 어떤 형식으로 메시지가 전달되었는지(말씀),
누가 그 말씀을 선포했는지(아모스), 그는 어디서 무엇을 하다 온 사람인지(드고아 목자 중), 전할 메시지를 어떻게 받았는지(묵시 받은), 무엇에 대한 것인지 혹은 누구를 향한 것인지(이스라엘)의 순서로 소개된다.

아모스가 선포한 말씀은 대상이 있는데, 그 대상은 특정한 시대의 특정한 대상이다. 곧 이스라엘이라는 특정한 국가 혹은 사회에, 그리고 웃시야가 유다를 다스리고 여로보암이 이스라엘을 다스리던 그 시대의 사람들에게 선포된 것이다. 더 구체적으로 많은 사람들의 마음에 각인되어 있는 '그 지진' 이년 전에 선포된 말씀들이다.

"말씀"〈드바림〉דְּבָרִים이란 단어는 아모스서의 내용이 무엇인지를 가르쳐 준다. 기본적으로 이 책은 아모스가 하나님의 명령을 받고 이스라엘에게 선포한 말씀들을 수집해 놓은 것이다. 그러나 동시에 입과 관련된 말씀을 넘어간다. 히브리어 〈다바르〉דָּבָר는 말씀을 뜻하기도 하지만 사건을 뜻하기도 한다.

하나님의 명령을 따라 행하는 예언자의 삶은 그 자체가 또한 하나의 사건이며, 말씀이다. 예를 들어, 호세아가 고멜과 결혼한 것은

15) 이 묘사는 요엘 3:16에도 나오는데, 요엘서의 말씀은 아모스서와는 달리 여호와의 백성들을 위한 구원의 진술로 이어진다.

말하기(saying)는 아니지만 분명히 그 결혼을 통해, 즉 사건을 통해 하나님의 뜻을 전하는 것이다. 출애굽 사건은 입말이 아니지만 어떤 말보다도 생생한 하나님의 말씀이다. 예수님의 십자가는 설교가 아니라 사건이다. 그러나 그것은 하나님의 가장 강력한 사랑과 심판의 메시지이다.

아모스는 (입으로) 선포하라고 부름 받은 사람이다. 그러나 선포를 위한 그의 순종과 위험한 대면들은 보고 읽는 사람에게 그 자체가 하나님의 말씀이다. 요나가 니느웨 반대 방향으로 달아난 것에서 예언자의 삶이 어떤 것인가를 충분히 짐작할 수 있다. 하나님은 마이크를 사용한 것이 아니라 전할 사람의 생애를 사용하셔서 말씀하신 것이다.

"목자"〈노케드〉נֹקֵד의 사전적 뜻은 "양이나 염소 떼를 치는 사람"이다.[16] 학자들은 이 단어에서 아모스의 직업이나 사회적 위치를 찾아보려고 노력했다. 정말 문자 그대로 목자인지, 만일 그렇다면 얼마나 많은 짐승들을 쳤는지, 사회적 지위는 어느 정도였는지 탐문해 왔다. 그래서 어떤 이는 이 단어를 아카드어와 관련시켜 성전과 관련 있는 관리로, 어떤 이는 모압 비문과 관련시켜 성전에서 일했던 어떤 직책으로 보았다.[17]

그러나 예루살렘 성전이나 드고아 성소에 양 떼나 염소 떼를 기르는 직책이 따로 있었다는 증거가 없다. 그래서 같은 어근의 단어가 다른 나라에도 있었고, 그런 이름을 가진 직책이 있었다는 것 외에, 아모스도 그들과 같은 직책을 가지고 있었다는 것을 받아들이기 어렵다. 아모스는 자신이 목자요, 뽕나무를 재배하는 자로서 양 떼를 따르고 있었다고 한다(7:14). 사무엘하 7:8은 하나님이 다윗을 "양을 따르는 데서" 취했다고 기록한다. 다윗이 목자였다는 것을 의심하는

16) James L. Mays, *Amos* (London: SCM Press, 1969), 19.

17) 자세한 논의를 위해서는 Hasel, *Understanding the Book of Amos*, 36-40을 보라.

사람이 거의 없듯, 아모스 역시 짐승을 기르는 사람이었을 것이다.

모압 왕 메사는 〈노케드〉(양을 치는 자)인데도 새끼 양 십만의 털과 숫양 십만의 털을 이스라엘 왕에게 바쳤다(왕하 3:4). 그러므로 〈노케드〉 단어 자체로서 아모스의 재산 정도를 추정하기 어렵다. 그러나 다른 예언자들의 경우에서 보듯(예. 모레셋의 미가) 자신이 속한 공동체에서 중요한 위치에 있던 사람이라고 보는 것이 무리가 없을 것이다.[18] 하나님의 종은 어디에나 있고 하나님은 양 가운데서도 그분의 종을 찾아내시는 분이다.

"드고아"는 예루살렘 바로 밑에 있는 마을이다. 지리적으로 남왕국에 소속되어 있다. 7:12의 아마샤의 말도 아모스가 남쪽에서 온 사람임을 암시한다. 그런데 왜 남쪽 사람이 북쪽 나라에서 예언을 하는가? 북쪽에는 하나님의 말씀을 전할 사람이 없었는가? 대답하기 어렵다. 호세아는 같은 시대에 북쪽에서 예언했다.

우리가 말할 수 있는 것은 두 나라가 정치적으로 나누어져 있지만 여호와의 주되심은 사람이 만든 정치적 경계에 영향을 받지 않는다는 것이다. 여로보암이 다윗 왕가와 금을 긋고 종교적으로도 새로운 국가 혹은 예배를 만들어 새 나라라고 주장해도 이스라엘의 주는 여전히 여호와 하나님이다. 관할권은 그분에게 있다. 하나님은 그의 종 아모스를 시켜 그의 나라 이스라엘에 대해 선포하셨다. 이스라엘의 주인은 사마리아의 자칭 지도자들이 아니라 여호와 하나님이시기 때문이다.

"이상"에 해당하는 히브리어는 〈하자〉חָזָה이다. 〈하자〉의 뜻은 '보다'이다. 그러나 이 단어는 어느 누구나 볼 수 있는 것을 본다고 말하지 않는다. 이는 곧 아무나 볼 수 없는 것을 하나님이 보여 주심으로 본다는 것을 뜻한다. 그러므로 구약성경에서 〈하자〉는 예언자에게서 일어나는 현상이며 계시적 만남을 표현하는 단어이다.[19]

---

18) Mays, *Amos*, 19.

19) Hans Walter Wolff, *Joel and Amos*, Hermeneia (Philadelphia: Fortress

예언자들은 미래학자들처럼 세상의 앞날을 통계학적으로 내다보아 진단하는 것도 아니고, 특수한 능력이 있어서 남들이 보지 못하는 것을 알아서 말하는 것이 아니다. 그들은 받은 것을 말하는 사람이다. 목자이며 드고아 촌에 사는 아모스가 어떻게 사회의 감추어진 현실을, 또한 미래를 정확하게 알 수 있는가? 그는 그가 가진 정보의 양과 질을 통해 될 일을 알았을까? 그는 강대국 앗수르의 군사력과 서방 정책을 판단한 것인가?

예언서	말씀 〈다바르〉דָּבָר	이상, 묵시 〈하존〉חָזוֹן / חָזָה	경고(짐) 〈마싸〉מַשָּׂא
이사야(1:1)		○	
예레미야(1:1)	○		
에스겔(1:1)		〈라아〉 רָאָה	
호세아(1:1)	○		
요엘(1:1)	○		
아모스(1:1)	○	○	
오바댜(1:1)		○	
요나(1:1)	○		
미가(1:1)	○	○	
나훔(1:1)		○	○
하박국(1:1)		○	○
스바냐(1:1)	○		
학개(1:1)	○		
스가랴	○ (1:1; 9:1[히]; 12:1)		○ (9:1; 12:1)
말라기(1:1)	○		○

〈표 1- 예언자의 메시지의 출처와 성격〉

아모스는 하나님으로부터 받은 것을 말하며, 사람이 볼 수 없는 것을 하나님이 보여 주시므로 선포한다(7:1–9; 8:1–3; 9:1–4). 그러므로 목

Press, 1977), 124a.

자(아모스)도, 왕족(이사야)도, 시골의 장로(미가)도 예언자가 된다. 예언자는 사회 진단자, 사회 비판자로 보이지만, 그 전에 이미 하나님의 부름을 받고 하나님으로부터 지시를 받은 사람이다.[20] 예언자란 자신의 목적을 이루기 위해 스스로 나선 자가 아니라 하나님의 뜻을 이루기 위해 부름 받은 자이며, 하나님께로부터 받은 것을 전하는 사람이다. 그러므로 〈표 1〉에서 요약된 것처럼, 열두 예언자는 서두 혹은 중요한 부분에 자신들의 메시지의 출처와 성격에 대해 언급한다.[21]

이 "지진"은 당시 사람들에게 매우 인상적인 것이었던 것으로 보인다. 스가랴도 이 지진에 대하여 언급하였다. "유다 왕 웃시야 때에 지진을 피하여 도망하던 것 같이 하리라"(14:5). 웃시야 시대에 일어난 지진은 너무도 놀라운 것이어서 사람들에게 심판의 한 상징으로 각인되고 있었다. 고고학자들은 이 지진이 하솔의 발굴로부터 760년경 일어났다고 결론짓는다.[22] 그렇다면 아모스의 예언 활동도 760년경이 될 것이다.

---

20) 우리는 선지자 또는 예언자라는 표현에 익숙해 있다. 선지자(先知者)는 '미리 아는 자'이고 '예언자(豫言者)'는 '앞으로 일어날 일을 말하는 자'이므로 두 용어 모두 '미래'의 일과 관계가 있다. 그러나 구약성경에 나타나는 예언자의 역할은 단순히 미래에 일어날 일을 미리 보거나 말하는 것만은 아니다. '예언하다'의 히브리어 단어는 〈나바〉נָבָא의 〈니팔〉형(단순수동 또는 재귀형)인 〈니바〉נִבָּא이다. 이 단어의 원래 뜻이 무엇인지 분명하지 않지만 '부르다', '소환하다', '선포하다'의 뜻을 가진 아카드어 〈나부〉와 관련 있는 것으로 받아들여진다. 또 다른 단어로는 한글 성경에서 '선견자'(〈로에〉 삼상 9:9; 〈호제〉 암 7:12)로 번역된 〈호제〉חֹזֶה와 〈로에〉רֹאֶה가 있다. 이 두 단어는 일반적인 사람이 볼 수 없는 것 또는 일반 사람에게는 감추어진 것을 볼 수 있는 사람을 말한다. 그러므로 〈하자〉חָזָה 또는 〈하존〉חָזוֹן은 '계시'(사 1:1), '이상'(암 1:1), '묵시'(옵 1:1; 미 1:1; 나 1:1; 합 1:1)로 번역된다. 예언자에 대한 용어와 예언자의 기능에 대해서는 Leon J. Wood, *The Prophet of Israel*, 김동진 옮김, 『이스라엘의 선지자』(서울: 기독교문서선교회, 1990); Gleason Archer, *A Survey of Old Testament Introduction*, rev. (Chicago: Moody Bible Institute, 2007), 276을 보라.

21) 김태훈, 『소예언서』, 14-15.

"유다 왕 웃시야의 시대, 곧 이스라엘 왕 요아스의 아들 여로보암의 시대"는 군사적 성공과 경제적 번영의 시기였다.[23] 주전 8세기 처음 50년간 두 나라는 정치적 파워와 경제적 부라는 측면에서 최고점을 구가했으며 다윗-솔로몬 시대의 영광의 시대를 재연하고 있었다. 여로보암 2세와 웃시야는 주변의 적국들을 굴복시키고 영토를 확장하면서 자신들의 정치적 영향력을 자신들의 국토 너머로 끼치고

---

22) 요세푸스는 이 지진을 웃시야의 교만과 불신앙 탓으로 돌리며, 지진이 산을 이동시킬 만큼이나 파괴적인 것이었다고 말한다. Josephus, *The Antiquities of the Jew*, Book 9. 222-226, 『유대고대사 II』(서울: 달산, 1991), 369-370; 열왕기하 15:5; 역대하 26:16-20 참조.

> 그는 사상누각과 다를 바 없는 번영으로 인해 허영심이 그 마음에 꽉 찼고 영원불멸한 능력을 경멸하게 되었다. 즉 그는 하찮은 성공으로 인해 하나님에 대한 충성과 율법 준수라는 자신의 본분을 망각하고 그의 아버지가 범한 불순종과 타락의 전철을 그대로 답습한 것이다. 그는 자기의 눈부신 풍요와 막강한 권력에 의해 똑바른 방향으로 더 이상 나갈 수 없는 죄 가운데 거하게 되었다. 이리하여 축제일이 다가오자, 그는 성의(聖衣)를 입고 궁 제단 위에서 하나님께 분향을 피우려고 성전으로 갔다. 그러나 대제사장 아사랴와 80명의 제사장들은 왕을 들어오지 못하게 하면서 "당신이 희생 제물을 드리는 것은 율법에 어긋나는 것입니다. 아론의 자손 이외의 사람에게는 그러한 일을 허용할 수 없습니다"라고 왕에게 말하였다. 그러자 왕은 노발대발하면서 조용하지 아니하면 죽이겠다고 협박하였다. 이 때 커다란 지진이 땅을 흔들면서 성전 안에 틈이 생겼다. 그 틈 사이로 태양의 밝은 광선이 왕의 얼굴에 비추었다. 그러자 왕은 즉시 문둥병에 걸리고 말았다. 도시 앞에 에로게라는 곳에 있는 산이 서쪽 부분이 쪼개져 4퍼얼롱 가량 밀려서 동쪽 산에까지 가서 멈추었고, 왕의 정원은 물론 길까지도 밀린 산으로 인해 엉망이 되었다.

23) 이 두 왕의 시대를 가리켜 킹(Philip J. King)은 이스라엘의 "황금기"였다고 말하며 노트는 물질적 능력 면에서나 경제적 번영 면에서나 영토의 넓이 면에서 최고점에 도달했던 "이스라엘 역사의 은빛 시대(the Silver Age of Israelite history)"라고 평가한다. King, "The Eighth, the Greatest of Centuries?," 3-15. Martin Noth, *The History of Israel*, 2d ed. (New York: Harper & Row, 1960), 250.

있었다. 길르앗, 로드바르, 카르나임 같은 트렌스요르단 땅의 점령이 매우 중요하였던 것은(6:13–14), 티그리스-유프라테스에서 아카바 만과 이집트에 이르는 주요 교역로가 길르앗과 트렌스요르단을 통과하고 있었기 때문이다. 주전 801년경 앗수르가 아람의 수도 다메섹을 파괴하자, 아람은 내리막길에 들어섰고, 이 기회를 선용하여 여로보암 2세는 길르앗 지역을 합병하고 트렌스요르단을 점령했다. 엘랏을 정복한 유다와 친선 관계를 회복하게 되자 유다와 이스라엘은 주요 교역로를 확보할 수 있었고, 국제 교역 참여를 통해 큰 부를 축적할 수 있었다.[24] 정치 외교적인 성공은 국내적으로도 안녕을 가져다주었다.

누가 이 시대를 하나님의 심판 아래 있는 시대라고 생각했을까? 누가 성공과 번영을 하나님의 은혜라고 말하지 않겠는가? 사람들은 하나님을 부르고, 열심히 종교 생활을 했다. 그들은 성소를 찾아다니며 예언자들에게 조언을 구하고 많은 것을 단에 드렸다. 그들은 자신들의 종교 생활의 열심도, 그들이 누리는 부도 하나님이 자신들에 행위에 복을 준 결과라고 생각했다. 당연히 받을 만한 것을 받고 있다고 생각했고, 하나님의 무조건적인 은혜를 남용하면서 선택된 백성의 불멸성을 믿고 있었다.

지도자들은 수단 방법을 가리지 않고 자신들의 금고를 채워갔으며(2:6–8; 8:4–6), 호화로운 삶을 즐겼다(암 6:4–6). 정의는 굽어지고(5:10–13) 힘없는 사람들은 착취당하고 팔려갔다(2:6–7; 4:1–2). 예배는 규모 있고 사람으로 가득했으나 오직 형식뿐인 예배, 즉 예배자 자신이 받아들여

---

24) *ABD* I, 205b. 울드(G. Auld)는 "아모스 시대에 이르러, 이스라엘은 번영이 아니라 하강기에 접어들었다. 아모스가 그렇게도 못마땅하게 생각한 빈부 차이는 여로보암 2세의 오랜 통치 기간 동안 얻어진 최근의 번영의 결과가 아니라, 가난한 자에 가장 무거운 짐을 지우게 된 보다 오랜 기간 동안 확립된 하강의 결과이다"라고 본다. A. G. Auld, *Amos*, OT Guides (Sheffield: JSOT Press for the Society for Old Testament Study, 1986), 13.

질 수 없는 예배였다. 당시의 이스라엘과 유다의 지도층들은 오직 자신들의 외적 성공만 보았을 뿐 사회 내부에 있는 고통 받는 사람들을 보지 못했고 외면했다. 무엇보다도 그들은 하나님을 바로 보는 것에 전적으로 실패했다.

하나님의 심판의 도구는 앗수르였다. 앗수르 제국은 주전 9세기에서 7세기에 고대 근동의 경제와 정치를 좌지우지했던 초강국이었다. 그들의 경제는 국내 생산에 의존하는 것을 넘어 주변 국가로부터의 주기적인 헌납으로 유지되었고 그들의 손아귀에서 벗어나려고 시도하는 국가들에 대하여는 군사적 침공을 단행하여 철저한 파괴와 함께 국가를 아예 없애거나 위성국가로 만들어 버렸다. 그들은 정치적 경제적 위상을 높이기 위해 늘 이스라엘과 유다가 위치했던 시리아-팔레스타인 지방을 자신들의 마음대로 움직이고 싶어 했다. 그들의 잔인성도 반란을 막기 위한 하나의 정책이 되었다. 그들은 함락당한 성들의 주민이나 지도자들의 목을 잘라 장대에 걸어 많은 사람이 보게 하거나 껍질을 벗겨 죽이는 일도 서슴지 않았다.

아슈르바니팔 II세(Ashurbanipal II, 주전 883-859년)는 자신의 잔인함에 대해 다음과 같이 기록하고 있다. "나는 나에게 반란을 일으켰던 많은 귀인들의 껍질을 벗기고 시체 더미 위에 그들의 껍질을 늘어놓았다. 일부는 더미 위에 그냥 펴놓았고, 일부는 더미 위에 장대를 세우고 걸어놓았다 … 벽에다가 껍질을 늘어놓기도 했다."[25)]

이스라엘의 운명은 앗수르인들의 형편에 달려 있었다. 그들은 여로보암 2세와 웃시야 왕 당시에 잠깐 숨을 돌리고 있었는데, 얼마가지 않아 티글랏-필에셀 III세(Tiglath-Pileser III, 주전 744-727년)는 대규모 시리아-팔레스타인 침공에 나섰고, 그의 후계자인 살만에셀 V세(Shalmaneser V, 주전 727-722년)는 이스라엘의 수도인 사마리아를 삼년 간 포위한 끝에 함락하였으며

---

25) Albert K. Grayson, *Assyrian Royal Inscriptions* II (Wiesbaden: Otto Harrassowitz, 1976), 124.

(왕하 17:1–6),[26] 사르곤 II세(Sargon II, 주전 722–705년)는 720년 재차 사마리아를 침공하여 완전히 파괴하고 자신의 지방으로 귀속시켰다. 주민들도 강제로 이송되어 땅은 옛 땅이나 주민은 다른 사람들이 들어와 살게 되었다.

2. 예언의 요약(1:2)

[1:2] 그가 이르되 여호와께서 시온에서부터 부르짖으며 예루살렘에서부터 소리를 내시리니 목자의 초장이 애통하며 갈멜 산 꼭대기가 마르리로다

1:1이 전체 예언의 배경을 설명하는 것이라면 이 구절은
1:2 아모스의 예언의 내용이 무엇인지 요약한다. 아모스가 선포하는 말씀의 첫 단어는 "여호와"이다. 이는 아모스의 예언을 듣는 자들에게 긴장감을 가져다준다. 아모스는 누구의 말씀을 전하는가? 곧 여호와의 말씀, 이스라엘의 종교가 섬긴다고 생각하는 분이며, 지도자들의 지도자이며, 오늘의 부귀영화를 주신 분이라고 이스라엘의 지도층들이 고백하는 바로 여호와 그분의 말씀을 전한다. 이스라엘 백성들에게 그 이름은 낯익은 이름이며, 그들이 자기 식의 삶을 마음대로 살면서도 편안한 마음을 가진 것에서 알 수 있듯이 친근하

26) 어느 왕이, 언제 사마리아를 함락시켰는가 하는 것은 구약 역사학자들과 근동 역사가들을 괴롭히는 매우 까다로운 질문이다. 열왕기하 17:4 이하에 언급되는 왕이 앞 구절의 살만에셀 V세인지 아니면 사르곤 II세인지 대해 의견이 나뉘고, '바벨론 역대기'(Babylonian Chronicles)나, 사르곤 II세의 비문들이 서로 다르게 말하고 있다. 필자는 열왕기하 17:3-6 모두가 722년 살만에셀 왕에 의한 사마리아의 함락을 보고한다고 본다. 자세한 논의를 위해서는 김태훈, "앗시리아 역사 문서와 사마리아의 함락," 『구약논단』 15(2003), 195-222을 보라.

고, 부드럽고, 자비로운 음성을 가진 분이다.

그런데 그들의 생각과는 달리 여호와는 공격자이다. 이스라엘은 여호와를 부드러운 친구로 생각했으나 그분은 이스라엘에게 갑자기 젊은 사자처럼 덮친다. 이스라엘의 기대는 사자의 울부짖음에서 무너진다. 여호와라는 이름에 안심하던 사람들은 그 부르짖음 소리에 놀란다. 여호와의 부르짖음에 자연도 놀란다. 목자의 기름진 초장도, 울창한 갈멜산 꼭대기도 예외는 아니다. 초장에서 산정까지, 낮은 곳에서 높은 곳까지의 풀도 나무도, 곧 모든 풍요가 한 부르짖음에 말라버린다.

아모스는 여기서 동어적 평행법(synonymous parallelism)을 사용한다.[27] "애통하며"에 해당하는 단어는 〈아발〉אָבַל이다. 〈아발〉은 '시들다'는 뜻도 가진다. 여호와는 사자처럼 큰 소리로 외치고 초장은 떨며 운다〈아발〉. 여호와가 부르짖을 때 초장은 시들며〈아발〉 산정은 말라버린다.

저가 가로되	
여호와께서 시온에서	부르짖으며
예루살렘에서	소리를 내시리니
목자의 초장이	마르고(또한 애통하며)
갈멜산 꼭대기가	마르리로다

'마르다'〈야베쉬〉יָבֵשׁ는 여호와의 진노를 표현하기 위해 자주 이용되는 단어이다(예. 사 5:6; 11:15; 19:7 이하 단락; 42:15; 렘 12:4 등). 이 "마름"은 완전한 파멸을 나타내며 종말론적 차원을 가진다.[28]

27) 이 평행법은 야누스 평행법(Janus parallelism) 또는 추축 평행법(樞軸, pivot parallelism)이라 불린다. 한 단어〈아발〉가 서로 완전히 다른 두 개의 뜻(애통하다, 시들다)을 가지면서 한 의미(애통하다)는 앞 문장의 평행법에서, 다른 의미(시들다)는 뒷문장의 평행법에서 기능하기 때문이다. Tremper Longman III, 한화룡 옮김, 『어떻게 시편을 읽을 것인가?』(서울: IVP, 1989), 127 참조.

28) Wolff, *Joel and Amos*, 125b.

<묵상>

1. 전하는 자는 먼저 듣는 자이다 (1:1)

아모스는 생애를 던져 선포한 사람이다. 그러나 그는 전하기 전에 먼저 여호와의 말씀을 들은 자였다. 먼저 하나님의 말씀을 귀담아 듣는 자만이 하나님의 말씀을 바로 선포할 수 있다. 하나님과 깊은 교제를 가지고 하나님의 말씀을 받을 수 있는 사람이 하나님의 참된 종이다. 듣지 않은 아모스가 어찌 하나님의 말씀을 들으라고 설교할 수 있는가? 참 예언자와 거짓 예언자의 차이는 하나님의 것으로 선포하느냐, 아니면 자기 것을 하나님의 것이라고 선포하느냐에 달려 있다. 요나도 하나님으로부터 들었다. 그러나 그는 가지 않았다. 그의 생애에 손해가 생길 수 있기 때문이었다. 하나님으로부터 들은 것을 선포하는 자체가 삶의 결단이다. 그러므로 첫 순종이 전하는 자에게 요구된다.

2. 무엇을 선포하는가? (1:2)

하나님이 주신 것이면 어떤 내용이라도 선포해야 한다. 풍요의 시대에 어떤 예언자가 나타났다면 우리는 그가 무엇을 말했을 것으로 추측하는가? 아모스의 선포는 사람들이 기대하거나 바라는 바와는 반대되는 것이었다. 하나님은 아모스를 통해 경고와 심판, 회개의 말씀을 선포하였다. 심판하시는 하나님이란 주제는 듣기에도 좋지 않고 선포하는 사람의 삶에도 좋지 않은 결과를 가져올 가능성이 있다. 그러나 회개의 요청이 백성을 살릴 수 있다. 사랑의 하나님이 어떤 경우는 무서운 얼굴을 가진 분이고, 심판하시는 분이심을 말씀 사역자들은 선포해야 한다. 이것이 아모스를 통해 신앙인들이 배우는 교훈이다.

II.

열방과 이스라엘에 대한 신탁

(1:3-2:16)

성경은 하나님의 말씀이다. 그러므로 성경 본문은 설교되어야 한다. 그러나 어떤 구절은 설교되지 않는다. 설교되지 않는 구절의 본문이 적용하기 쉽지 않거나 우리의 삶과 무관한 것으로 보여서 그럴 것이다. 신앙인들은 일반적으로 은혜롭고 위로가 되는 구절과 익숙하고 개인적 영성에 도움이 되는 구절에는 보다 많은 관심을 갖지만, 온통 심판만 말하는 구절에 대해서는 이질감을 느끼기도 한다.

열방과 이스라엘에 대한 심판을 말하는 아모스 1:3-2:16은 그래서 아모스서에서도 특히나 읽기 어려운 부분에 속한다. 그러나 이 구절도 하나님의 말씀으로 아모스와 그 시대 사람에게는 가장 중요한 말씀이었음에 틀림없다.

또한 아모스와 같이 구약의 다른 예언서들도 이스라엘에 대한 신탁 외에 이른 바 '열방신탁'을 포함하고 있다. 곧 이스라엘의 하나님은 세계의 하나님으로 세계의 주인이며 심판자이시다.

1. 서론적 논의

열방 신탁	아모스 1:3-2:16	이사야 13-23장	예레미야 46-51장	에스겔 25-32장	오바댜 1장	나훔 1-3장	하박국 2장	스바냐 2장
다메섹	1:3-5	17:13	49:23-27					
블레셋	1:6-8	14:28-32	47:1-7	25:15-17				2:1-7
두로 /시돈	1:9-10	23:1-18		26:1 -28:26				
에돔	1:11-12	21:11-12		25:12-14	1:1-14			
암몬	1:13-15		49:1-22	25:1-7				2:8-10
모압	2:1-3	15:1 -16:14	48:1-47	25:8-11				
유다	2:4-5							
이스라엘	2:6-16							
바벨론		13:1 -14:23; 21:1-10	50:1 -51:64				2:5-17	
앗수르		14:24-27				1:1-3:19		
애굽/구스		18:1 -21:12	46:1-28	29:1 32:32				2:12-15
아라비아 (게달/하솔)		21:13-17	49:28-33					
엘람			49:34-39					

〈표 2- 예언서들의 열방신탁〉

〈표 2- 예언서들의 열방신탁〉에서 볼 수 있는 것처럼, 오직 아모스서만 '열방신탁'으로 예언을 시작한다.[29] 아모스서의 '열방신탁'은 나

29) 소위 '열방신탁'(Oracles against Nations)에 대하여 문학 비평, 양식 비평, 전승사

라들을 대상으로 하지만, 보다 구체적으로는 국가 권력, 정치적, 종교적 지도자들, 스스로 성공한 자리에 앉아 있다고 생각하는 사람들을 대상으로 한다.

처음 일곱 개의 신탁은 이스라엘의 주변 나라들에 대한 것이며, 나머지 하나는 이스라엘 자체에 대한 심판 선고이다. 이스라엘의 제외한 일곱 열방에 대한 신탁은 다음과 같은 양상을 보인다. 이 신탁들은 '전령사 연설 양식'(messenger speech formula)이라고 하는 공통적인 문학 구조를 갖고 있다.[30)]

비평, 신학 비평, 윤리적 비평이란 관점에서 수많은 논의가 있어 왔다. 자세한 내용은 Gerhard F. Hasel, *Understanding the Book of Amos*, 57-69; J. Barton, *Amos's Oracles against the Nations: A Study of Amos 1.3-2.5*, Society for Old Testament Study Monograph Series vol. 6 (New York: Cambridge University Press, 1980), 25-35을 참조하라. 이윤경은 열방신탁 연구사와 열방신탁 본문들을 소개하고 해설한 후, 열방신탁은 역사적 이스라엘의 생존과 직간접적으로 연관을 맺고 있던 열방의 영토 확장, 경제적 수탈에 대한 심판과 이를 모방하는 이스라엘을 향한 심판의 신탁이라고 설득력 있게 논증한다. 자세한 내용은 이윤경, "전쟁이라는 삶의 자리에서 살펴본 열방신탁의 담론적 기능," 『한국기독교신학논총』 62 (2009), 35-36을 보라. 헤이스는 아모스의 열방신탁의 역사적 배경이 아모스 당시 반앗수르 동맹에 가담하지 않은 이스라엘과 유다에 가해진 주변 국가들의 군사적 활동과 관련되어 있다고 본다. John H. Hayes, "Amos's Oracles Against the Nations (1:2-2:16)," *Review and Expositor* 92 (1995), 165.

30) 열방신탁은 반복적 표현과 규칙성, 의도적인 배치, 개별 국가의 특징적 죄에 대한 압축성을 내용으로 갖는 매우 치밀하게 구성된 신탁이다. Hayes, "Amos's Oracles Against the Nations," 153-154. 규칙적인 형식의 변형에 대해서는 Hayes, *Amos the Eighth-Century Prophet*, 50-51을 보라. 열방신탁의 국가 배치에 대한 분석을 위해서는 A. E. Steinman, "The Order of Amos's Oracles Against the Nations: 1:3-2:16," *JBL* 111 (1992), 683-689을 보라.

도입 전령사 양식소

"여호와께서 이렇게 말씀하셨다" כֹּה אָמַר יְהוָה

고발-기소장 양식소

1) "~의 서너 가지 죄로 인하여 내가 그 벌을 돌이키지 아니하리니"

2) 범죄 내용

판결문 양식소

범죄에 대한 심판 선고

종결 전령사 양식소

"여호와의 말씀"〈아마르 야훼〉 אָמַר יְהוָה 혹은

〈느움 야훼〉 נְאֻם־יְהוָה (두로, 에돔, 유다의 경우에는 생략)[31]

"여호와께서 가라사대"와 "여호와의 말씀"은 괄호 역할을 하는데, 그 안에서 여호와는 1인칭으로 직접 말씀한다. 이 양식은 왕에 의해 파송된 대사가 자기 권위가 아닌 보낸 왕의 이름으로 선포하는 방식처럼 기능한다. 예언자는 하나님의 대리인으로서 하나님이 친히 말씀하시는 형식으로 선포하는 것이다.[32]

"서너 가지"라는 표현은 문자적으로 셋 혹은 넷을 가리킨다. 그러나 헤아려 보면 이스라엘을 제외하면 거의 한 가지 죄목만 열거된 것으로 나타난다. 그렇다면 "서너 가지"는 어떤 의미로 사용되었는가? 원래 서너 가지의 죄목들이 기록되었다가 나중에 생략되었는가?

---

31) 이 구조는 김중은, "하나님의 전령사," 『목회와 신학』 51 (1993), 188a에 근거하여 요약된 것이다.

32) Douglas Stuart, *Hosea-Jonah*, WBC 31 (Waco, Texas: Word Books, 1987), 308.

	도입: 여호와께서 말씀	"서너 가지 죄로 벌을 돌이키지 아니하리니"	범죄 내용	심판 선고	종결: 여호와의 말씀
다메섹 (총3절)	○	○	길르앗 압박	다메섹과주민심판 궁궐들 불사름	○
가사 (총 3절)	○	○	인신 매매	블레셋 도시들과 주민 심판 궁궐들 불사름	○
두로 (총 2절)	○	○	형제계약어김 인신매매	궁궐들 불사름	없음
에돔 (총2절)	○	○	형제 증오	궁궐들 불사름	없음
암몬 (총3절)	○	○	영토 확장과 잔인성	랍바성 파괴와 왕의 포로이송	○
모압 (총3절)	○	○	에돔 왕의 뼈를 불사름	궁궐들 불사름 재판장과지도자죽임	○
유다 (총2절)	○	○	율법 멸시	궁궐들 불사름	없음

〈표 3- 열방신탁의 양상〉

본문의 흐름을 따라 보더라도 어떤 죄목이 생략 또는 제거되었다고 보기는 어렵다. 어떤 학자들은 "서너 가지 죄"를 다중적, 반복적, 혹은 만성적인 죄에 대한 숙어적 표현으로 보기도 한다.[33] 가장 설득력 있는 견해는 대표적인 혹은 특징적인 범죄만 적시되었다고 보는 것이다. 이는 잠언의 단계 수 배열에서 그 힌트를 찾을 수 있다.[34] 잠언 30:18-19가 그 예이다.

---

33) 앞의 책, 310을 보라.

34) 수 잠언 혹은 수 신탁에 대한 논의는 이용호, "지혜문학의 수 잠언과 아모스의 이방신탁의 양식 비교," 한국구약학회 제70차 춘계학술대회 자료집(2006. 4. 27), 133-141; Wolff, *Joel and Amos*, 137b-138b를 보라. 단계 수(the Ascending Numerical Pair)에 대하여는 R. H. O'Conell, "Telescoping

제목 행:	기이한 일들이 세 가지 정말 모를 일이 네 가지	
목록:	N(세 가지):	1. 독수리가 하늘을 지나간 흔적 2. 뱀이 바위를 기어간 흔적 3. 배가 바다 가운데 지나간 흔적
	N+1(네 번째):	사내가 젊은 여인을 함께 한 흔적
부가:	간음하는 여인의 행색도 그와 같아 먹고도 안 먹은 듯	

부가적인 행들은 N+1이 이 잠언의 주제임을 재확인해 준다. 열방신탁에 한두 가지 죄목 밖에 나오지 않는 것은 N/N+1을 갖는 수신탁에서 N은 생략되고 N+1만 남은 형태로 볼 수 있을 것이다. 볼프(Hans Walter Wolff)도 같은 결론을 내린다. "서너" 가지의 의미는 실제는 여러 가지 죄(셋에 해당)를 지었지만 본문은 네 번째, 즉 절정에 해당하는 죄만 언급했다고 본다.[35)]

본문에 죄목이 하나 밖에 없으므로, 위의 관찰로부터 현대의 독자나 연구자들은 열방신탁이 N+1만 기록하고 있다고 받아들일 수 있지만, 아모스의 독자나 청중은 숫자의 불일치에 대해 의아해 했을 것이다. 아모스의 의도는 분명하다. 숫자의 일치와 관계없이 열방들이 심판받을 만한 죄(들)를 지었다는 것이다.

"죄로 인하여"에서 "죄"에 해당하는 히브리어 단어는 〈페샤으〉פֶּשַׁע이다. 이는 아모스서의 핵심 단어들 중의 하나로(1:3, 6, 9, 11, 13; 2:1, 4, 6; 3:14; 5:12), 도덕-윤리적 또는 제의적 죄악에 사용되는 〈헤트〉חֵטְא와 〈하타〉חַטָּאָה

N+1 Patterns in the Book of Amos," *VT* 46/1 (January, 1996), 71-72을 보라.

35) Wolff, *Joel and Amos*, 138.

〈아온〉עָוֹן(예. 출 34:7; 민 14:18; 레 16:16, 21)과는 달리 기본적으로 정치적 의미의 '반역'이나 '반란'을 뜻한다.[36]

이러한 의미에서 〈페샤으〉는 시리아-팔레스타인 지역의 약소국들에게 익숙한 단어이다. 그들은 앗수르의 무거운 조공 요구나 극심한 내정 간섭에 대하여 반기를 들고 조공을 중단하거나 군사적 동맹을 맺곤 했는데, 이런 행위를 앗수르는 '반역'으로 판단했다. 결과는 대규모 군사 침공, 철저한 파괴, 왕의 제거, 백성들의 이주 등이었다.

그렇다면 아모스가 왜 이러한 정치-군사적인 단어를 사용하는가? 곧 종주국 앗수르에 대한 행동에 한계선이 있었던 것처럼, 세계의 주권자이신 여호와에 대하여도 반역 행위로 여겨지는 행위가 있고 그에 따른 행동에는 한계선이 있다는 것이다. 열방의 왕들이 주권이 자신들에게 있다고 마음대로 행하지만 군주의 군주이신 하나님은 그들의 행위를 여호와의 권위에 대한 도전, 여호와가 정해 놓은 한계를 넘어가는 것으로 본다. 나라들이 여호와의 권위를 인정하든, 인정하지 않든 간에 그들에게 정해진 한계는 있다. 곧 세계의 주권은 여호와께 있으며, 하나님과 관계를 맺지 않은 국가와 역사란 없다. 이 세계에 주권자는 오직 여호와 하나님 한 분밖에 없으며, 그분은 세계의 주인이며 심판자이다. 그러므로 이 여덟 개의 신탁은 몇 가지 오해를 풀어준다.

곧 하나님은 믿는 사람들과만 관계를 한다는 오해, 하나님과 특별한 관계를 맺는 사람에게는 종교적 책임만 물을 뿐 일반적 윤리 책임에 대하여는 중요하게 여기지 않는다는 오해, 하나님은 나라들의 정책이나 행위에 대해서는 별반 관심이 없다는 오해, 하나님은 교회와 종교

36) Shalom M. Paul, *Amos: A Commentary on the Book of Amos* (Minneapolis: Fortress Press, 1991), 45a; G. von Rad, *Theology of the Old Testament* I (New York: harper, 1962), 263; Mays, *Amos*, 28. 출애굽기 34:7에는 이 단어들이 함께 나온다. "인자를 천대까지 베풀며 악〈아온〉과 과실〈페샤으〉과 죄〈하타〉를 용서하리라 그러나 벌을 면제하지는 아니하고 아버지의 악행〈아온〉을 자손 삼사 대까지 보응하리라."

문제만 관여하신다는 오해를 풀어준다. 세상에 존재하는 어떤 권위도, 그것이 정치적이든, 경제적이든, 종교적이든 하나님의 권위 아래 있다.

"[내가] 돌이키지 아니하리니"〈로 아쉬벤누〉לֹא אֲשִׁיבֶנּוּ는 하나님의 강력한 결단을 표현한다.[37] 여호와는 자비로우시고, 은혜로우시며, 노하기를 더디 하시며 죄를 따라 처치하지 않으신다(시 103:8-10). 여호와의 진노는 자주 무효화되고 연기된다. 요나의 심판 선포는 이루어지지 않았고(욘 4:2), 아합의 죄는 그가 회개할 때 연기되었으며(왕상 21:28), 유다의 죄악에 대한 심판도 요시야의 겸손과 통곡으로 다음 세대로 미루어졌다(왕하 22:19-20). 그러나 하나님의 은혜를 오용해서도, 오해해서도 안 된다. 하나님은 의로우신 분으로서 은혜로운 분이시며, 은혜로운 그 하나님은 의로운 하나님이시다. 그러나 죄악을 범할 뿐 아니라 돌이킬 마음조차 없는 세대와 사람들에 대하여는 여호와 역시 진노의 마음을 돌이키지 않는다.

2. 열방에 대한 신탁(1:3-2:5)

가. 아람의 반역(1:3-5)

> [1:3] 여호와께서 이와 같이 말씀하시되 다메섹의 서너 가지 죄로 말미암아 내가 그 벌을 돌이키지 아니하리니 이는 그들이 철 타작기로 타작하듯 길르앗을 압박하였음이라

---

37) "돌이키지 아니하리니"〈로 아쉬벤누〉의 결과는 불의 심판이다(1:3-4, 6-7, 9-10, 11-12, 2:1-2, 4-5). 그러므로 세레스코는 〈로 아쉬벤누〉가 〈루 앗쉬벤누〉 אֲשִׁיבֶנּוּ (נשב의 히필형, 불을 일으키리라) לֻא, 즉 '진정 그것에 바람을 불리라'를 상기시키는 표현이라 보고, 여기서 '불'을 중심으로 한 야누스 평행법이 이루어지고 있다고 논한다. Anthony R. Ceresko, "Janus Parallelism in Amos's Oracles Against the Nations (Amos 1:3-2:16)," *JBL* 113/3 (Fall 1994), 485-490.

[4] 내가 하사엘의 집에 불을 보내리니 벤하닷의 궁궐들을 사르리라
[5] 내가 다메섹의 빗장을 꺾으며 아웬 골짜기에서 그 주민들을 끊으며 벧에덴에서 규 잡은 자를 끊으리니 아람 백성이 사로잡혀 기르에 이르리라 여호와께서 말씀하셨느니라

1:3 다메섹은 동부 시리아에 위치한 아람의 수도다. 히브리어 성경에서의 아람은 초대교회의 구약성경이었던 헬라어 번역판 칠십인역 성경에서는 시리아로 번역된다. 한글 신약성경의 수리아가 바로 구약성경의 아람이다.

한글 개역개정판 구약성경 두 군데서 아람이 수리아로 잘못 번역되어 있다("솔로몬의 일평생에 하닷이 끼친 환난 외에 르손이 수리아 왕이 되어 이스라엘을 대적하고 미워하였더라"[왕상 11:25]; "그러나 바벨론의 느부갓네살 왕이 이 땅에 올라왔을 때에 우리가 말하기를 갈대아인의 군대와 수리아인의 군대를 피하여 예루살렘으로 가자 하고 우리가 예루살렘에 살았노라"[렘 35:11]).

아람은 다윗에 의해 정복되었으나(삼하 8:6) 솔로몬 통치 때에 독립하였으며(왕상 11:23-25), 주전 9-8세기에는 이스라엘과 국경을 맞대고 전쟁을 했다. 길르앗은 아래로는 사해 바다, 위로는 바산, 서쪽으로는 요단강을 접하고 있는 지역이다. 이 지역은 나무가 많은 산악 지대로서 레바논의 갈멜산과 함께 호화로운 삶을 상징할 때 쓰인다(렘 22:6; 50:19). 그러나 보다 넓게는 이스라엘 전체를 지칭하기도 한다(왕하 10:33).

다메섹의 죄는 끝에 철이 붙은 타작기로 밀 타작하듯 길르앗을 억압한 것이다. 아마 문자적인 의미로서 길르앗 사람들을 땅에 눕힌 후 소가 끄는 철 타작기가 지나가게 하는 잔인한 행동을 했다는 뜻이거나, 마치 밀을 털 듯 착취를 감행했다는 뜻일 것이다(왕하 10:32-33 참고).

1:4 하사엘(주전 843-796년)은 이전 왕 벤하닷(II?)을 살해하고 왕이 되었다(왕상 19:15-17; 왕하 8:7-15). 후에 하사엘의 아들도 왕 위에 나아가는데 그 이름도 벤하닷(III?)이다. 열왕기하 **8:7-15**는 하사엘이 이스라엘 백성에게 행할 행위에 대해 묘사하고 있다. 그는 이스라엘 성에 불을 놓고, 젊은이들을 칼로 죽이고, 어린 아이를 메치며, 아이 밴 여인들의 배를 갈랐다.

“궁궐들”은 히브리어 〈아르므노트〉אַרְמְנוֹת로서 단수 〈아르몬〉אַרְמוֹן은 ‘큰 집’을 뜻하는 〈헤칼〉הֵיכָל(성전, 궁전)과는 달리 요새화된 왕의 성채를 뜻한다. 일반적으로 높은 곳에 위치하는 강한 산성이고, 정치, 경제, 사회적으로도 한 국가의 중심부이며, 수많은 석조물, 연이은 호화로운 건물들로서 왕들에게 자부심을 일으키는 문화의 대명사이기도 하다.[38] 그러나 이것들은 여호와로 말미암아 불탄 지푸라기처럼 사라져 버린다. 어떤 성채도 여호와의 공격을 견뎌낼 수는 없다. 하사엘 가문이 앗수르의 공격을 막아내었다고 자긍할 수 있으나 여호와는 앗수르가 아니다. 그분은 능히 당할 수 없는 화공이며 충각(衝角)이다.

1:5 빗장은 방어를 위해 성곽의 입구에 설치된 거대한 목재 대문이나 금속 대문이다. 성채의 빗장은 깨어지고 적군들이 성 안으로 들이닥치며 보복과 살인이 자행된다. 완전한 굴복을 받아내기 위해 성문을 부수고 들어오는 앗수르인들의 모습을 묘사하는 것 같다. 아모스는 야전에서의 패배를 말하는 것이 아니고, 마을의 점령을 보고하는 것도 아니고, 핵심부, 성곽의 파괴를 말한다. 지도자는 죽임을 당하고 백성은 다른 곳으로 이송된다. 그리고 한 국가의 운명은 끝을 고한다. 한 국가의 가장 고상하고 높은 곳 〈아르므노트〉는 가장 높으신 분 앞에서 가장 비천한 운명에 처한다.

아웬 골짜기〈비크아트-아웬〉בִּקְעַת־אָוֶן가 어느 곳인지 알 수 없으나

---

38) Stuart, *Hosea-Jonah*, 311.

아람의 종교와 관련된 어떤 중요한 지명을 악명으로 바꾸어 부른 것으로 보인다. 벧엘도 자주 벧-아웬(죄악의 집)으로 불렸다(수 7:2; 18:12; 삼상 13:5; 14:23; 호 4:15; 5:8; 10:5). “주민들”은 〈야샵〉יָשַׁב 동사의 분사형 복수 〈요쉬빔〉יוֹשְׁבִים의 번역이다. 단수 〈요쉐브〉יוֹשֵׁב나 복수 〈요쉬빔〉은 문자적으로는 ‘~에 앉은 자(들)’이다. 이 단어는 ‘거민들’ 외에 자주 지도층을 지칭한다.[39)]

벧에덴은 앗수르 문서의 〈비트 아디니〉로서 아람 북쪽에 위치하며 유프라테스와 접하고 있다(왕하 19:12; 겔 27:23). 수도는 텔-바르십이다. “벧에덴에서 규 잡은 자”가 누구인지는 분명치 않다.[40)] 첫 번째 후보는 텔-바르십(Tel-Barsip)에서 통치한 앗수르인 군사 지도자〈투르타누〉 샴시일루이다. 그가 통치하는 동안(주전 780-752년) 그의 권세는 동시대 앗수르 왕들에 못지않았다. 앗수르 왕들이 하던 관행처럼 자신의 석비를 세운 것이 한 증거이다. 샴시일루는 아모스와 동시대 사람으로 당시 가장 영향력 있던 정치 지도자들 중 하나이므로 “벧에덴에서 규 잡은 자” 후보로 제시된다. 그러나 아모스는 앗수르가 아니라 아람에 대해 심판을 선고하고 있다. 그러므로 아람이 독립을 누리고 있던 때의 아람 통치자들 중에서 “규 잡은 자”를 찾아야 할 것이다.

이 선포는 아모스가 자신의 때의 아람에 대해서 말하는 것이 아니라 미래의 어떤 날 아람이 반드시 망할 것이라는 선포일 수 있다. 실제로 아람은 (주전732년) 티글랏필레셀(III)에 의해 지상에서 사라졌다.

“기르”〈키르〉קִיר는 아람이 기원한 곳으로 마치 이스라엘의 기원이

---

39) Marvin L. Chaney, 우택주 외 옮김, 『농경사회 시각으로 바라본 성서 이스라엘』(서울: 한들출판사, 2007), 260-266.

40) 자세한 논의를 위해서는 Paul, *Amos*, 53-54를 보라. 앗수르인들의 아람 정복과 아모스 시대 이스라엘의 경제적 부흥 배경을 위해서는 김태훈, “아다드니라리 III의 서방 원정, 샴시일루 그리고 여로보암 II의 군사적-경제적 성공,” 『구약논단』 26(한국구약학회, 2007), 129-146을 보라.

애굽인 것과 같다(암 9:7). 곧 아람은 옛날의 부끄러운 날, 미미하던 날로 되돌아갈 것이라는 뜻이다.[41]

나. 블레셋의 반역(1:6-8)

> [1:6] 여호와께서 이와 같이 말씀하시되 가사의 서너 가지 죄로 말미암아 내가 그 벌을 돌이키지 아니하리니 이는 그들이 모든 사로잡은 자를 끌어 에돔에 넘겼음이라
> [7] 내가 가사 성에 불을 보내리니 그 궁궐들을 사르리라
> [8] 내가 또 아스돗에서 그 주민들과 아스글론에서 규를 잡은 자를 끊고 또 손을 돌이켜 에그론을 치리니 블레셋의 남아 있는 자가 멸망하리라 주 여호와께서 말씀하셨느니라

블레셋은 다섯 개의 도시 국가, 아스돗, 아스글론, 가사,
1:6 에크론, 갓으로 이루어져 있다. 가사의 우선적 언급은 이 도
시의 중요성을 반영하는 것이다. 가사는 아모스 당시 상업적으로 가장 중요한 도시였다. 갓은 블레셋 다섯 도시에 속함에도 불구하고 우리의 본문에 언급되지 않고 있다. 갓이 아마 아람 왕 하사엘의 정복 때에 상당히 약화되었고(왕하 12:18), 이 당시에 아스돗 혹은 유다의 지배하에 있었기 때문일 것이다(대하 11:8). 다른 예언서에서도 갓이란 이름이 생략된 경우가 있는데(렘 25:20; 습 2:4; 슥 9:5-7), 이는 주전 9세기 이후 갓이 독립적 위치를 누리지 못하고 있었음을 반영한다.

심판의 이유는 "모든 사로잡은 자"〈갈루트 쉘레마〉גָּלוּת שְׁלֵמָה를 끌어, 즉 전체 백성을 잡아 노예화하고 에돔으로 인신매매한 것이다. 모세의 법에 따르면 이런 행위들은 사형에 해당한다(출 21:16). 에돔은

---

41) Stuart, *Hosea-Jonah*, 311.

블레셋으로부터 사람을 사와서 채굴하는 일이나 배를 건조하는 일, 농사일 등에 쓰고 또 다시 사람을 되팔아 넘겼다.[42]

그러나 이 노예들은 그 당시 사회가 규정한 것과 관계없이 하나님의 형상을 가진 사람이다(출 23:9 참고). 자신의 이익을 위해 사람을 짐승이나 도구처럼 오용하거나 남용하는 것은 용서받을 수 없는 죄이다. 이 주제는 여덟 개의 신탁 모두에 어떠한 형식으로든지 들어 있고, 아모스 전체를 통틀어 나타나는 중요한 주제이다. 사람은 물건이 아니고, 사람은 물건처럼 사고파는 대상이 아니며 짐승처럼 다루어져서는 안 된다.

1:7-8 블레셋 도시들에게 내려진 판결은 위의 다른 도시들과 같은 형식을 따른다. 도시들이 파괴되고 권력의 핵심인 궁궐들은 불타고, 지도자들은 죽임을 당하며, 주민들은 멸망당한다.

다. 두로의 반역(1:9-10)

[1:9] 여호와께서 이와 같이 말씀하시되 두로의 서너 가지 죄로 말미
암아 내가 그 벌을 돌이키지 아니하리니 이는 그들이 그 형제의
계약을 기억하지 아니하고 모든 사로잡은 자를 에돔에 넘겼음이라
[10] 내가 두로 성에 불을 보내리니 그 궁궐들을 사르리라

1:9-10 두로는 지중해와 바벨론 지역을 연결하는 중요한 무역국가로서, 주전 8세기 이후에는 경제적 중심지의 대명사가 되었다. 두로는 지중해를 통하여 유럽 아프리카와 무역했고,

---

42) N. K. Gottwald, *All the Kingdoms of the Earth* (New York: Harper and Row, 1964), 94-114.

앗수르에 중요 자원을 공급하는 중개 무역의 중심지였다. 그런데 그들의 범죄 행위는 형제 계약을 잊었다는 것이다. 아마 이스라엘과 두로 사이에 존재해 왔던 오랜 관계(다윗, 솔로몬, 아합)를 말하는 것 같다(삼하 5:11; 왕상 5:15; 대상 14:1 등). 어쩌면 여로보암(II)과 맺은 아직 알려지지 않은 언약을 말한 것일 수도 있다. "기억하지"〈자카르〉זָכַר는 언약 준수를 지칭하는 전문용어이기도 하다(창 9:15; 출 2:24; 6:5; 32:13; 레 26:42, 45; 렘 2:2; 시 98:3). 다른 범죄 행위는 그들이 사로잡은 자들을 노예 무역의 중개업자인 에돔에 팔아 넘겼다는 것이다(욜 3:6; 겔 27:13 참고). 반역의 대가는 행정의 중심부인 궁궐이 불에 의해 파괴되는 것이다.

라. 에돔의 반역(1:11-12)

> [1:11] 여호와께서 이와 같이 말씀하시되 에돔의 서너 가지 죄로 말미암아 내가 그 벌을 돌이키지 아니하리니 이는 그가 칼로 그의 형제를 쫓아가며 긍휼을 버리며 항상 맹렬히 화를 내며 분을 끝없이 품었음이라
>
> [12] 내가 데만에 불을 보내리니 보스라의 궁궐들을 사르리라

1:11-12 에돔은 요단 동편에 위치하며 북으로는 모압과 국경을 접하고 남으로는 아카바 만에 연결된다. 에돔은 역사적으로 이스라엘과 좋지 않은 관계를 맺어왔다. 모세가 이스라엘 백성의 평화로운 통과를 요청했으나 오히려 칼로 대했다(민 20:14–21; 특히 18, 20절). 사울(삼상 14:47), 다윗(삼하 8:12–14), 솔로몬(왕상 11:14–25), 여호람(왕하 8:20–21), 아마샤(왕하 14:7–10), 아모스와 동시대인 아사랴(웃시야, 왕하 14:22)는 에돔과 적대 관계를 맺었다. 그 후에도 에돔과 이스라엘은 바벨론 포로기까지 지속적인 원수 관계로 남아 있었다(사 34:5–17; 욜 3:19; 렘 49:7–22; 시 137:7; 오;

애 4:21–22; 말 1:2–5).

데만은 남단의 주요 도시이고, 보스라는 북단의 주요 도시다. 두 도시 모두 다메섹에서 아카바 만에 이르는 '왕의 대로' 상에 위치한다. 그들의 반역죄는 세 가지이다. 칼로 형제를 쫓아간 것, 긍휼을 버린 것, 노가 항상 맹렬하며 분을 끝없이 품은 것이다. 에돔은 이스라엘의 형제("그의 형제")였지만(창 25:24–26), 그들은 늘 원수처럼 이스라엘을 대했다. 대가는 앞의 경우에서처럼 불의 심판이다.

마. 암몬의 반역(1:13-15)

[1:13] 여호와께서 이와 같이 말씀하시되 암몬 자손의 서너 가지 죄로
말미암아 내가 그 벌을 돌이키지 아니하리니 이는 그들이 자기 지
경을 넓히고자 하여 길르앗의 아이 밴 여인의 배를 갈랐음이니라
[14] 내가 랍바 성에 불을 놓아 그 궁궐들을 사르되 전쟁의 날에
외침과 회오리바람의 날에 폭풍으로 할 것이며
[15] 그들의 왕은 그 지도자들과 함께 사로잡혀 가리라 여호와께
서 말씀하셨느니라

암몬은 요단 동편 얍복강 남부의 왕국으로 길르앗과 국경을
1:13-15 맞대고 있다. '왕의 대로'가 이 왕국을 관통하여 지나간다. 그
들은 길르앗 쪽으로 영토를 넓히고자 이스라엘과 종종 전쟁을 치렀다(삿 3:12–14; 10:7–9, 17; 11:4–33; 삼상 11:1–11; 14:47; 삼하 8:12; 10:1–11; 대하 20:1–30; 24:26). 아모스 시대에 이스라엘의 지배하에 있었던(왕하 14:25) 암몬은 주전 7세기 내내 앗수르의 봉신 나라였고, 바벨론에 의해 멸망당한다. 주요 도시는 랍바로서 오늘의 암만이다.

그들의 반역죄는 지경을 넓히고자 잔인하게도 길르앗의 아이 밴 여인의 배를 가른 것이다(왕하 8:12; 왕하 15:16; 호 14:1 참고). 이는 인종 청소를

감행했다는 것을 뜻한다. 그에 대한 벌은 전쟁을 통한 파괴와 불이다. "전쟁의 날"과 "회오리바람의 날"은 "여호와의 날"에 대한 다른 표현이기도 하다.[43] 그들의 왕과 지도자들은 사로잡혀 가게 된다.

바. 모압의 반역(2:1-3)

[2:1] 여호와께서 이와 같이 말씀하시되 모압의 서너 가지 죄로
말미암아 내가 그 벌을 돌이키지 아니하리니 이는 그가 에돔
왕의 뼈를 불살라 재를 만들었음이라
[2] 내가 모압에 불을 보내리니 그리욧 궁궐들을 사르리라 모압
이 요란함과 외침과 나팔 소리 중에서 죽을 것이라
[3] 내가 그 중에서 재판장을 멸하며 지도자들을 그와 함께 죽이
리라 여호와께서 말씀하시니라

2:1-3 모압은 사해 동부, 아르논 강과 제렛 강 사이에 위치하며 남으로는 에돔에, 북으로는 암몬에 접해 있다. 성경에 따르면 모압은 암몬과 형제이다(창 19:36–38). 에돔과 모압의 경계를 따라 요새가 만들어졌는데, 이는 두 나라가 오랫동안 적대 관계로 지내왔음을 보여준다. 서로 간의 적대감은 모압 왕이 에돔 왕의 뼈를 불살라 재로 만든 사실에서도 잘 나타난다. 뼈를 불살라 가루로 만드는 것은 부활을 막겠다는 행위이다. 이는 죽은 사람은 모두 남은 뼈로부터 다시 부활하여 새로운 삶을 살게 된다는 당시 팔레스타인에 널리 퍼져있던 교리에 기초한다. 그러므로 뼈를 가루로 만드는 것은 부활을 막는 것, 즉 완전히 영원한 죽음에 이르게 하는 것이다.[44]

43) Paul, *Amos*, 70a.
44) Stuart, *Hosea-Jonah*, 314-315.

그리욧의 궁궐들이 언급된 이유는 메사 비문에 나오는 것처럼 이 도시가 그모스 신을 섬기는 제의 중심지였기 때문이었을 것이다.[45] 모압의 지도자들은 전사하게 될 것이다.

사. 유다의 반역(2:4-5)

[2:4] 여호와께서 이와 같이 말씀하시되 유다의 서너 가지 죄로 말미암아 내가 그 벌을 돌이키지 아니하리니 이는 그들이 여호와의 율법을 멸시하며 그 율례를 지키지 아니하고 그의 조상들이 따라가던 거짓 것에 미혹되었음이라

[5] 내가 유다에 불을 보내리니 예루살렘의 궁궐들을 사르리라

2:1-3 아모스는 이스라엘의 주변 나라들이 받을 심판을 차례로 선포한 후, 선포의 대상을 유다로 옮긴다.[46] 유다는 다른 나라들과는 달리 자신들의 특권에 의해 심판을 받는다. 율법을 맡고 있으나 율법을 귀하게 여기지도 지키지도 않았다. 유다는 훌륭한 조상들을 가지고 있다고 자랑하지만 그들의 행위는 대부분의 조상들이 그랬던 것처럼 하나님을 버리고 우상을 따르는 삶을 택했다. 입에 담기 어렵게도 유다 사람 아모스는 예루살렘의 멸망, 즉 시온 신학, 시온 이념의 멸망을 뜻한다(삼하 7장 참고). 예루살렘도 멸망할 수 있는가? 다윗 가문도 멸망할 수 있는가?

---

45) *ANET*, 320을 참고하라.

46) 유다는 아모스서에서는 이곳 외에 6:1-14에서만(사마리아와 함께) 언급된다. 이러한 이유로 인해 이 신탁은 많은 학자들에 의해 후대의 첨가로 생각되어 왔다. 그러나 Hayes, *Amos the Eighth-Century Prophet*, 101-102; Paul, *Amos*, 20-24, 74-75 등의 학자들은 유다에 대한 언급도 아모스의 것으로 본다.

유다가 존재하던 그 당시 예루살렘의 멸망 예언은 북왕국 이스라엘 사람에게는 자부심을 주었고, 남왕국 유다 사람에게는 망언으로 들렸을 것이다. 하나님은 은혜로 예루살렘에 거하시는 분이지, 예루살렘이 어떤 모습을 가지더라도 여전히 의무적으로 거기 묶여 있어야 하는 분이 아니며, 특정한 장소나 종교의 포로가 되신 분이 아니다. 은혜는 자주 특권으로 오해된다.

아모스의 설교를 듣고 있는 북쪽 사람들은 유다가 심판 선고의 대상이 되고 있다는 사실에 즐거워했을 것이다. 유다는 자신들만이 하나님이 선택한 나라라고 생각하면서 이스라엘이 하나님의 법을 떠난 나라라고 비난해 왔다. 이스라엘 사람들은 유다를 비난하는 아모스의 설교에 고무되어 다음과 같은 질문을 했을 것이다.

이스라엘과 유다 중 어느 쪽이 하나님이 택한 나라인가? 어느 쪽이 정통성을 가지고 있는가? 야곱의 전승을 가지고 있으며 나라의 이름도 전통적인 이스라엘인가? 아니면 하나님의 새로운 선택을 주장하는 예루살렘이 있는 유다인가? 선택이 중요한가? 아니면 순종이 중요한가? 법궤는 그 자리에 있던 것인가? 가져다 놓은 것인가?

남쪽에서 올라온 예언자 아모스는 이스라엘 청중 앞에서 유다의 자랑인 율법을 근거로 유다가 여호와의 율법을 경시하고, 그 율법을 지키지 아니하며, 조상 적부터 거짓 것(우상)에 미혹되어 하나님께 반역했다고 유다를 비난하고 있다. 이스라엘의 청중은 유다에 대한 심판 선언에 통쾌함을 느끼면서 이스라엘 국가의 정통성에 자만했을 것이다. 유다에 대한 선포가 아모스 심판 선고의 절정이며 마지막 선고라고 생각하면서 ⋯ . 그러나 칼끝이 이스라엘로 향하고 있음을 그들은 조금 후에야 알게 된다.

<묵상>

1. 우리의 '요새'는 무엇인가?

본문에 나오는 나라들은 공통적으로 궁궐〈아르므노트〉을 가지고 있었고, 그것은 그 나라들의 자랑거리였다. 궁궐은 정치적 경제적 핵심부요, 문화의 집결체이며, 인간 성공의 최상부를 나타낸다. 물론 일반인도 안전하고, 강하고, 높은 것을 지향하곤 한다. 그러나 아모스의 예언에서 알 수 있는 것은 그것들이 사실은 매우 취약하다는 점이다. 영광과 심판은 주권자이신 하나님에게 달려 있다. 그러므로 우리는 오직 하나님만을 우리의 안전한 성곽으로 삼아야 한다. 이미 얻은 자들은 그 얻은 것이 하나님 안에서 얻은 것인지 살필 것이요, 얻지 못한 자들은 그 얻으려는 것이 무엇인지, 어떻게 얻을 것인지 살펴야 한다.

여호와는 믿고 의지하는 자의 요새시며 모든 화공을 막는 방패시다. 그러나 동시에 그분은 악인이 의지하는 물질적이거나 권력적인 요새를 파괴하는 심판자이시다. 역사의 주인은 하나님이다. 이것이 우리의 두려움이며 위로이다. 행위를 살피면서 삶의 푯대와 달려갈 길을 점검해야 한다.

2. 사람을 지으신 하나님, 약자의 하나님

열방에 대한 심판은 사람에 대한 그들의 태도와 관계가 있다. 심판 받은 나라들은 잔악한 살인과 착취를 가리지 않았다. 이것은 아모스 시대의 이야기만은 아니다. 기독교 국가라는 나라들이 경제적 목적을 이루기 위해 사람들을 잡아다가 노예 매매에 나섰던 것을 우리는 알고 있다. 사람이나 자연을 희생시켜가면서 경제적 목적을 달성한 것이라면 그 풍요로움으로 인해 아무리 고상하고 풍족한 삶을 누린다 해도 그것은 성공이 아니다. 하나님은 약한 자들의 삶을 살피시고 그들의 고통에 아파하는 하나님이시다. 그러므로 악인들은 심판을 피할 수 없다. 인간, 형제, 약자, 이들은 아모스서에서 자주 반복되는 주제다. 아모스의 설교는 오늘도 여전히 적용되어야 하고, 심각하게 받아들여져야 하는 하나님의 말씀이다.

3. 이스라엘에 대한 신탁(2:6-8)

우리는 이스라엘 주변 국가들이 행한 반역과 그에 대한 하나님의 심판 선고(1:3-2:5)를 읽었다. 주변 국가의 왕들은 호화롭고 견고한 성에서 고상하게 살았겠지만 짐승처럼 잔인했고, 사람들을 물건처럼 취급했으며, 잔혹한 살인도 주저하지 않았다. 아마 이스라엘의 청중은 이 나라들과 경쟁국 유다에 대한 심판 선고에 우월감을 가졌을 것이다.

아모스는 어찌하여 자신의 예언(서)을 열방신탁으로 시작했을까? 아모스는 무엇 때문에 이스라엘과 열방의 죄악을 같은 무게로 다루는가? 열방신탁을 듣는 사람은 열방의 백성이 아닌데 왜 열방신탁을 말하는가? 열방신탁은 혹 사마리아 주민을 향한 아모스 예언의 긴박성(exigency)을 갉아먹는 것은 아닌가?

가. 서론적 논의

1) 올가미 수사와 수 신탁

아모스의 열방신탁 배치는 '수 신탁'과 함께 올가미 수사라는 관점에서 설명될 수 있다. 알터(R. Alter)는 예언적 운율이 자주 "올가미 수사법(rhetoric of entrapment)"으로 구성되어 있음을 밝힌 바 있다.[47] 말 그

---

47) R. Alter, *The Art of Biblical Poetry* (New York: Basic Books, 1985), 144.

대로 올가미 수사법은 청중(들)을 자신들도 모르는 사이에 빠져 나갈 수 없는 위치로 데리고 가는 대화법이나 연설을 말한다.

이 수사법의 명확한 예는 사무엘하 12:1-14의 나단의 연설에서 볼 수 있다. 나단은 다윗과 이야기하면서 처음에는 제 삼자에 대해서 이야기 한다. 나단이 가난한 사람의 양을 뺏은 악랄한 부자에 대해서 보고하자, 다윗은 의분을 표한다. 그 부자가 나쁜 사람임이 나단과 다윗 모두에 의해 확인된 것이다. 바로 그 때, 나단은 "당신이 바로 그 사람"이라고 말한다. 다윗은 나단의 보고에 이미 공감을 표했기 때문에 달리 변명할 방도를 찾을 수 없었다.

올가미 수사법은 이와 같이 제 삼자의 이야기로 시작하다가 결정적인 순간에 "너"측 청자에게로 향함으로써 청자를 옭아매는 수사법이다. 치숌(R. B. Chisholm)도 지적한 바와 같이, 예언자들은 자주 냉담한 청중들의 귀를 솔깃하게 만드는 방법을 사용했다.[48)]

유다에 대한 선포가 일곱 번째에 나온다. 7은 완전수이므로 이스라엘 청중은 유다에 대한 심판 선고가 절정이라고 생각했을 것이다.[49)] 아모스의 생각은 어떠했을까? 아모스는 그의 청중들이 끝이라고 생각하는 지점에서 끝내지 않는다. 한 나라를 더하여 7을 7+1로 만든다. 그리고는 이스라엘 자체의 죄악과 운명에 대하여 신랄하게 비판한다.

아모스의 열방신탁에 따라 주변 국가들에 대하여 두루 귀 여행을 한 사람들은 퇴로 없는 미궁으로 빨려 들어간 것이다. 지금까지 그들은 제 삼자의 이야기를 듣고 있었는데, 이제는 덫에 걸려들어 정곡을 정확하게 찌르는 아모스의 정죄와 참혹한 심판 예언을 들을 수밖에 없었다.[50)] 불은 사방에서 붙어오고 이스라엘은 중심 국가로서 독 안에 든

48) Robert B. Chisholm, Jr., "'For Three Sins … Even for Four': the Numerical Sayings in Amos," *BS* 147/586 (April-June 1990), 188-197.

49) Paul, *Amos*, 197.

50) Chisholm, "'For Three Sins … Even for Four,'" 196-197.

쥐 꼴이 된다. 다음은 이스라엘을 포함한 열방신탁을 요약한 것이다.

<table>
<tr><td rowspan="7">3</td><td rowspan="3">이웃</td><td>다메섹</td><td rowspan="7">7</td><td>이스라엘과 주도권 경쟁</td><td>가혹한 전쟁(1:3-5): 길르앗을 철 타작기로 훑음(왕하 10:32-33 참고)</td><td rowspan="6">인간에 대한 범죄</td></tr>
<tr><td>블레셋</td><td>가나안 땅 확보 경쟁</td><td>사로잡은 자를 노예로 에돔에 넘김(1:6)</td></tr>
<tr><td>두로</td><td>지중해 교역 중심지</td><td>사로잡은 자를 노예로 에돔에 넘김(1:9)</td></tr>
<tr><td rowspan="3">친척</td><td>에돔</td><td>에서의 후손</td><td>칼로 그의 형제 이스라엘을 추적(1:9)</td></tr>
<tr><td>암몬</td><td>롯의 후손</td><td>임신한 여자의 배를 가름(1:13)</td></tr>
<tr><td>모압</td><td>롯의 후손</td><td>에돔 왕의 뼈를 더럽힘(2:1)</td></tr>
<tr><td>형제</td><td>유다</td><td>야곱의 후손</td><td>율법을 범함(2:4)</td><td>언약 배반</td></tr>
<tr><td>1</td><td>자신</td><td>이스라엘</td><td>1</td><td colspan="2">서너 가지 죄가 구체적으로 열거됨</td><td>온갖 범죄</td></tr>
</table>

〈표 3- 열방신탁 요약〉[51)]

열방신탁의 전체 구조는 N/N+1의 구조로 요약될 수 있다. 다메섹, 블레셋과 두로는 이스라엘과 혈연 관계가 없는 나라들이고, 에돔과 암몬과 모압은 친척이며 유다는 형제이다. 예언은 여기서 끝나지 않고 이스라엘 자신을 향한다(3+1). 먼 곳에서부터 주변을 돌아 이스라엘로 들어오는 구심적인 형태이다. 동시에 나라들은 모두 여덟 개인데 유다가 일곱 번째이고 이스라엘이 7+1에 위치한다. 이러한 배열은 앞의 수 잠언에서 보듯 강조점이 이스라엘에 있음을 보여준다.[52)] 이스라엘은 3+1과 7+1의 자리에 위치한다.

51) 김태훈, 『소예언서』, 82.

52) O'Conell, "Telescoping N+1 Patterns," 56-73.

지금까지 청중들은 열방의 죄에 대해 공분하고 그들에 대한 심판을 오히려 즐기면서도 아모스가 왜 "서너 가지 죄"라고 말하면서 한 두 죄목만 선포했는지 의아스러워했을 것이다. 아모스는 그 궁금증을 풀어준다. 이스라엘에 대한 심판 선고(2:6-16)는 앞에서 언급된 다른 어떤 나라에 대한 선고보다 더 길고 구체적이다.

> 이스라엘의 "서너 가지 죄"로 인한 심판 선고(2:6-16)
>
> 1. 수 공식 "서너 가지" 2:6a
> 2. 이스라엘에 대한 네 죄목(3/3+1 형식) 2:6b-12
>   a. 첫 번째 죄목: 가난한 자 억압 2:6b-7a
>   b. 두 번째 죄목: 제의적 오염 2:7b
>   c. 세 번째 죄목: 전당물과 벌금의 오용 2:8
>   d. 삽입: 여호와의 은혜 낭송(Recital of YHWH's benefits) 2:9-11
>   e. 마지막 죄목
>   : 예언자들과 나실인들에 대한 이스라엘의 무례 2:12
> 3. 심판 선고: "보라" 이하 2:13-16[53)]

다른 나라에 대한 심판 선고는 보통 2-3절에 걸쳐서 나오지만 이스라엘에 대한 선고는 10절(37행)이 넘는다. 한 나라에 대한 신탁을 종결할 때 사용하는 "여호와의 말씀"〈느움 야훼〉이 이스라엘에 대한 신탁에서는 두 번 나온다(11, 16절).

이제 우리는 열방신탁에 나오는 "서너 가지 죄"란 표현과 죄 목록의 수적 불일치를 설명할 수 있다. 앞에서 3/3+1의 죄(즉 서너 가지 죄)를 단일 죄목으로 변형한 것은 7+1에 무게 중심을 두기 위한 아모스의

53) 위의 책, 60.

고의적 변형이었을 가능성이 있다. 만일 모든 개별적인 신탁에 자세한 죄목들이 나온다면 이스라엘의 죄목과 동등하게 취급될 가능성이 있다. 그러므로 아모스는 죄상의 무게가 동일하게 취급되는 것을 피하기 위해 앞의 신탁들에서 가장 중요한 죄목들만 다루었을 것이다. 청중은 아모스가 각 심판 신탁에서 서너 가지 죄를 지적한다고 하면서도 사실상 한 가지 죄밖에 말하지 않는 데서 의아했을 것이다. 그러나 아모스가 이스라엘의 죄를 상세히 지적할 때, 그들의 궁금증은 사라진다.

2) 아모스 예언의 심판 대상

아모스가 어떤 계층의 사람들을 비난하고 있는지 미리 안다면 아모스서를 이해하는 데 도움이 될 것이다. 아모스는 이스라엘 백성 전체의 죄를 비난하는 것이 아니다. 정치, 경제, 종교 지도자들이 심판 대상이다. 그들은 농경 사회라고 하는 특수한 사회-경제 구조 속에서 자신들의 이익을 위하여 힘없는 백성들을 철저히 억압하고 수탈했다.

그때나 지금이나 지도자들의 탐욕은 많은 희생자를 남긴다. 그러나 우리가 성경을 읽으면서 우리 자신은 빼버리고 너무도 쉽게, 오늘날의 상류층에 속한 모든 사람과 우리 본문의 악한 지도층을 동일시하려는 유혹은 피하는 것이 좋다. 비록 당시의 상황과 오늘날의 상황과 그리 다르지 않은 것이 사실이지만, 본문에 나오는 지도자들은 아모스 시대라고 하는 특정한 시대에, 하나님의 계약 백성으로서 살기를 거부한 특정한 무리이기 때문이다. 그러므로 일차적으로는 성경을 아모스 시대의 상황에서 읽어야 한다.

나. 단어 연구

가난과 관련된 단어들 혹은 가난한 계층에 속하는 사람들로는 과부〈알마나〉אַלְמָנָה, 나그네〈게르〉גֵּר, 고아〈야톰〉יָתוֹם, (이 세 단어들은 신 24장을 포함하여 도처에서 함께 나타난다) 학대 받는 자〈아슈킴〉עֲשׁוּקִים (암 3:9; 욥 35:9), 〈다

크〉דך(예. 시 74:21; 잠 26:28) 등이 있다.[54]

농경 사회 혹은 유목 사회에서 과부, 홀로 된 여자는 여간 살기 어려운 것이 아니었다. 나그네로 번역되는 〈게르〉는 연고 없는 곳에 가서 더부살이 생활을 하는 사람을 가리킨다. 그들에게는 자신들을 보호해줄 혈연이나 친근한 이웃이 없기 때문에 돌봄과 보호가 필요했다. 히브리인들 역시 〈게르〉였다. 모세는 자신이 타국에서 객이 되었다는 뜻에서 아들의 이름을 게르솜이라 지었다(출 2:22). 히브리인에 의해 정복되어 뿌리를 잃게 된 팔레스타인 본토민도 〈게르〉이다(출 20:1-17; 22-23:33).

보통 고아로 번역되는 〈야톰〉은 아버지 없는 아이를 말한다. 어머니가 살아 있어도 그들은 고아로 간주된다(욥 24:9). 아버지가 없는 가정은 생계를 잇기가 어려웠다. 자연히 아버지 없는 아이들은 쉽게 떠돌이 거지 신세가 되었다(시 109:9, 10). 그래서 언약의 책(출 22:22)과 신명기(신 16:11)는 아버지 없는 어린이들을 특별히 배려할 것을 명하였다.

우리는 아모스가 정의의 예언자요, 억압받고 궁핍한 자의 대변자이기 때문에 위에서 언급한 가난한 사람들에 대한 배려가 그의 책에 자주 나올 것이라고 생각할 수 있다. 그러나 실제로는 아모스서에 이러한 형편의 사람들이 전혀 언급되지 않는다. 이런 현상은 아모스가 무엇을 문제로 삼고 있는가를 짐작하게 한다.

아모스가 주제로 삼는 것은 어느 사회에나 존재하는 궁핍하고 소외된 사람들, 즉 과부, 고아, 나그네에 대한 관심이 아니다. 과부나, 고아나, 나그네는 자연발생적으로 생겨난다. 그들은 억울하게 당하여 하층으로 떨어진 사람들이 아니다. 정의로운 사회 속에서도 이들은

---

54) 가난한 사람, 궁핍한 사람에 해당되는 히브리 단어를 위해서는 Augustin George, "Poverty in the Old Testament," in *Gospel Poverty: Essays in Biblical Theology* (Chicago: Franciscan Herald Press, 1977), 4-6과 G. J. Botterweck & Helmer Ringgren, eds., *Theological Dictionary of the Old Testament*, vol. I (Grand Rapids: William B. Eerdmans Publishing Company, 1979), s.v. "'ebhyôn," by Botterweck, 29을 보라.

존재하고, 사회가 이들을 돌보아야 하는 것은 당연한 일이다. 아모스는 가난한 사람들을 도우라고 말하는 것이 아니라, 지도자들과 상류층 사람들의 죄악을 비난하고 죽음의 심판을 선포하고 있다.

2:6-7에는 가난과 관련된 단어들인 "궁핍한 자"〈엡욘〉אֶבְיוֹן(6절), "가난한 자"〈달림〉דַּלִּים(7절), "겸손한 자"〈아나윔〉עֲנָוִים(7절)가 나온다. 〈엡욘〉(2:6b; 4:1; 5:12; 8:4, 6), 〈달〉(2:7: 4:1; 5:11; 8:6), 〈아나윔〉(2:7; 8:4)은 특정한 사회 현상으로 말미암아 땅바닥으로 떨어진 사람들, 길바닥으로 쫓겨난 사람들이다.

"궁핍한 자"로 번역된 〈엡욘〉은 결핍(deficiency)과 절박한 필요(demand)를 함축하는 단어이다.[55] 곧 아무 것도 없기 때문에 무엇을 먹을까, 무엇을 입을까, 어떻게 오늘을 넘길까 걱정하며 채워지기를 간절히 바라는 사람이다. 이 단어는 궁핍과 그에 따른 구걸이 만연하게 되었을 때인 주전 9세기 이후 고대 이스라엘에 도입된 외래어로 생각된다.[56] 그러므로 〈엡욘〉은 왕국 출현 이후 사회의 계층 분화의 결과로서 생기게 된 극빈자 혹은 거지들로 볼 수 있을 것이다.

"가난한 자"〈달〉는 원래는 약간의 재산이라도 있는 사람이다. 그들은 자주 외부적 억압, 환경, 착취를 견뎌내지 못하고 극빈자로 떨어진다. 〈달〉은 부자와 마찬가지로 '달' 역시 반 세겔을 내어야 했다. "**너희의 생명을 속하기 위하여 여호와께 드릴 때에 부자라고 반 세겔 더 내지 말고 가난한 자라고 덜 내지 말지며**"(출 30:15). 한센병 환자라도 〈달〉은 정결하게 되는 날 다른 사람들보다 적긴 해도 어린 숫양, 고운 가루 에바 십분의 일과 일정량의 기름을 드려야 했다(레 14:21). 이런 정황에서 본다면 〈달〉은 적은 재산이라도 가지고 있는 "자유민"(a free townsman)이라고 해석할 수 있다.[57] 아모스 본문에서도 이들은 재산, 즉 차출될

---

55) Albert Gelin, *The Poor of Yahweh* (Collegeville: The Liturgical Press, 1964), 19.

56) 위의 책, 20.

곡식(5:11)과 포도주(4:1; 참고. 욥 20:10)를 가진 것으로 나온다. 그러나 그들 역시 결국에는 권세자들에게 가지고 있던 작은 것까지 빼앗겼다. 그들은 모질게 다루어지고(2:7), 억압 받고(4:1), 착취당하고(5:11), 물려받은 토지를 빼앗기고 거지가 되거나 싼 값에 팔려갔다(8:4, 6).

"겸손한 자"〈아나윔〉는 교만하지 않은 자라는 윤리적인 의미에서의 겸손한 자가 아니라 낮은 위치의 사람을 말한다. 사회, 경제, 종교적인 의미로 사용될 경우는 지위가 낮은 사람, 가난한 사람, 고난받는 사람, 경건한 빈자를 뜻한다.

다. 이스라엘에 대한 신탁(2:6-8)

> [2:6] 여호와께서 이와 같이 말씀하시되 이스라엘의 서너 가지 죄로 말미암아 내가 그 벌을 돌이키지 아니하리니 이는 그들이 은을 받고 의인을 팔며 신 한 켤레를 받고 가난한 자를 팔며
> [7] 힘 없는 자의 머리를 티끌 먼지 속에 발로 밟고 연약한 자의 길을 굽게 하며 아버지와 아들이 한 젊은 여인에게 다녀서 내 거룩한 이름을 더럽히며
> [8] 모든 제단 옆에서 전당 잡은 옷 위에 누우며 그들의 신전에서 벌금으로 얻은 포도주를 마심이니라

2:6 "은을 받고 의인을 팔며"는 몇 가지로 이해될 수 있다. 먼저 빚을 갚지 못한 상황으로 볼 수 있다. 히브리어 원문에는 "은"(돈)이 아니라 "그 은(돈)"이다. 아마 뇌물이나 '그 정도 밖에 되지 않는 적은 돈'을 가리키는 것일 수 있다. "팔며"는 문자적으로 읽으면 인신매매이다. 전쟁에서 패한 나라의 백성들은 팔려갔고, 빚을 갚지 못하는 사람은 자신이나 자식을 팔아야 했다(왕하 4:1). 다음

57) *TDOT* III, s.v. "dal," 219.

으로는 법정의 부패, 즉 재판관이 은(뇌물)을 받고 의인을 죄인으로 만든 상황으로 이해될 수 있다. 그러나 "팔다"〈마카르〉מָכַר는 재판 상황에서는 사용되지 않는다.[58] "은을 받고"〈바케세프〉בַּכֶּסֶף는 '은 때문에' 혹은 '은을 위하여'로 번역될 수 있다. 따라서 이 문장은 그러한 행동은 정당화될 수 없다는 의미를 갖는데, 정말 작은 돈 때문에 혹은 뇌물을 받고 채무자를 팔아넘긴다는 뜻으로 볼 수 있다.

"의인"으로 번역된 히브리어 〈차디크〉צַדִּיק는 다양한 삶의 자리에서 쓰인다. 이 단어가 가장 널리 쓰인 경우는 특정한 상대와의 관계에서 도덕적, 윤리적, 신앙적으로 적합하게 행동하는 사람을 가리킬 때이다. 예를 들어, 다말은 윤리적으로는 의로운 여자가 아니다. 그러나 유다는 자초지종을 다 들은 후 다말에게 "**그는 나보다 옳다**〈차디크〉"고 말한다(창 38:26). 다윗과 사울의 관계에서 사울이 다윗을 죽이려고 쫓아다님에도 불구하고 다윗은 사울을 해하지 않는다. 이 때 사울은 다윗에게 "**나는 너를 학대하되 너는 나를 선대하니 너는 나보다 의롭다**"고 말한다(삼상 24:17).

〈차디크〉의 다른 삶의 자리는 법정에서 찾아볼 수 있다. 재판관은 증거와 정황을 참고한 후에 죄 없는 쪽의 사람을 〈차디크〉라고 선포하고, 유죄 쪽을 〈라샤〉רָשָׁע(악인)라고 한다(신 25:1).[59] 또 다른 삶의 자리는 경제적인 경우이다. 억울하게 고난 받고 힘에 밀려 궁핍하게 된 사람이 〈차디크〉라 불린다(시 140:13).

그러므로 〈차디크〉는 자주 경제적 형편을 나타내는 단어들인 〈엡욘〉, 〈달〉, 〈아니〉(혹은 〈아나윔〉)과 함께 나타난다. 이스라엘에서 하나님이 의인에게 베푸시는 복은 물질적 번영을 포함한다. 그러므로 이스라엘 사회는 자주 상류층 사람들을 의인이라 생각했다. 반대로 가난한 사람들은 하나님께 무엇인가를 잘못한 죄인으로 여겨졌다.[60] 사

58) Paul, *Amos*, 77a.

59) 위의 책.

람들은 현재의 상태로 사람이 의인인가의 여부를 평가하지만, 예언자는 현재 상태를 이루기까지 행한 보이지 않는 행실로 그 사람이 의인인가, 악인인가의 여부를 판단한다. 아무리 부가 좋고 편안한 것이라 하더라도 부정한 방법으로 취한 부라면 그것은 '악'과 다름없으며 그러한 부자는 악인이다. 아모스서의 많은 공헌 중 하나는 사회의 구조적 모순과 상류층 사람들의 탐욕과 부패로 말미암아 가난하게 된 사람을 "의인"으로 부르는 것이다.[61]

"신 한 켤레"〈나알라림〉נַעֲלָיִם도 다양하게 이해된다. 첫째, 얼마 되지 않는 뇌물의 양을 나타낼 수 있다. 이는 재판관들이 신 한 켤레 값이나 될까 말까한 돈을 받고, 가난하다는 이유만으로 한 사람의 인생을 망가뜨려 버린 경우를 묘사한다. 둘째, 빚의 양을 나타내는 것일 수 있다. 이는 얼마 되지도 않는 빚을 갚지 못한다고 그 가난한 사람을 노예로 팔아버린 것을 고발한 경우이다. 그런데 이 해석의 문제는 〈나알라임〉이 '얼마 되지 않는 값어치'에 대한 상징이라는 증거가 구약성경에 없다는 점이다.[62] 셋째, "신 한 켤레"를 문자적으로 받아들여서, 주인의 "신발"을 잃어버렸거나 혹은 신발을 훔친 궁핍한 사람에게 그 알량하고 얼마 되지도 않는 신발값을 되찾겠다고 도덕, 종교, 윤리, 법을 다 들이대며 그 사람을 팔아넘기는 잔인한 사회상을 고발한 경우이다. 넷째, "신 한 켤레"는 법석 서래를 의미하는데, 신발을 벗어 주거나 신발을 던짐으로써 합법적 거래가 이루진 것이라 하며(신 25:9; 룻 4:7)[63] 가난한 사람을 팔아넘긴 행태를 비난한 것일 수 있다. 그러나 이 해석에도 난점이 있다. 〈나알라임〉이 '신 한 짝', 즉 신발 두 개를 가리키기 때문에, 하나를 던지곤 했

60) Coote, *Amos*, 25.

61) Arvid S. Kapelrud, "New Ideas in Amos," *VTSup* 15(1966), 200-205.

62) Paul, *Amos*, 78a.

63) E. A. Speiser, "Of Shoes and Shekels," *BASOR* 77 (1940), 18.

던 법적 거래의 성사를 뜻하는 것으로 보기는 어렵다. 다섯째, 〈나알라임〉이 '숨기다'를 뜻하는 단어 〈알람〉עלם의 파생명사 〈나알람〉נעלם(아마 숨겨진 선물 혹은 뇌물)에 〈요드〉가 잘못 들어가 생긴 오류라고 보는 견해다.[64] 이 주장의 문제는 추정된 명사 נעלם가 구약성경에서는 나오지 않는 단어라는 점이다. 그러므로 이 구절이 아주 적은 돈보다도 더 가치 없게 취급되는 힘없는 사람들의 모습을 그린다고 보는 것이 가장 적당한 해석으로 판단된다.

"힘 없는 자"로 번역된 〈달림〉은 개역성경의 번역처럼 "가
2:7 난한 사람"이나, 또 신분이 낮은 사람을 가리킬 수도 있다. "티
끌 먼지"는 '땅의 티끌'〈아파르 에레츠〉עֲפַר־אֶרֶץ의 번역이다(참고. 삼하 22:43; 욥 14:19; 정관사 〈하〉를 가진 〈아파르 하아레츠〉는 창 13:16; 28:14; 출 8:12; 사 40:12).

"발로 밟고"는 〈샤아프〉שָׁאַף의 분사 복수형인 〈하쇼아핌〉הַשֹּׁאֲפִים의 번역이다. 〈샤아프〉에는 '갈망하다'의 뜻이 있으므로 KJV와 NAS와 한글 개역성경은 "티끌을 탐내며(pant after)"로 번역한다. 힘없는 자의 머리에 있는 티끌이 무엇이며, 권세자들은 왜 그것을 탐내는가?

첫 번째 해석 가능성은 여기서의 티끌을 문자 그대로 '흙의 티끌(재)'로 보는 것이다. 가난한 사람은 모든 것을 빼앗기고 절망하여 울부짖으며 몸에 재를 뿌리고 있는데, 가해자는 현미경적 탐욕으로 무장하고 가난한 자의 머리에 뿌려져 있는 재마저 가져가려 한다. 어쩌면 그 탐욕에 눈 먼 사람에게는 티끌조차도 밭떼기로 보였을 것이다. 또 다른 가능성은 티끌을 흠이나 약점으로 보는 것이다. 가해자는 가난한/힘없는 사람에게서 무엇인가 빼앗고 싶어서 그의 취약점이 무엇인지, 머리에 붙은 티끌까지라도 살피고 찾아낸다는 뜻으로 볼 수 있다.[65]

---

64) Paul, *Amos*, 78a.

65) Victor Maag, *Text, Wortschatz und Begriffswelt des Buches Amos* (Leiden: E. J. Brill, 1951), 11.

그러나 오늘날 발행되는 많은 번역 성경들(예를 들면 NIV, NRS, 개역개정판, 주교회의 성경[2005])은 "발로 밟고", 즉 신체적 위해나 억압으로 이해한다. 어떤 학자들은 자음과 모음 수정 없이 שׁאף에 두 번째 의미 '밟다'가 있다고 본다(겔 36:3; 시 56:2, 3; 57:4). 다른 학자들은 본문의 〈쇼아핌〉을 '밟다'를 뜻하는 아카드어 〈샤푸〉*šāpu*의 히브리어 해당어 〈슈프〉שׁוף의 복수 분사형 〈샤아핌〉שׁאפים으로 고쳐 읽는다.[66] 중간에 〈알렙〉이 들어간 이형이 종종 발견된다(예. 삼하 19:5; 호 10:14; 느 13:16).[67]

이 읽기는 칠십인역의 τὰ πατοῦντα(밟는 사람들)에 의해서도 지지된다. 같은 맥락의 아모스 8:4의 〈하쇼아핌 엡욘〉에서도 〈엡욘〉("가난한 사람")을 "탐한다"고 보기보다는 "밟는다"라고 보는 것이 더 문맥에 더 잘 어울린다.

어느 해석이 아모스가 원래 의도한 바인지 정확하게 판단하기 어렵다. 어쩌면 아모스가 이런 모든 가능성을 마음에 두고 심사숙고하여 단어를 택하고 문장을 만들었을 수도 있다. 어느 경우든 본문은 권세자들이 하나님의 연약한 백성들을 얼마나 비참하게 만들었는지, 반대로 가엾은 사람들이 얼마나 많이 빼앗기고 비인간적인 취급을 받았는지 생생하게 그린다.

"연약한 자"로 번역된 〈아나윔〉은 원래 "비천한 자"라는 뜻을 갖고 있다. "길을 굽게"는 삶의 길이 차단되고 왜곡된 판결로 그 길이 굽어짐을 뜻한다. 곧 〈아나윔〉은 힘 있는 자의 탐욕으로 인하여 가는 길마다 막히고 소망이 끊어지며, 재판관들의 왜곡된 판결 때문에 굴곡의 삶을 살게 된다.

본문은 계속하여 "아버지와 아들이 한 젊은 여인에게" 가는 것을 비난한다. 아버지와 아들이 한 여자에게 간다는 것은 일반적으로 '한

---

66) Ernst Klein, *A Comprehensive Etymological Dictionary of the Hebrew Language* (New York: McMillan Publishing Co., 1987)을 보라.

67) Paul, *Amos*, 79b.

같은 여자'와 갖는 부적합한 성적 관계를 고발한 것으로 이해된다.[68]

부적합한 성 관계를 고발하는 것이라고 할 때도 여러 가능성을 갖는다. 남자를 중심으로 보면, 첫째, 결혼법을 어긴 것으로 볼 수 있다. 율법은 아버지가 자기 아들의 과부를 취하여 결혼하지 못하도록 하고, 아들 역시 자기 아버지의 과부를 아내로 삼지 못하도록 규정한다(레 18:8, 15). 그러나 문맥에서 보면 이 구절이 결혼 문제를 다루는 것 같지는 않다. 둘째, 아버지와 아들이 거리의 여인에게로 가는 행태를 고발한 것일 수 있다. 셋째, 아버지와 아들이 이방신의 예배와 관련된 성창에게로 가는 행위를 고발한 것일 수 있다. 율법은 성창 제도를 엄격히 금지한다(신 23:17). 그러나 본문의 여자는 "여성 성전 직무인(혹은 성창)"〈크데샤〉קְדֵשָׁה이 아니라 "젊은 여자"〈나아라〉נַעֲרָה이다.

여자를 중심으로 보면 먼저, "한 젊은 여자"는 팔려온 여종일 수 있다. 아버지가 빚을 갚지 못하여 딸을 남의 집의 종으로 보냈는데, 주인집 사람들이 그 여종을 자신들의 성적 노리개로 삼은 것을 비난한 것일 가능성이 있다(출 21:8 참고). 혹은 여자들이 생존을 위해 자신의 몸을 팔 수 밖에 없는 사회를 고발한 것일 수 있다. 하나님의 딸들을 창기로 만든 사회는 하나님의 이름을 더럽힌 사회가 아닌가?

"한 젊은 여자"가 성창인지, 그냥 창녀인지, 아니면 가난한 집의 딸인지 확정하기는 어렵다. 그러나 분명히 이 구절은 하나님의 율법을 더럽히고 하나님의 백성으로서 해서는 안 될 일들을 하여 결국은 하나님의 거룩한 이름(레 20:3; 22:2, 32; 겔 20:39; 36:20–22)을 더럽히는 사람들과 사회를 비난하는 것이다.[69]

---

68) Wolff, *Joel and Amos*, 167; Paul, *Amos*, 82-83.

69) "한 젊은 여인"은 히브리어에서는 정관사 〈하〉가 붙어 "그 젊은 여인"〈한나아라〉הַנַּעֲרָה을 가리킨다. 구약성경에서 명사에 정관사가 붙을 경우는 예외 없이 앞에서 한 번 이상 언급된 경우이다. 그러나 이 이 여자가 본문에서 언급된 적이 없다. 정관사 "그"는 이 여자가 아버지와 아

이 구절 역시 '합법'을 구실로 삼고 힘없고 가엾은 사람들
2:8 을 착취하는 사람들을 비난한다. "제단"과 "신전"이 이방신을
위한 것인지 여호와를 위한 것인지 구별할 필요는 없다. 여기
서는 단지 행실이 문제가 된다. "단"과 "신전"은 가장 거룩하고 가장
고상한 곳이어야 하는데, 거기에는 탐욕과, 향락과, 권력이 있을 뿐이

들에게 이미 알려진 여인이거나 아모스의 설교를 듣는 사람들에게 잘 알려져 있는 계층의 사람이거나 잘 알려져 있는 직업을 가진 사람일 가능성도 있다.

전후 문맥에서 보고, 정관사가 붙어 있다는 점을 고려하면서 쿠트는 〈한나아라〉(그 젊은 여자)가 우리에게 아직 알려지지 않은 압류 물건 매매인이나 전당포와 관련 있는 사람일 수 있으며, 그래서 이 구절을 높은 이자를 주고서라도 돈을 빌리려고 아버지도, 아들도 〈한나아라〉(아마 우리들이 모르는 금전과 관련된 사람)에게 가는 상황을 언급한 것으로 본다. Coote, *Amos*, 35. 그러나 쿠트는 자신의 주장을 뒷받침할만한 증거를 제시하지 않는다. 로스(M. T. Roth)는 히브리어 나아라에 해당하는 아카드어 〈나르투〉 혹은 〈나루〉가 식품 할당 목록(ration list)이나 관리 장부(administrative document)와 관련되어 나타난다는 점을 이상하게 생각한다. Martha T. Roth, "Age at Marriage and the Household: A Study of Neo-Babylonian and Neo-Assyrian Forms," *Comparative Studies in Society and History* 29 (October 1987), 741-746. 이로부터 우리는 어쩌면 〈한나아라〉가 식량 배급과 관련된 어떤 직책을 나타내는 것일지도 모른다고 추정해 볼 수 있다. 하나의 가능성으로서 우리의 본문이 뜻하는 바는 아버지와 아들이 식량이나 농사 문제로 생계가 어려울 정도로 큰 어려움을 당하고 있으며, 식량을 얻기 위해 아버지도 아들도 다 관련된 어떤 직책의 사람을 찾아가는 행위를 비난한 것일 수 있다. 이 해석의 문제점은 아버지와 그의 아들이 식량 얻으러 가는 행동이 어떻게 하나님의 거룩한 이름을 더럽히는 것이 되는지 설명하기 어렵다. 그렇다면 〈한나아라〉가 종교적 일에 관계하는 사람으로 자신의 직분을 남용하여 부를 축적하는 사람인가? 8절과 이어 읽는다면, 이 직책의 사람은 제단에서 일하면서 식량을 주는 대가로 가난한 사람들의 옷을 전당 잡고, 벌금으로 농산물인 포도주를 빼앗아 치부하는 종교 권력가일지도 모른다.

었다. 제단은 죄를 범한 사람들에게 자비가 허락된 곳이 아닌가? 그러나 그곳에는 돈을 벌겠다고, 가난한 형제들을 추위 속에 밤을 새우게 만드는 무자비가 있었다. 용서 받은 죄인들의 낮아짐과 기쁨이 있어야 할 곳에, 자신의 죄를 고발하고 용서를 구해야 할 곳에 착취한 재물과 제물로 주연을 베푸는 자기만족이 있을 뿐이었다.

"전당 잡은 옷"〈브가딤 하불림〉בְּגָדִים חֲבֻלִים은 빚을 주면서 갚지 못할 것을 대비해 담보로 잡아놓은 겉옷이다. "전당 잡다"를 뜻하는 〈하발〉חָבַל은 채무 불이행시 취하는 압류를 말한다(출 22:25; 신 24:6, 17; 잠 13:13; 20:16; 27:13; 욥 24:9). 어느 경우든 이는 불법이 아니다. 그러나 엄격한 제한이 있다. 전당 잡거나 압류한 옷은 해가 지기 전에 원 소유자에게 돌려주어야 한다(출 22:26 이하). 또한 과부의 옷은 빼앗아 둘 수 없다(신 24:17). 그러나 본문에 나오는 채권자는 밤이 되도록 겉옷을 돌려주지 않았으며, 그 빼앗은 것으로 단에서 평안을 누리고 있었다.[70]

"벌금으로 얻은 포도주"는 백성에게서 취한 부당한 세금으로 산 포도주이거나, 세금을 내지 못한다고 대신 빼앗은 포도주일 것이다. 단 옆과 신전에서 전당 잡은 옷 위에 누우며 벌금으로 얻은 포도주를 마시는 사람은 누구인가?

첫째, 열성적으로 신앙 생활하는 부자들일 가능성이 있다. 그들은 온갖 절기와 제사에 모습을 나타내고 열심과 정성으로 제사에 참여하고 기부를 한다. 그러나 그들은 가난한 자들에게서 빼앗은 옷으로 부를 누리며, 궁핍한 농민들을 착취하여 얻은 포도주로 낙을 누리는 자들이다. 자신의 이익을 위하여 법의 이름으로, 힘의 논리로 약한 자를 쥐어짠다. 그들은 그 얻은 이익으로 풍성한 예배를 드리고, 예배 장소에서 평안을 누린다. 둘째, 제사장들일 가능성이 있다. 그들

---

70) 비슷한 경우가 약 625년경의 Meṣad Ḥashavyahu 도편에 나온다. King, *Amos, Hosea, Micah*, 1988, 24-25.

은 제물을 드릴 형편이 되지 못하는 가난한 사람을 위해 외상으로 제사를 대신 드려주고 나중에 가난한 사람들이 제사 빚을 갚지 못할 경우 옷마저 빼앗고 농산물을 착취했다.[71]

앞에서 언급된 다른 나라들이 패역을 저질렀다 하더라도 최소한 제 국민을 죽이고 팔아먹지는 않았다. 그들은 여호와를 공경한다고 말한 적도 없다. 그러나 이스라엘은 신앙생활을 한다고 하면서 자기 백성을 착취하고 쥐어짜서 죽였다. 하나님을 섬긴다고 하는 종교인도, 경건하다고 하는 예배자도, 억울함을 풀어주어야 하는 재판관도, 공평을 베풀어야 하는 권력자도 오직 한가지로 입을 것 없고, 먹을 것 없는 약한 자기 백성을 착취했다. 이런 행동들은 하나님의 이름을 더럽힌다. 하나님은 악한 부자의 흥얼거림이 아니라 도울 이 없어 탄식하는 백성의 신음 소리를 듣는 분이다. 한 시인의 탄식을 들어보자.

1어찌하여 전능자는 때기를 정해 놓지 아니하셨는고
그를 아는 자들이 그의 날을 보지 못하는고
2어떤 사람은 경계표를 옮기며
양 떼를 빼앗아 기르며
3고아의 나귀를 몰아 가며
과부의 소를 볼모 잡으며
4가난한 자를 길에서 몰아내나니
세상에서 학대받는 자가 다 스스로 숨는구나
5그들은 친 광야의 들나귀 같아서
나가서 일하며 먹을 것을 부지런히 구하니
빈 들이 그들의 자식을 위하여 그에게 음식을 내는구나
6밭에서 남의 꼴을 베며
악인이 남겨 둔 포도를 따며

71) Maag, *Text*, 235, 각주 22를 보라.

7 의복이 없어 벗은 몸으로 밤을 지내며
추워도 덮을 것이 없으며
8 산 중에서 만난 소나기에 젖으며
가릴 것이 없어 바위를 안고 있느니라
9 어떤 사람은 고아를 어머니의 품에서 빼앗으며
가난한 자의 옷을 볼모 잡으므로
10 그들이 옷이 없어 벌거벗고 다니며
곡식 이삭을 나르나 굶주리고
11 그 사람들의 담 사이에서 기름을 짜며
목말라하면서 술 틀을 밟느니라
12 성중에서 죽어가는 사람들이 신음하며
상한 자가 부르짖으나
하나님이 그들의 참상을 보지 아니하시느니라
(욥 24:1-12)

시인은 가난한 사람들이 살아가는 비참한 모습을 구체적으로 그리고 있다. 빚쟁이에게 억압 받고, 무자비한 주인에게 노동을 착취당하며, 탐욕적인 권세자들에게 땅을 잃고, 어린 자식마저 빼앗겨 사람이 아닌 삶을 살아가는 하나님의 백성들의 모습을 그린다.

그들은 아무런 보호도 받지 못한 채, 소낙비를 맨 몸으로 맞으며 추운 밤을 벗은 몸으로 지새우고, 굶주린 가운데 곡식 단을 매고, 중노동에 힘겹고 목말라하며 포도즙 틀을 밟는다. 허기진 배를 채우기 위해 나귀처럼 들에 나가 짐승처럼 풀을 뜯는다. 심지어 이러한 사람들, 곧 고아와 과부가 가진 것마저 탐을 내는 사람에게 아이를 빼앗기고 홀로 지내며, 옷을 볼모로 잡혀 벌거벗고 다닌다. 힘없는 하나님의 백성들은 악한 권력자들, 종교인들, 재판관들, 경제인들에 의해 외롭게 지내며 굶주리고 헐벗은 짐승이 되었다.

시인은 왜 하나님이 이러한 비참한 상황에 반응하지 않으시느냐고 항변한다. 하나님마저 이 사정을 돌아보지 않는다면 이 불쌍한 사람들은 어쩌란 말인가? 그러나 하나님의 때에 하나님은 잔인성으로 물든 악인들의 죄악을 반드시 갚으신다(욥 24:18-24).

4. 타락한 나라, 탈락된 백성(2:9-16)

이스라엘에 대한 신탁은 계속된다. 6-8절이 하나님이 택한 백성들 간에 허용될 수 없는 불의와 포학에 대한 지적이었다면, 9-12절은 하나님이 그 백성에게 행하여 주신 은혜의 역사를 상기시키며 죄악에 대한 결과를 선포한다. 이스라엘은 하나님의 특은(特恩)을 받은 백성이다. 약하지만 강한 백성을 진멸했고, 노예였으나 해방을 얻었으며, 아무것도 없는 막막한 사막에서 40년 동안 굶주리지 않았고, 아무것도 없는 유랑인들이었으나 살 땅을 선물로 받아 한 국가를 이루었다. 하나님의 말씀도 주어졌고, 대변하는 예언자들도 있었으며, 하나님께 특별히 바쳐진 나실인이 허용되는 특은을 받았다.

그렇지만 이스라엘의 삶은 받은 은혜에 걸맞은 것이었는가? 이스라엘은 예언자들을 막았고, 나실인에게는 하나님에게 바쳐진 서원과 헌신을 버릴 것을 강요했다. 이스라엘의 권세자들은 하나님을 귀찮아하고 하나님이 주권자이심을 인정하고 싶지 않아 했다. 하나님 없는 것이 편하고, 정 있으려면 마음에 드는 말씀만 해달라는 것이었다. 이스라엘의 역사는 이같이 만성적이고 변함없는 죄악의 역사였다.

흥미로운 것은 이절들에서 이스라엘의 역사적 전승의 순서가 뒤바뀌어 언급된다는 것이다. 원래의 순서는 출애굽-광야-정복-정착이다. 그러나 아모리 백성의 정복이 출애굽보다 먼저 언급된다. 이러한 순서는 구원이 아니라 멸망이 주제임을 말해준다.

하나님이 떠나면 이스라엘의 벌거벗음이 드러날 뿐이다. 여로보암 2세 시대의 부와 번영은 하나님 없는 삶의 성공 가능성을 보여 주는 것인가? 이것은 착각이다. 크고 강한 아모리도 망했는데 아모리보다 약한 이스라엘의 운명에 대해서는 두말할 필요가 없다. 하나님을 제거하기 원했으니 그들의 원대로 이스라엘은 하나님의 보호가 제거된 나라가 되어, 하나님의 은혜 이전 상태로 돌아가게 된다.

가. 하나님의 종을 가로막은 이스라엘(2:9-12)

[2:9] 내가 아모리 사람을 그들 앞에서 멸하였나니 그 키는 백향목 높이와 같고 강하기는 상수리나무 같으나 내가 그 위의 열매와 그 아래의 뿌리를 진멸하였느니라

[10] 내가 너희를 애굽 땅에서 이끌어 내어 사십 년 동안 광야에서 인도하고 아모리 사람의 땅을 너희가 차지하게 하였고

[11] 또 너희 아들 중에서 선지자를, 너희 청년 중에서 나실인을 일으켰나니 이스라엘 자손들아 과연 그렇지 아니하냐 이는 여호와의 말씀이니라

[12] 그러나 너희가 나실 사람으로 포도주를 마시게 하며 또 선지자에게 명령하여 예언하지 말라 하였느니라

2:9 아모리 정복에 대한 언급은 하나님의 은혜를 상기시키는 동시에 이스라엘도 정복 대상이 될 수도 있음을 시사한다.[72)]

---

72) "아모리 사람"은 구약성경에서 "가나안 사람"과 동의어로 쓰인다. 신명기에서 아모리 사람은 산악 지대와 요단강 동편에 사는 가나안 사람을 가리킨다(예. 신 1:4, 7, 19, 20; 3:9; 31:4). Stuart, *Hosea-Jonah*, 318 참조. 신명기 1:7에는 "가나안 족속"과 "아모리 족속"이 함께 나오는데 이스라엘은 아모리 족속에서부터 시작하여 산지에서 해변 쪽으로, 남쪽에서 북쪽 유브라데까지 이르게 된다. 민수기 13:29에는 아모리인은 산지에 거하고, 가나안인은 해변과 요단강에 거한다고 기록되어 있다. 여기서는 이스라엘이 정복한 백성 전체를 가리키는 것으로 보인다.

"내가 … 멸하였나니"〈히슈맏티〉הִשְׁמַדְתִּי와 "내가 … 진멸하지"〈아슈미드〉אַשְׁמִיד는 '거룩한 전쟁'에서 적의 파괴를 나타내는 경우에 사용되는 동사 〈샤마드〉שָׁמַד를 포함한다.

죄악에 대한 하나님의 반응은 그 죄악의 뿌리를 완전히 "진멸"하심으로 나타난다. "아모리 족속"은 신체적으로는 키가 크고, 강하고(높은 백향목, 강한 상수리나무), "굳건한 성읍"에 살고 있었다(민 13:28, 31-33). 그런데도 멸절되었으니, 약한 이스라엘이야 더 말할 것이 무엇이 있겠는가? 동시에 이 큰 나무들은 이스라엘 사회 지도층을 암시하기도 한다. 심판의 원인 제공자들은 이스라엘의 높고 강한 백향목과 상수리나무 같은 지도층 사람들이다. 나무들은 열매와 뿌리까지 진멸된다. "열매"와 "뿌리"는 전체성을 의미한다(사 37:31 참조). 그러므로 이 표현은 아모리 사람들이 모든 면에서 파멸되었음을 뜻한다.

2:10 9절에서 주어가 "내가"였던 것처럼, 10절에서도 주어는 "내가"이다. 아모리 사람을 멸망시킨 분도 하나님이시요, 애굽에서 해방시켜 땅을 선물로 주신 분도 하나님이다. 하나님의 위대함을 기뻐하는 무리에 속할 것인지, 아니면 하나님의 위대함을 두려워하는 무리가 될 것인지는 전적으로 자신에게 달려 있다. 이스라엘은 애굽의 노예였다가 은혜로 말미암아 태어난 민속이요, 국가다. 그들은 광야에서도 인도와 보호를 받았고, 살아갈 땅을 선물로 받았다. 이것은 십계명의 서론이며(출 20:2; 신 5:6) 이스라엘인의 감사의 고백이기도 하다(신 26:5-9). 그러나 이스라엘은 이러한 과거를 알고 있으나 하나님을 경외하지 않는 백성이 되었다. 호세아도 이를 동일하게 비난한다.

> 곡식과 새 포도주와 기름은 내가 저에게 준 것이요 저희가 바알을 위하여 쓴 은과 금도 내가 저에게 더하여 준 것이어늘 저가 알지 못하는도다(호 2:8)

앞의 구절들이 과거를 기억케 하는 것이면, 이 구절은 현
2:11 재의 은혜를 말한다. 하나님의 간섭의 역사는 계속적으로 진
술된다. 그분의 사랑과 선택의 역사는 끝난 것이 아니다. 아모스 시대에까지 계속된다. 하나님은 그의 종들, 나실인〈나지르〉נָזִיר과 예언자들을 세우고 보내셔서 이스라엘을 가르쳐 왔고, 인도해 왔으며, 지금도 보호하신다. 나실인은 그의 백성 가운데서 하나님의 사람으로 성별된 사람이다. 그들의 삶은 하나님과 백성이 언약 관계를 맺고 있다는 한 상징이다. 하나님이 그 백성에게 요구하는 구별된 삶, 자기 부정, 순결, 헌신이라는 덕목을 자신들의 삶의 방식으로 표현하는 상징적인 사람들인 것이다. 그래서 그들은 구별된 사람이라는 표로 머리에 삭도를 대지 않고, 자기를 부정하고 자기만족의 삶을 포기한다는 뜻으로 포도주를 마시지 아니하며, 순결한 삶을 뜻하는 것으로서 시체를 만지지 않았다(민 6:1–21).[73]

그러나 이스라엘(지도자들)은 나실인의 삶을 우스운 것으로
2:12 여긴다. 예언자들은 하나님의 말씀을 선포하는 사람인데 예
언하지 말라고 한다. 두 경우 모두 하나님을 부정하고 무시하는 것이다. 자유를 주시는 하나님으로 말미암아 아모스가 예언하던 여로보암 2세 시대에 이르러서 이스라엘은 한 강력한 국가로서 "완전한 해방", "완전한 자유"를 누리는 국가가 되었다. 그들에게 해결되지 않은 굴레가 하나 있다면 그것은 자신들에게 해방을 주신 하나님으로부터 해방되지 못한 것이다. 특정한 삶의 방식을 요구하는 분이 계셔서 마음대로 할 힘을 가진 이스라엘의 지도자들에게 여전히 지켜야 할 목록들을 말하니 어찌 그것이 귀찮지 아니한가? 그러므로 그들 자신의 자유를 얻기 위해서 마지막으로 해야 할 것은 그들 마음대로 사는 것을 방해하는 하나님과의 관계를 끊는 것이다. 곧 나

73) 위의 책, 319.

실인은 술을 먹어 서약을 깨고, 예언자는 입을 닫아 하나님으로 벙어리 되게 한다.

이 본문의 의미는 다음과 같다. 첫째, 상징적인 것으로 권세자들이 하나님의 택한 종과 하나님이 정한 방식에 따라 사는 삶을 무가치한 것으로 여겼다는 것을 의미한다. 곧 악하고 유혹 많은 세상에서 맹세를 변개치 않고(나실인), 하나님의 말씀의 종으로서 살고 전하기를 결심하는 사람들을(예언자) 비웃음의 대상으로 삼았다. 둘째, 물리적인 것으로 나실인에게는 강압적으로 입을 열게 하여 포도주를 마시게 하며, 예언자들에게는 입을 닫게 했다는 것을 의미한다. 그들의 삶과 선포가 권력자들에게 부담이 될 경우 그들은 나실인과 예언자를 박해했다. 셋째, 나실인과 예언자가 자신들의 탐욕과 권력자들의 회유로 인하여 자신들을 더럽히고 사명의 준수를 중단하는 현실을 개탄하는 것을 의미한다.[74]

하나님의 종으로 살 것인가, 세상적 평안을 가진 자의 상에 앉은 친구가 될 것인가의 선택은 종교인의 지위가 높이 인정받는 사회에서, 혹은 이미 높은 위치에 올라 있던 종교인 앞에 놓인 어려운 문제였다. 가장 부요하고 가장 평안했던 아모스와 미가 시대의 '엘리트 종교인'들은 겉으로는 하나님을 믿으며 그분의 뜻에 따라 산다고 하지만 실상은 엘리트로서의 자신들의 위치에 적합한 삶을 바라고 있었고, 그것

---

74) 성경에는 두 종류의 예언자들이 나온다. 한 부류는 방해 받은 예언자이며, 한 부류는 타락한 예언자이다. 방해 받은 예언자의 예: "그들이 말하기를 너희는 예언하지 말라 이것은 예언할 것이 아니거늘"(미 2:6); "선견자야 너는 유다 땅으로 도망하여 가서 거기서나 떡을 먹으며 거기서나 예언하고 다시는 벧엘에서 예언하지 말라 … "(암 7:12-13). 타락한 부류의 예: "내 백성을 유혹하는 선지자는 이에 물것이 있으면 평강을 외치나 그 입에 무엇을 채워 주지 아니하는 자에게는 전쟁을 준비하는도다"(미 3:5); "제사장은 삯을 위하여 교훈하며 그들의 선지자는 돈을 위하여 점을 치면서 여호와를 의뢰하여 이르기를 여호와께서 우리 중에 계시지 아니하냐 …"(미 3:11).

을 주장했고, 기회가 되면 선택했다. 이들은 주변과 후배 종교인들에게 성공한 삶의 본이 되면서 다른 사람의 부러움을 사며 살고 있었다.

본문이 나실인에 대해 언급하면서 머리에 삭도를 댄 것이나 시체 접촉에 대해서가 아니라 "포도주를 마시게"한 것을 말하는 점이 흥미롭다. 아모스서에서 포도주는 착취와 방탕과 관련된다. 고가품을 수입하고 호화스런 삶을 영위하기 위해 지도층들은 이스라엘의 전역에 돈이 될 만한 곡물을 심게 하였고, 그런 곡물을 수확하여 수출한 대가로 상아를 비롯한 각종 사치스런 물품을 수입해 왔다.[75]

전통적으로 심어오던 생존을 위한 다양한 종류의 작물들은 국가적으로 계획된 수출용 소수 작물로 대치되었다. 그러므로 기후 이상이나 병충해로 소수 작물이 작황이 나쁘게 될 경우에 농사를 전체적으로 망치게 되었고, 농민들의 생존이 극히 어렵게 되었다.[76]

이 수출을 위한 소수 작물 중에 포도가 속한다. 포도 작황이 나빠져서 많은 포도를 낼 수 없게 되면 세금 내기에도 빠듯하고 필요한 만큼의 식량으로 바꿀만한 양이 남지 않아 농민들은 밭을 잡히고라도 식량을 사와야 했다. 다음 해 또 흉년이 들면 빚을 갚지 못하고, 식량을 얻기 위해 잡혔던 밭마저 팔고 남의 집 종살이를 하는 신세가 되었다. 풍년이 들더라도 다수확으로 말미암은 포도 가격의 하락으로 그들은 작년에 빌려온 것 이상으로 갚아야 했다. 이런 과정을 거치면서 농민들은 조상 대대로 내려오던 땅을 잃고, 남의 집 종살이를 하거나 품을 팔기 위해 대도시로 가야했다.[77]

---

75) Chaney, 『농경사회 시각으로 바라본 성서 이스라엘』, 177.

76) 위의 책, 189-191.

77) 미가는 시골 모레셋 사람(아마 장로)으로 예루살렘에 가서 예언했다. 그는 자신의 고향 사람들이 집과 밭을 빼앗기고 노동력이라도 팔 수 있는 수도의 건축 현장으로 가서 짐승과 같은 삶을 살아가고 있을 때 예언자로 부름 받았다(미 2:1-2, 8-9; 3:1-3 참조). 미가는 온 이스라엘 백성의 마음에 신앙의 상징으로 존재하는 예루살렘의 이러한 현실을 고발했다(미 3:9-12).

포도주는 "벌금으로" 얻어져서 신전에 있었고(암 2:8), 가난한 백성들을 압제하며 집에서는 쾌락을 누리는 "바산의 암소"를 언급할 때 나온다(4:1). 또한 포도주는 백성의 환난은 아랑곳없이 끼리끼리 모임을 결성하고 호화판 잔치를 베풀며, 상호 연대를 강화하는 특정 집회〈마르제아흐〉에서 사용되었다(암 6:7).[78]

나. 능한 자에 대한 하나님의 심판(2:13-16)

[2:13] 보라 곡식 단을 가득히 실은 수레가 흙을 누름 같이 내가 너희를 누르리니
[14] 빨리 달음박질하는 자도 도망할 수 없으며 강한 자도 자기 힘을 낼 수 없으며 용사도 자기 목숨을 구할 수 없으며
[15] 활을 가진 자도 설 수 없으며 발이 빠른 자도 피할 수 없으며 말 타는 자도 자기 목숨을 구할 수 없고
[16] 용사 가운데 그 마음이 굳센 자도 그 날에는 벌거벗고 도망하리라 여호와의 말씀이니라

하나님은 이런 이스라엘에 대해 어떤 반응을 보이시는가? 예수님의 설교가 청중의 일상적인 삶과 주변 상황이라는 시의성과 친밀성에 근거했던 것처럼, 아모스의 설교도 백성들의 삶과 주변 상황을 반영하여 시의성과 친밀성을 나타낸다. 이제 설교는 "수레"로 시작된다.

"수레"〈아갈라〉עֲגָלָה는 평야에서 걷어 들인 곡물을 탈곡장
2:13 으로 가져가는 데에, 수출을 위하여 항구로 곡물을 운반하는
데에 대단히 유용하게 사용되었다.[79] "곡식 단"으로 번역된

78) 자세한 내용은 6장에서 다루어진다.

79) 〈아갈라〉עֲגָלָה가 탈곡기를 뜻하기도 하지만(사 28:27-28), 여기서는 수레를

〈아미르〉עָמִיר는 벤 곡식 혹은 곡식 단을 가리키는데(렘 9:21, 미 4:12), 여기서는 들판에서 탈곡장(마당)으로 운반되는 곡물의 이삭을 뜻한다.[80]

"곡식 단을 가득 실은 수레"는 아모스가 혹평하는 사회적, 경제적, 도덕적, 신앙적 상황을 보여주는 하나의 상징이다. 밀과 포도주, 감람기름을 수출하여 값비싼 물건을 구하고 호화스런 삶을 살고자 하는 권력층의 사람들은 조금이라도 더 많은 공출을 받으려고 혈안이 된다.

이 구절들이 어떤 상황을 전제하고 있는가에 대해서 여러 가지 의견이 제시된다. 먼저 "누름 같이"의 〈메이크〉מֵעִיק와 "누르리니"의 〈타이크〉תָעִיק는 구약성경 전체에서 오직 이곳에서만 나온다. 어근에 관하여 많은 가능성이 제시되긴 했지만 대개 세 경향으로 나눌 수 있다.

첫째, 많은 학자들이 이 단어의 어원이 "쪼개다"를 뜻하는 우가릿어 *'qq*나 아라비아어 *'aqqa*에서 나온 것으로 보고 13-16절이 지진을 예고하는 것으로 해석한다.[81] 하나님이 너희를(히. 너희 아래〈타흐테켐〉תַּחְתֵּיכֶם) 쪼갠다는 뜻이 된다. 둘째, 어떤 학자들은 원형을 〈우크〉עוּק로 보고 '누르다(예. NRS의 press down)', '부수다(예. NIV의 crush)'로 이해한다.[82] 곧 수레가 부서지는 것처럼, 내가[하나님이] 너희를 부순다는 뜻이 된다. 그러나 "너희를"이 원래 "너희 아래"〈타흐테켐〉이므로 땅이나 삶의 터전을 누르는 것으로 볼 수도 있다. 너무 많이 실은 수레가 땅을 누르듯이 이스라엘이 그 무거운 수레로 인해 하나님의 무서운 압착을 받게 된다. 곡식을 실은 무거운 수레는 힘없는 백성들을 착취하여 얻은 것이고, 그 수레의 무게가 땅을 누르는 것은 이스라엘

나타낸다(창 45:19, 21, 27; 46:5; 삼상 6:7 이하 참조).

80) Wolff, *Joel and Amos*, 171. 유사 명사 〈오메르〉עֹמֶר는 '곡식 단'을 뜻한다(예. 신 24:19; 레 23:11). 그러나 동음이어인 〈오메르〉는 부피 단위로서 에바의 1/10이다(출 16장).

81) 위의 책.

82) Stuart, *Hosea-Jonah*, 319.

의 악한 권력자들이 백성을 누르는 것과 같은 형상이다. 하나님은 무거운 짐을 소유한 자와 땅을 누르는 자들을 누르신다. 셋째, 무게보다 부피에 중점을 두는 해석이다. 너무 많이, 그리고 높이 실어서 뒤뚱뒤뚱 가다가 조금만 균형을 잃어도 옆으로 쓰러져 곡물을 다 쏟아버리는 그런 수레를 그려보는 것이다. 왜 수레가 쓰러지는가? 부피가 많게 너무 높이 쌓으면 조그만 돌부리에도 크게 흔들리게 되어 쓰러진다. 즉 내려앉는 것이 아니라 옆으로 쓰러지는 것이다. 이렇게 보면 본문은 '곡식 단을 가득히 실은 수레가 뒤집힘 같이 내가 너희 아래에 장애물을 놓으리라'가 된다. 이 해석의 장점은 〈타흐테켐〉을 원뜻 "너희 아래에"로 읽을 수 있다는 점이다.

13절의 그림은 수레가 너무도 많은 짐을 싣고, 고르지 못한 흙 도로를 기우뚱거리며 가고 있다. 그러다 조그만 돌 뿌리에 흔들려 짐이 한쪽으로 쏠려 넘어지고, 모든 비싼 짐이 쏟아진다. 이 그림은 하나님께서 잔뜩 실은 탐욕의 인간 짐수레들 밑에 장애물을 놓아 넘어지게 한다는 뜻을 담고 있다. 그들의 수레는 곡식 단을 많이 싣고도 들판과 탈곡장 사이를 기민하게 다닌다. 그 수레의 빠른 움직임은 백성을 수탈하는 악인들의 모습을 대변하는 듯하다. 그러나 전혀 생각하지 못한 작은 돌부리에 수레는 깨어지고 실려 있던 것이 쏟아진다.

지게군의 등은 지게에 실린 짐의 무게만큼 아프다. 하나님의 벌의 무게는 뺏은 물건의 중량(수레의 무게나 부피)과 같다. 탐욕자는 탐욕으로 얻은 것으로 말미암아 주저앉고 탐욕의 무게에 짓눌려 생명을 잃는다.

2:14-15 이 절들은 '없음'이나 '아님'을 뜻하는 〈로〉לא를 다섯 번 사용하며, 전쟁에서의 피할 수 없는 상황을 보여준다.

14빨리 달음박질하는 자도 도망할 수 없으며(히. 망할 것이며) 강한 자도 자기 힘을 낼 수 없으며〈로〉 용사도 자기 목숨을 구할 수 없으며

〈로〉 15활을 가진 자도 설 수 없으며〈로〉 발이 빠른 자도 피할 수 없
으며〈로〉 말 타는 자도 자기 목숨을 구할 수 없고〈로〉

무거운 짐수레의 운명과 같이 발 빠른 사람도, 힘센 사람도, 용기 있는 사람도 아무 것도 할 수 없는 상황을 맞게 된다. '빠름'과 '강함'은 세상 권력자들에 대한 상징일 수 있다. 궁수도, 기마병도 다 속수무책이다. 그들은 서 있을 수조차 없다. 이 절은 심판이 '지진'을 통해서라기보다는 '전쟁에서의 패배'에서 온다는 것을 암시한다.

산 사람들은 "벌거벗고" 도망한다. "벌거벗고"는 옷을 벗어놓은 것이 아니라 '무기를 놓고, 장비를 벗어버리고'를 뜻한다. 용사 중 마음이 담대한 군인이라도 이제는 자기 한 목숨 건지겠다고 무기도 없이 맨 몸으로 줄행랑을 치는 사람들이 생긴다. 이는 전투가 종결을 맞을 수밖에 없다는 것을 뜻할 뿐이다. 그러나 자기 한 몸 살고자 무기를 놓고, 장비마저 벗어버리고 도망쳤던 그는 곧 붙잡혀서 살해되거나 포로로 잡혀간다.

9절에서는 높고, 강한 아모리 사람의 멸망이 언급되었다. 14-16절에서는 또 다른 높고, 강하고, 빠른 사람들이 열매에서 뿌리까지 멸절된다. 아모리 사람의 땅에 들어왔던 사람은 이제 그 땅에서 달아난다. 이 무서운 판결은 누구에게서 내려진 것인가? 판결문에는 불행하게도 "여호와의 말씀"〈느움 야훼〉נְאֻם־יְהוָה이라고 사인되어 있다.

<묵상>

'열방신탁'은 이스라엘의 멸망에 대한 선고로 끝난다. 하나님을 거부하고 멸시하고, 종교·사회·경제적으로 타락한 국가 이스라엘은 결국 하나님의 보호에서 하나님의 특별한 은혜에서 탈락한 나라가 되고 만다. 불타는 궁궐, 찢어진 깃발, 뒹구는 시체들, 마지막 한 병사까지 벌거벗고 도망하다 죽고, 종국엔 피비린내와 참혹한 침묵만이 … . 정말 무서운 말씀이다.

이스라엘은 물질적으로 특별한 은혜를 받은 나라였다. 강한 나라들을 제하고 없는 가운데서 부강한 나라가 되었고, 빈손으로 나와 비옥한 땅에 거하게 되었다. 이스라엘은 영적으로도 특은을 받은 나라였다. 하나님의 백성으로 선택되어 하나님과의 영적 교류가 허락되었다. 하나님은 예언자들을 통해 이스라엘과 교류하시고 말씀하셨다.

그러나 이스라엘은 하나님을 거부했다. 지도자들은 약하고 비천한 자기 백성들을 착취했다. 지도자들은 착취한 포도주로 잔치를 하면서 자기 백성의 고통에 슬퍼하는 하나님 앞에서 즐거운 기색으로 예배를 드렸다. 영적으로도 타락했다. 재판장, 제사장, 예언자들도 물질을 신으로 삼았다. 그들은 권력자들의 편이 되거나 권력자가 되어 원통한 자의 아픔에 무관심했다.

우리는 어떠한가? 하나님 한 분으로 기뻐하면서 하늘을 두루마리 삼고, 바다를 먹물 삼아도 하나님의 은혜 다 기록할 수 없다고 눈물로 찬송하던 때가 있었다. 그러나 지금은 어떤 삶을 지향하는가? 명예의 수레, 권력의 수레, 물질의 수레, 인기의 수레를 채우려 하는가?

하나님의 특은을 받았던 이스라엘의 운명도 처참하게 끝나버렸다. 그들이 하나님을 수백 년간이나 거부하고, 마지막에는 하나님 대신 이방신과 물질을 신으로 대체하기로 결심했기 때문이다.

오늘 이스라엘의 운명을 바라보는 우리는 어떤 운명을 택하려 하는가? 우리는 하나님 보시기에 합당치 못한 영적, 물질적 삶을 살고 있는 것은 아닌가 살펴야 한다. 처음으로 돌아가야 한다. 하나님 한 분으로 기뻐하던 그 때로. 하나님을 가진 사람이 다 가진 사람이다. 수레에 싣는 짐의 내용을 바꾸자. 하나님이 끄는 수레에 사랑의 짐을 싣고, 희생의 짐을 싣고 가자. 하나님 안에서 사랑과 희생의 짐을 부리며 이웃과 함께 나누는 삶을 살아 갈 때에 진정한 평안과 기쁨과 행복을 누릴 수 있다.

III.

아모스의 자기 확신과 이스라엘의 깨어지는 영광

(3:1-15)

3장은 선택 백성 이스라엘의 자기 확신과 그 실체를 말해준다. 이스라엘은 자신을 하나님의 특은을 입은 선택 백성으로 생각했으며, 아모스는 심판을 선포하라고 부름 받은 하나님의 종으로 생각한다. 누가 옳은 것인가? 9절 이하의 절들이 그 답이다. 이스라엘의 자랑거리들은 하나님의 심판 대상이 된다.

1. 이스라엘과 아모스의 자기 확신(3:1-8)

아모스는 이스라엘의 지도층들이 여호와께 범한 반역 행위들을 지적하며(2:6-9) 그들에게 임할 심판을(2:13-16) 선고했다. 청중들은 아모스의 예언에 대해 어떤 반응을 보였을까? 아마 스스로에게나 혹은 아모스에 관하여 두 질문을 던졌을 것이다.[83]

하나는 신학적인 질문으로서, 여호와께서 택한 백성인 이스라엘에게 여호와로 말미암는 심판이 임할 수 있는지에 대한 것이며, 다른 하나는 아모스의 자격 문제로서, 아모스는 어디서 온 사람이며 무슨 권위로 선포하는지에 대한 의문 때문에 일어난 질문이었을 것이다. 청중들은 자신들이 가진 전승, 역사적 경험과 하나님에 대한 자신들의 이해로서 이스라엘의 '파멸 불가'를 확신했을 것이며, 아모스의 자격 문제에 대해서는 아모스가 시골에서 올라온 소속 불명의 사람이므로 믿을 만한 사람이 못 된다는 판단을 내렸거나 그러한 판단을 내리고 싶었을 것이다.

아모스는 자신의 예언자로서의 적합성과 예언 선포의 당위성을 확증하려 한다. 곧 '선택 백성'의 죄악'이라도 그것은 '죄악'이라는 단순 논리(1-2절)와, 수사학적 질문-응답 형식의 대화를 사용하여 자신이 여호와의 대리인으로 온 것이라는 확증한다(3-8절).

가. 선택 백성 이스라엘의 자기 확신(3:1-2)

아모스의 극렬한 선포를 들으면서도 청중은 여호와와 자신들의 역사적 관계에서 볼 때 심판은 있을 수 없는 것이라 받아들였을 것이다. 그들은 이스라엘의 난공불락성(invincibility)에 대한 믿음은 이스라엘의

83) James Limburg, *Hosea-Micha*, Interpretation (Atlanta: John Knox Press, 1988), 93을 참고하라.

선택, 출애굽 사건, 광야에서 범한 죄에도 불구하고 얻은 구원, 땅의 선물 등에서 나온 것이다. 그러나 아모스는 그들의 생각들을 들여다본 것처럼, 그들이 생각하는 바를 가지고 예언을 계속한다.

> [3:1] 이스라엘 자손들아 여호와께서 너희에 대하여 이르시는 이 말씀을 들으라 애굽 땅에서 인도하여 올리신 모든 족속에 대하여 이르시기를
>
> [2] 내가 땅의 모든 족속 가운데 너희만을 알았나니 그러므로 내가 너희 모든 죄악을 너희에게 보응하리라 하셨나니

이 짧은 두 절에는 이스라엘은 하나님이 사랑하는 유일한 나라임이 표명된다. 그러나 이것은 이스라엘의 불멸성에 대한 근거가 아니라 심판의 근거가 된다.

3:1 한글 성경과 달리 히브리어 성경은 "들으라"〈쉬무우〉שִׁמְעוּ로 시작한다. 이 단어는 청중들을 관심을 끌기 위해 사용하는 선포 형식의 시작어이다.[84] 이 말 뒤에는 교훈이나 유언 등 꼭 알리고 싶은 사실들이 나온다.

악인 라멕이 자기 아내들에게 자신의 악행을 자랑할 때(창 4:23), 요셉이 자기 형들에게 꿈 내용을 알릴 때(창 37:6), 야곱이 자신의 아들들에게 유언을 남기면서 앞으로 될 일들에 대하여 말할 때(창 49:2), 이드로가 모세에게 재판을 다른 사람과 나누어 하라는 권고를 할 때(출 18:19), 모세를 비방한 미리암과 아론을 여호와가 꾸짖을 때(민 12:6), 〈쉐마〉שְׁמַע를 선포할 때(신 6:4) 나온다. 또한 이사야의 예언의 처음(사 1:2)과 아모스 4:1, 5:1, 8:4에서도 발견된다. 아모스서에서는 주목케 하는

84) Claus Westermann, *Basic Forms of Prophetic Speech* (Louisville: Westminster/ John Knox Press, 1991), 142, 174-175.

기능을 넘어 판결문 낭독을 시작하는 기능을 하는 것처럼 보인다.

"여호와께서 너희에 대해서 이르시는"은 〈디베르 야훼 알레켐〉 דִּבֶּר יְהוָה עֲלֵיכֶם의 번역이다. 동사 〈디베르〉דִּבֶּר는 〈아마르〉אָמַר와 좀 달리 쓰인다. 〈아마르〉가 다음에 나오는 말의 내용에 중점을 두는 것임에 반해 〈디베르〉는 말씀하는 그 행동 자체를 강조한다.[85]

아모스는 청중들의 생각대로 이스라엘이 특별한 백성인 것을 인정한다. 이스라엘은 선택되었고, 애굽의 종 되었던 땅에서 구원 받고, 땅까지 선물로 받은 백성이다. 이스라엘의 신앙고백이 이것을 말한다.

> 5내 조상은 방랑하는 아람 사람으로서 애굽에 내려가 거기에서 소수로 거류하였더니 거기에서 크고 강하고 번성한 민족이 되었는데 6애굽 사람이 우리를 학대하며 우리를 괴롭히며 우리에게 중노동을 시키므로 7우리가 우리 조상의 하나님 여호와께 부르짖었더니 여호와께서 우리 음성을 들으시고 우리의 고통과 신고와 압제를 보시고 8여호와께서 강한 손과 편 팔과 큰 위엄과 이적과 기사로 우리를 애굽에서 인도하여 내시고 9이곳으로 인도하사 이 땅 곧 젖과 꿀이 흐르는 땅을 주셨나이다(신 26:5b-9)

다윗도 이스라엘에게 베푸신 하나님의 특별한 은혜에 대하여 고백한다.

> 23땅의 어느 한 나라가 주의 백성 이스라엘과 같으리이까 하나님이 가서 구속하사 자기 백성으로 삼아 주의 명성을 내시며 그들을 위하여 큰 일을, 주의 땅을 위하여 두려운 일을 애굽과 많은 나라들과 그의 신들에게서 구속하신 백성 앞에서 행하셨사오며 24주께서 주의 백성 이스라엘을 세우사 영원히 주의 백성으로 삼으셨사오니 여호와여 주께서 그들의 하나님이 되셨나이다(삼하 7:23-24)

---

85) Wolff, *Joel and Amos*, 176.

2절의 "땅의 모든 족속 가운데"에서 "가운데"로 번역된 전
3:2 치사 〈민〉מִן의 뜻 가운데는 '분리'의 뜻이 있다. 여기서는 단순
히 많은 것들 중의 부분(모든 족속 가운데)을 뜻하기 보다는 "-중에서 떼어내어", "-중에서 구별하여"(모든 족속 중에서 구별하여)를 뜻하는 것으로 볼 수 있다.[86)]

"알았나니"는 히브리어 동사 〈야다〉יָדַע의 번역인데, 〈야다〉는 '알다(출 2:4)', '깨닫다(창 3:7)', '경험하다(삼하 24:2)', '어떤 일에 관심을 가지다(창 39:6)', '돌보다(나 1:7; 시 37:18; 144:7)', '성 관계를 갖다(창 4:1; 왕상 1:4)'의 뜻을 가진다. 또한 '선택하다'는 뜻으로도 사용되는데, 예레미야 1:5가 그 예이다. "내가 너를 복중에 짓기 전에 너를 '알았고' 네가 태에서 나오기 전에 너를 구별하였고 너를 열방의 선지자로 세웠노라." 여기서 "알았고"는 "구별하였고"와 평행된다.

선택은 은혜일 뿐 아니라, "열방의 선지자로 세웠노라"에서 보는 것처럼 사명의 부여이기도 하다. 창세기 18:19은 아브라함을 택한〈야다〉 이유가 "그 후손이 여호와의 도를 지켜 의〈츠다카〉와 공도〈미쉬파트〉를 행하게 하기 위함이라"고 말한다. 이는 아모스가 선택 백성 이스라엘에게 "정의와 공의를 지키라"(암 5:24)고 말하는 근거이기도 하다. 〈야다〉는 또한 근동의 국가들 간에 조약을 맺는 상황에서 사용되는 전문적인 법적용어이기도 하다. 〈야다〉는 축복과 저주로 맺어진 조약 쌍방 간의 서로에 대한 법적 승인을 뜻한다.[87)]

그러므로 하나님이 이스라엘만 "알았다"는 말은 하나님과 이스라엘은 언약(조약)으로 묶여져 있으며 여호와 하나님만이 이스라엘에 대한 유일한 합법적인 군주이며, 이스라엘은 하나님 한 분만을 주인으로 섬

---

86) 참고. Gesenius-Kautzsch-Cowley, §119 v-w.

87) Limburg, *Hosea-Micah*, 94; H. Huffmon, "The Treaty Background of Hebrew YĀDA," *BASOR* 181 (1966), 31-37. 아카드어 〈이두〉idû와 히타이트어 〈샤크〉šak가 〈야다〉와 같은 개념을 가진다. Paul, *Amos*, 102a.

겨야 하는 신하라는 뜻을 포함한다. 그러므로 2절에서의 "알았나니"는 은혜와 사명과 의무를 포함하는 포괄적인 개념으로 볼 수 있다.

여기까지(3:1-2a)는 이스라엘 청중들과 아모스의 생각이 다르지 않다. 위의 주장들은 이스라엘의 고백이요, 신학이요, 교의이며, 아모스는 그의 청중이 가지고 있는 전통 신학에 호소함으로 그들의 관심을 이끌어낸다. 그러나 이것은 청중을 올가미에 넣기 위한 것이었다.[88]

지금까지 청중의 동의를 이끌어낸 아모스는 그 전통신학에 근거하여 파멸을 선포한다. "그러므로 내가 너희 모든 죄악을 보응하리라." 이스라엘은 과거의 은혜로부터 현재의 안전을 보고, 아모스는 과거의 은혜로부터 현재의 심판을 본다. 그러므로는 '선택'과 '은총'에는 '사명'과 '의무'가 따른다는 것을 확실히 보여준다. 여호와는 이스라엘을 추궁하시되, 다른 국가들에게도 동등하게 적용될 수 있는 보편법에 의해서 뿐 아니라(열방신탁의 한 부분으로서), 하나님의 사랑과 선택에 내포된 사명과 요구에 근거하여 추궁하신다.

이 짧은 설교에서 이스라엘의 악행은 구체적으로 언급되지 않고 그냥 죄악이란 말로 함축된다. 그러나 한 단어라고 해서 추상적이거나 관념적인 죄로 보아서는 안 된다. 수많은 형제자매의 눈에서 피눈물이 흐르게 한 것, 곧 인간을 짐승같이 다루어 굶기고, 핍박하고, 수탈하고, 고문하고, 억울하게 한 것, 고아와 과부와 힘없는 사람들을 집에서 쫓아내며, 가정을 파괴하고, 공동체를 파괴한 극악한 죄가 한 단어에 농축되어 있다.

하나님은 "의와 공의를 행하고 살라"고 의와 공의가 없는 애굽에서 이스라엘을 인도했는데, 그들은 자신들의 구원 받은 공동체를 애굽으로 만들고 말았다. 하나님이 선물로 나누어 준 땅을 빼앗고, 젖과 꿀이 흐르는 땅을 피땀과 눈물이 흐르는 땅으로 만들었다. 백성들은 예전에는 애굽에서 고통과 신고와 압제를 받았지만 이제는 제

88) Mays, *Amos*, 58.

동족에게서 학대를 받게 되었다. 은혜와 선택에 순종은 버리고, 온갖 방법으로 제 백성을 착취하면서도 "택한 백성인 이스라엘이 어찌 심판을 받겠느냐?"고 확신하니 그것이 바로 신앙이 잘못되었다는 증거가 아닌가? 미가는 이런 현상을 지적한다.

> 그 두령은 뇌물을 위하여 재판하며 그 제사장은 삯을 위하여 교훈하며 그 선지자는 돈을 위하여 점치면서 오히려 여호와를 의뢰하여 이르기를 여호와께서 우리 중에 계시지 아니하냐 재앙이 우리에게 임하지 아니하리라 하는도다(미 3:11)

하나님의 선택은 악을 행하는 이스라엘에게 여전히 평화를 가져다준다는 말이 아니다. 선택이란 무슨 짓을 해도 괜찮다는 보장이 아니다. "보응하리라"는 히브리어 동사 〈파카드〉פָּקַד의 번역이다. 〈파카드〉는 '감독하다', '조사하다', '방문하다,' '벌하다'의 뜻으로 사용된다. 하나님은 선택 백성을 감독하고, 살피고, 그 결과에 따라 방문하셔서 벌하신다. 그들의 고통을 하감하셨던 하나님이 지금도 압제 받는 자의 형편을 하감하시고, 애굽을 벌하셨던 하나님은 애굽같이 된 이스라엘을 벌하신다.

나. 선택 예언자 아모스의 자기 확신(3:3-8)

아마 이스라엘 청중의 두 번째 질문은 아마 아모스의 자격에 관한 것이다. 곧 "심판을 선포하는 너는 누구며, 어디서 온 자인가?" 하는 것이다. 아모스는 자신을 의심하는 청중에 대해서 자신의 정당성과 예언의 당위성을 특별한 수사학적 방법을 사용하여 설득한다.[89]

---

89) 볼프는 이 부분을 "Auftrittsskitzze(인물의 등장 묘사)"라 부른다(1961/1990, xxx). 앞에서는 예언자의 메시지가 나왔지만 여기서는 예언자 자신의 등장을 묘사하고 있다고 본다. 데이비스는 이 부분을 "cut-and-thrust(자르고 찌르기)"라 부른다. 예언자와 청중이 메시지 선포와 그에 대한 반응으로 공방을 한다는 뜻이다(103). 뮐러도 비슷한 견해를 밝힌다. 청중이 아모스

먼저 아모스는 자신의 자격에 대하여 조금도 의심함 없이 오히려 일곱 개의 수사 의문으로 자신의 선포가 여호와께로부터 온 것임을 확증한다.

[3:3] 두 사람이 뜻이 같지 않은데 어찌 동행하겠으며
[4] 사자가 움킨 것이 없는데 어찌 수풀에서 부르짖겠으며 젊은 사자가 잡은 것이 없는데 어찌 굴에서 소리를 내겠느냐
[5] 덫을 땅에 놓지 않았는데 새가 어찌 거기 치이겠으며 잡힌 것이 없는데 덫이 어찌 땅에서 튀겠느냐
[6] 성읍에서 나팔이 울리는데 백성이 어찌 두려워하지 아니하겠으며 여호와의 행하심이 없는데 재앙이 어찌 성읍에 임하겠느냐
[7] 주 여호와께서는 자기의 비밀을 그 종 선지자들에게 보이지 아니하시고는 결코 행하심이 없으시리라
[8] 사자가 부르짖은즉 누가 두려워하지 아니하겠느냐 주 여호와께서 말씀하신즉 누가 예언하지 아니하겠느냐

위의 일곱 개의 질문들은 대답하기 어려운 것이 아니다. 시골에서 자신이 겪은, 그리고 시골에 살지 않아도 알아들을 수 있는 일상적 경험으로부터 자신의 예언 사역의 정당성을 주장한다. 첫째 질문은 사람들의 만남에 대한 것이고, 다음 두 개의 질문은 먹이를 잡은 사자에 관한 것이고, 다음 두 개는 새 사냥에 관한 것이며, 마지막 두 개는 성읍에서 일어나는 사건에 관한 것이다. 7절에서 의문문이

의 메시지에 반대했던 것으로 보이며(본문에는 생략되어 있음) 그 때문에 예언자의 반응이 일어났고 예언자가 공개적 등장하여 청중들과 논쟁에 빠져들었다는 것이다. Karl Möller, "'Hear This Word against You': A Fresh Look at the Arrangement and the Rhetorical Strategy of the Book of Amos," *VT* 50/4(2000): 499-518, 특히 499.

아닌 서술문으로 다시 일반적으로 인정되는 사실로 청중들의 동의를 구하고 8절에서 "누가"를 강조함으로, 자신의 예언이 여호와께로부터 나온 것이므로 듣기 싫은 예언이라도 할 수밖에 없다고 단언한다. 이 구절은 기능적으로 예언자의 소명 기사의 역할을 한다.

두 사람이 유다의 산악 지대를 함께 걸어가고 있다. 사마
3:3 리아로 가는 것이든 농사일을 하러 가는 것이든, 사람을 보기 드문 한적한 곳에서 두 사람이 함께 걷고 있다는 사실을 미루어 본다면 두 사람이 이미 약속을 하고 만난 것이 아닌가? 두 사람이 같은 목적지로 가고 있는 것이라면 목적지와 시간을 미리 의논한 것이 아닌가? 답은 당연히 '그렇다'이다.

아모스는 목축 종사자였기 때문에 굶주린 사자에 대해 잘
3:4 알고 있었다. 사자는 짐승을 잡기 전에는 소리를 내지 않고 소리를 죽이고 접근한다. 사자가 포효하고 있다면, 짐승을 막 잡은 때이다. 사자는 다른 동물들이 자신의 식사를 방해하지 못하게, 그리고 자신의 식물을 탐내는 짐승들을 겁주기 위해 그렇게 한다. 아모스는 청중들에게 다시 묻는다. '사자가 포효하고 있다면 짐승을 막 잡은 것인가?' 답은 '그렇다'이다. 도시 청중이 이를 직접 경험하지 못했다 하더라도 그 정도는 다 알고 있다.

시골 사람들은 곳곳에 덫을 놓아 조그만 짐승이나 새를
3:5 잡았다. 사냥 도구가 어떤 모양을 하고 있는지, 어떤 방식으로 새를 잡았는지 정확한 것은 알려져 있지 않다. 첫 번째 "덫"〈모케쉬〉מוֹקֵשׁ은 날고 있는 새를 떨어뜨리는 사냥 도구로서 나무 작대기가 튀어 오르게 되어 있었을 것이다. 두 번째 "덫"〈파흐〉פַּח은 조그만 짐승이나 새를 물어 잡는 사냥 도구로 생각된다. 날던 새가

떨어지거나 몸이 덫에 끼었다면, 당연히 나무 작대기를 맞았거나 올무에 걸려들었기 때문이다. 시골 사람 아모스의 삶의 경험에서 나온 이야기지만 사마리아 사람들도 이 정도는 다 알았을 것이다. 어떤 방식으로 새를 잡는지는 모른다 하더라도 새가 저절로 떨어지지 않는다는 것은 알고 있다. 질문에 대한 대답은 이번에도 당연히 '그렇다'이다.

이번에는 도시민들이 겪곤하는 경험을 가지고 도시민인 청
3:6 중들의 반응을 이끌어 낸다. 파수꾼이 나팔을 불면 그것을
듣는 사람들은 전쟁이 일어났다는 것을 알고 피할 준비를 할
것이며 두려워 떨 것이다(렘 4:19 참조). 그러한가? 당연한 이야기이다.

그런데 나팔 소리의 예는 앞의 이야기들과는 성격이 다르다. 사자의 먹이나 새가 죽은 것이 아니라 사람이 죽기 때문이다. 지금까지의 이야기는 수수께끼 풀기 수준이다. 그러나 '나팔' 이야기는 농담이라도 하지 않는 것이 좋고, 이야기를 끌어가는 예로 든 것이라고 해도 기분 좋지 않은 이야기다. 전쟁을 누가 좋아하겠는가?

아모스는 이어 "여호와의 행하심이 아니고야 재앙이 어찌 성읍에 임하겠느냐?"고 질문한다. 여호와가 역사의 주관자라는 것이 이스라엘의 신앙이다. 여호와가 허락지 않으면 세상의 어떤 나라도 이스라엘을 이길 수 없고, 여호와의 허락이 없으면 재앙도 임하지 않고 심지어 참새 한 마리도 떨어지지 않는다. 그러니 당연히 그 질문에 대한 대답은 "그렇다"이다. 그런데 그 재앙이 이스라엘에게 임할 것임을 암시하니 청중들이 놀라고 불쾌해 할 것은 당연하다.

그들은 언약의 '저주와 축복'을 잊은 것인가? 축복이 이스라엘의 신학일진대, 저주 역시 이스라엘의 신학이다. 이제 아모스가 말하고 싶은 것이 드러난다. 원인 없는 결과가 있는가? 여호와가 전쟁을 일으키시는데, 누가 부당하다고 생각하거나 그것을 막을 사람이 있는가? 당연히 없다. 원인이 있으니 그런 것이다.

3:7 이 절에서는 앞에서 계속되던 의문문이 중단된다. 결론을 앞두고 숨을 고르는 것이다. 앞에서 여호와의 허락이 있어야 재앙이 일어난다는 명제에 대해 동의를 받았다. 그리고 이제 여호와께서는 하시고자 하는 일을 그 종 예언자들에게 미리 보여주신다고 하는 명제에 대해서도 암묵적인 동의를 받는다. 이런 명제는 새로운 것이 아니다. 청중들에게 친숙한 것이고 청중들이 평소에 그렇다고 믿어온 것이다. 그런데 아모스가 바로 그 예언자이다.

3:8 청중들은 이제 수세에 몰린다. 아모스는 다시 물어보며 대답하라고 다그친다. 사자가 입 벌리고 포효하고 있는데 두려워하지 않을 사람이 있는가? 그 대답은 당연히 '아니다'이다. 그런데 너희들은 왜 여호와의 심판의 선포를 들으면서도 의심하는가고 아모스는 윽박지른다. 아모스의 심판 선포는 하나님의 말씀을 대언하는 것이요, 지금 하나님은 먹이를 앞에 둔 사자처럼 울부짖고 있다(참고 암 1:2, 렘 25:30). 앞 절에서 청중들은 먹이를 앞에 둔 진짜 사자 소리에 대하여 들었으나 이제는 청중들 자신이 사자의 먹이가 되어, 무시무시한 여호와 하나님 사자의 포효 소리를 듣는다.

아모스는 사자의 울부짖음을 대신하고 있고, 청중들은 이 사자의 먹이라는 결론이 내려진다. 심판의 당위성과 아모스 예언의 정당성이 이렇게 청중들의 대답 가운데서 확증되었다.

<묵상>

아모스는 자신의 청중들이 확신하고 있는 잘못된 교리로, 듣기 싫어하고 인정하기 싫어하는 진리를 가르치고 있다. 이스라엘 백성들이 다 알고 있듯 여호와와 이스라엘은 계약 관계를 맺고 있다. 하나님을 이스라엘을 선택하고, 사랑하고, 돌보시고, 지켜

주신다. 계약의 다른 한 쪽인 이스라엘은 하나님을 사랑하고, 섬기고, 계명을 지켜야 한다.

그런데 이스라엘은 하나님을 배반하고 계명을 멸시했다. 계약의 한 편으로 하나님은 계약 위반에 대하여 책임을 물으신다. 마치 강대국과 약소국이 맺은 조약에 따라, 강대국이 불성실한 약소국을 침공하듯, 이스라엘은 이러한 개입에 대하여 잘 알고 있다. 약소국들은 자신의 생존을 위하여 강대국 앗수르와 조약을 맺고 조공을 드렸으나 그들이 약속을 이행하지 않을 때, 앗수르는 침공하여 조약 위반의 책임을 물었다. 여호와께 불충한 사람들이 오히려 여호와로 말미암는 자신들의 난공불락, 무한한 자비는 믿고 있으니 참 아이러니하다.

아모스는 여호와의 사자로 와서 진실을 알려준다. 이스라엘의 왕도 사마리아에 거하는, 이스라엘의 지도층이 듣기에 상당히 거북한 도발적인 언사로. 아모스는 촌스러운 이야기를 가지고 결국은 사마리아 지도층 사람들에게 재앙을 선포한다. 사마리아가 자랑하고 찬양하고 의존한다고 하는 여호와가 그들을 물어 죽일 것이라고 함으로 종교적 바탕을 흔든다. 드고아 시골 사람 아모스의 예언은 사마리아의 잘못된 신학과 삶의 방식에 대한 경종을 울리는 것이다.

2. 무너지는 영광들: 사마리아, 벧엘, 야곱의 집(3:9-15)

아모스의 심판 선고는 9-15절에서 이어진다. 말하고자 하는 핵심은 하나이다. 사마리아의 엘리트들이 온갖 부귀, 영화, 명예를 다 누리고 있을지라도 그것은 동족들의 희생 위에 선 것이요, 여호와를 배반한 것이다. 그러므로 그들에게 임할 것은 심판뿐이다. 9-15절은 사마리아에 관한 세 개의 신탁들(9-11, 12, 13-15)로 이루어져 있다.

가. 약탈 당하는 약탈자(3:9-11)

[3:9] 아스돗의 궁궐들과 애굽 땅의 궁궐들에 선포하여 이르기를 너희는 사마리아 산들에 모여 그 성 중에서 얼마나 큰 요란함과 학대함이 있나 보라 하라

[10] 자기 궁궐에서 포학과 겁탈을 쌓는 자들이 바른 일 행할 줄을 모르느니라 여호와의 말씀이니라

[11] 그러므로 주 여호와께서 이와 같이 말씀하시되 이 땅 사면에 대적이 있어 네 힘을 쇠하게 하며 네 궁궐을 약탈하리라

3:9 아모스는 하나님의 명령에 따라 아스돗과 애굽의 지도자들을 초대하여 사마리아의 상황을 보라고 요청한다.[90] 왜 외부인들인 아스돗과 애굽의 지도자들을 초대할까? 사마리아 사람들은 아모스가 시각이 부정적이고 사상이 편협한 사람이라 생각하고는 그의 말을 귀담아 들을 필요가 없다고 판단했을 수 있다. 그러므로 아모스는 자신에 대한 평가 때문에 하나님의 선고의 진실성이 의심받지 않도록 제 삼자를 불러 사마리아를 판단하려고 한다.

초대 받은 평가자들은 사마리아 못지않게 부유한 나라들로서, 오

---

90) 칠십인역은 아스돗 대신에 앗수르로 읽는다. 아마 애굽과 평행되는 나라로는 아스돗보다는 앗수르가 더 적합하다고 생각했을 것이다. Stuart, *Hosea-Jonah*, 328 참조. 아스돗은 헬라와 로마 시대에 Azotus로 알려졌고, 블레셋의 한 도시 국가로서 지중해에서 약 5km, 항구 도시인 아스글론 북쪽 16km 지점에 위치해 있다. 유다 왕 웃시야(주전 783–742년)에 의해 정복된 바 있고, 사르곤 2세에 대해 반역함으로 712년 정복되었다. 701년 산헤립의 팔레스타인 원정 시에는 반역 동맹에 가입하지 않음으로 화를 면할 수 있었다. King, *Amos, Hosea, Micah*, 53.

랫동안 블레셋의 경제적 중심지 역할을 해 온 아스돗, 아스글론, 두로를 잇는 해상 교역 및 블레셋 도시 국가들과의 육로 교통을 통해 많은 이득을 얻어 온 애굽이다.

이 구절에는 "궁궐"이란 단어가 여러 번 사용된다. "궁궐들"로 번역된 히브리어 〈아르모노트〉(혹은 단수 〈아르몬〉)는 견고한 성(잠 18:19; 애 2:7), 요새의 한 부분(시 48:13의 궁궐), 왕궁에 속하는 한 건물(왕상 16:18; 왕하 15:25)을 뜻한다.[91] 이 건축물들에는 권력과 특권을 누리는 자들이 살고 있었다. 아스돗과 애굽의 권력자들은 사마리아의 궁궐을 보고 어떤 반응을 보일까?

아스돗, 애굽도 사마리아처럼 교역과 상업이 발달되어 있고, 크고 호화로운 건축물들〈아르모노트〉이 즐비한 곳이다. 사마리아가 다른 도시들과 다른 점이 있다면 독특한 종교가 있다는 것이다. 여호와를 섬기는 성소들이 있고, 여호와의 말씀을 선포하는 예언자들이 있고, 속죄의 제사가 있고, 조상 대대로 내려오는 여호와 말씀들이 있었다. 그렇지만 아스돗과 애굽은 하나님을 모르는 나라다. 하나님의 특별한 사랑도 말씀도 없다. 그들이 인간의 욕심에 따라 행하는 것은 오히려 당연할지 모른다.

그런데 그러한 두 나라가 사마리아에서 여호와 신앙의 냄새와 색을 느낄 수 있었을까? 아니다. 그들이 본 것은 호화로운 건물들과 백성들의 처참한 삶이다. 몇 층이나 되는 높은 건물들, 수많은 방들이 있어 그 안에서 왕과 귀족들이 모여 살고 궁궐들, 웅장한 건물들을 그들은 보게 된다. 그런데 그들이 보게 되는 것은 "요란"과 "학대"이다. 이것은 아모스의 평가가 아니니 얼마나 객관적인가? 지나친 도덕을 강조하는 여호와의 평가가 아니니 얼마나 정확한가? 이방 나라인 아스돗과 애굽의 권력자들의 눈에도 사마리아의 악은 도를 넘

91) Mays, *Amos*, 63-64.

은 지나친 것이었다.

아모스가 사마리아의 악의 정도를 평가하기 위해 아스돗과 애굽을 초대하는 것은 아이러니하다. 그들 나라는 여호와가 지배하는 나라가 아니다. 그들 나라에서는 엘리트들이 모든 권력과 특권을 자신들을 위해 마음껏 휘두르고 있었다. 그런데도 그들의 눈에조차 '무법천지,' '참혹한 억압'이 보였다.

"요란함"〈므후모트〉מְהוּמֹת(〈므후마〉מְהוּמָה의 복수형)은 '파괴적 살상으로 이어지는 혼돈'(신 7:23; 삼상 5:11),[92] '샬롬이 전무한 상태'(대하 15:5)를 뜻한다.[93]

아스돗과 애굽의 지도자들이 또 본 것은 "학대"였다. 왜곡된 재판 행위, 억울하게 집행되는 공권력, 턱없이 높은 이자, 불공정한 상거래, 백성을 조인과 거지와 노예로 만드는 세상이 사마리아였다. 어떻게 한 사회에 샬롬이 전무할 수 있는가? 지도자들은 자신들의 삶이 샬롬의 상태라고 생각했을 것이다. 그러나 백성들은 샬롬이 전무한 삶을 살아야 했다.

"쌓는 자들"(10절)은 무엇을 쌓는가? 그들은 명성을 쌓고
3:10 부를 쌓고 권세를 쌓아 놓았다. 그러나 하나님은 본질을 보
신다. 잔뜩 쌓아 놓은 모든 것이 포학과 겁탈로 얻은 것이며, 그 쌓아 놓은 것은 사실은 포학과 겁탈이다. "포학"〈하마스〉חָמָס은 살인이나 치명상을 입히는 공격을 말한다. "겁탈"〈쇼드〉שֹׁד은 물질적으로 손해를 입히는 것을 나타내는 단어다. "포학"과 "겁탈"은 쌍을 이루어 '재산과 소유물에 대해 저지르는 범죄', 즉 살인과 강도질을 의

92) Wolff, *Joel and Amos*, 193.

93) 추상명사의 복수형은 수적인 복수가 아니라 뜻을 강화하는 복수다 (Gesenius-Kautzsch-Cowley, §124e).

미한다.[94] 사마리아에서 호화롭게 살고 있는 권력자들은 그 처한 위치가 어떠하며, 어떠한 업종에 종사하든 간에 사실은 살인자며, 도적들이란 말이 된다.

"바른 일"로 번역된 〈느코하〉נְכֹחָה는 '정직(한)', '정의(로운)', '신실(한)' 등을 뜻한다.[95] 반대 개념은 '속임수'와 '거짓'이다(사 30:10). 이 단어는 원래 지혜적 교훈에서 연유했고 이스라엘 지파들 간의 법적 문제에서, 그리고 예루살렘 법정에서 사용되었다.[96] 〈느코하〉는 어려서부터 가르쳐진 것으로서 법정과 상거래와 모든 행위에 꼭 있어야 하는 덕목이다. 사마리아의 지도자들이라고 해서 어찌 〈느코하〉를 몰랐겠는가? 사실은 그것을 모른 것이 아니라 무시해서 무관한 자가 된 것이다. 지도층 사람들에게 〈느코하〉를 찾아볼 수 없을 때, 힘없는 사람들은 고통 받게 된다. 미가는 공의를 모르는 이스라엘과 유다의 지도자들을 비난한다.

> 1내가 또 이르노니 야곱의 우두머리들과 이스라엘 족속의 통치자들아 들으라 정의를 아는 것이 너희의 본분이 아니냐 2너희가 선을 미워하고 악을 기뻐하여 내 백성의 가죽을 벗기고 그 뼈에서 살을 뜯어 3그들의 살을 먹으며 그 가죽을 벗기며 그 뼈를 꺾어 다지기를 냄비와 솥 가운데에 담을 고기처럼 하는도다(미 3:1-3)

요란, 학대, 포학, 겁탈, 정의 부재의 결과는 사마리아의 패망이다. 사마리아는 그 견고함으로 이름난 곳이었고 사마리아의 성곽들은 그 들 나라들에게 자랑거리였다. 살만에셀 5세는 3년이나 그 성을 포위한 후에야 점령할 수 있었다. 그 성이 얼마나 견고하며 풍요로운가?

---

94) Wolff, *Joel and Amos*, 194.

95) 위의 책, 193; Mays, *Amos*, 65.

96) Wolff, *Joel and Amos*, 193.

그러나 사마리아의 취약성은 내부에 있었다. 사마리아 지도자들의 자신감과는 달리 하나님은 오히려 그 성 속에 만연한 큰 요란과 학대를 주목하고 있었다. 수와 크기에 안심할 수는 없다. 더 거룩해졌는가? 사랑이 더 깊어졌는가? 더 겸손해졌는가? 이런 덕목을 겸비했다면 그들(우리들)의 성취는 의미가 있는 것이다.

이제 사마리아에 대한 여호와의 결정을 보여준다. 행위와
3:11 결과는 서로 묶여 있다. 그 행위대로 보응 받는 것이다. 땅은
포위되고("땅 사면에 대적이 있어") 방어 체계는 약화되고("네 힘을 쇠하게 하며") 결국은 성이 함락되어 쌓아 놓은 모든 것을 잃게 된다("약탈하리라"). 권력으로 약탈하여 집안을 가득 채운 사람들은 주변의 힘 있는 적들에 의해 몽땅 털리게 된다는 것이 본문의 말씀이다. 참 아이러니하다. 온 사면의 땅을 자신들의 것으로 빼앗아 주위 사방이 자신들의 땅인데 결과적으로는 땅 사면에 대적이 있고, 그들이 믿고 의지한 것이 권력과 금력이었는데 그들의 힘이 쇠하게 된다. 적이 누구인지 알려져 있지 않지만 무슨 일이 일어날 것인지는 분명하다. 전쟁이 일어날 것이고, 큰 패배를 당한 뒤에 사마리아는 함락되고 약탈되고, 불타고, 파괴될 것이다.

무엇이 강한 것인가를 우리는 본다. 물질과 명예와 권력은 우리를 지켜주지 못한다. 심판하는 날에 그것들은 오히려 적이 되어 우리를 파멸시킬 것이다. 아모스를 오해하지 말라. 경쟁에서 진 자의 한이 아니며, 성공하지 못한 자의 자기 방어에서 하는 말이 아니다. 주 여호와의 말씀이다. 그리고 우리에게도 주어진 하나님의 경고이다.

나. 엉터리 구원신학(3:12)

아모스는 또 다시 시골에서 살던 자신의 경험에서 나온 예를 들어 사마리아의 운명에 대해서 선포한다.

[3:12] 여호와께서 이와 같이 말씀하시되 목자가 사자 입에서 양의 두 다리나 귀 조각을 건져냄과 같이 사마리아에서 침상 모서리에나 걸상의 방석에 앉은 이스라엘 자손도 건져냄을 입으리라

"침상 모서리"〈프아트 미타〉פְּאַת מִטָּה는 이중적인 의미를 가
3:12 진다. 〈페아〉פֵּאָה는 '모퉁이', '조각', '언저리'를 뜻하지만, 이
단어를 יפה(y-p-h)에서 파생한 단어로 보면 '호화로움', '사치품'
을 뜻할 수도 있다.[97] 그러므로 〈프아트 미타〉는 '침상 끝 조각'과
'사치스런 침상'을 동시에 생각나게 한다.

"걸상의 방석"은 〈드메세크 아레스〉דְּמֶשֶׁק עָרֶשׂ의 번역이다. 〈아레스〉는 '침상'이나 '침대', '긴 의자', '걸상' 등으로, 〈드메세크〉는 '머리판'(headboard), '모서리'(edge), '부분'(part)으로 이해된다. 이 경우 "침상 모서리"나 "걸상 모서리(혹은 부분)"에 앉는 것이 무슨 문제가 되는가하는 의문을 해소하기 어렵다. 다른 의견은 〈드메쉐크〉가 '다메섹에서 수입된', 즉 품질이 뛰어난 산물을 말하며, 〈드메세크 아세스〉는 '질 좋은 침상이나 걸상'을 뜻한다고 본다.[98] 한글 개역의 번역 "비단 방석"은 〈드메세크〉를 도시 다마스크로 보고 '질 좋은 섬유로 만들어진 방석'으로 이해한 듯하다.

"건져냄을 입으리라"는 히브리어 동사 〈나찰〉נָצַל의 수동형인데, 〈나찰〉의 사역형은 자주 '구원하소서'라는 탄원으로 사용된다(예. 삿 10:15; 삼상 12:10; 대상 6:35; 시 7:1[히. 2]; 39:8[히. 9]; 69:14[히. 15]). 사자 입에 들어간 것과 같은 죽음의 상황에서도 사마리아는 여호와로 말미암아 구원받는

---

97) Mays, *Amos*, 66; Stuart, *Hosea-Jonah*, 328.

98) 볼프는 〈아레스〉와 〈드메쉐크〉의 순서를 바꾸어 '다메섹에서 온 침상'으로 이해한다. Wolff, *Joel and Amos*, 196. 스튜어트는 〈드메세크 아레스〉를 "질 좋은 침상 직물"(fine couch fabric)로 본다. Stuart, *Hosea-Jonah*, 328.

다는 뜻일까? 아모스가 의미하는 바를 정확하게 이해하는 데에는 목자와 관계된 법이 도움이 될 수 있다. 많은 경우 목자들은 고용된 사람이었다. 목자들은 가끔은 사나운 짐승들에게 양을 빼앗길 때도 있었고, 반대로 주인의 눈을 속여 양을 팔아먹는 경우도 있었다. 이런 상황에서 손해를 조정하기 위해서 주인과 목자는 무엇인가 약속을 해야 했고, 쌍방이 인정하는 규정, 즉 목자법이 생겨나게 되었다. 이 법에서 양을 잃어버린 목자는 그 양의 값을 주인에게 물어주어야 한다. 단 양이 짐승에게 물려갔다는 증거를 보여줄 수 있다면 목자는 책임을 면할 수 있다.

출애굽기 22:12-13은 이러한 법 정신을 보여준다. 나귀나 소나 양이나 다른 짐승을 맡았다가 도적맞으면 주인에게 배상해야 하며(12절), 만일 사나운 짐승에게 물려갔다면 그가 책임을 면하기 위해 찢긴 것을 증거로 가져가야 한다(13절). 함무라비 법전 역시 이러한 상황을 알고 있다. 이 법전에 따르면, 목자는 물려 죽은 양의 시체를 주인에게 보여 주어야 한다.[99]

그렇기에 짐승이 양을 물어 갔을 경우 목자들은 기를 쓰고 증거를 얻으려고 노력했다. 목자들은 자신의 태만으로 잃어버린 것도 아니고, 팔아먹은 것이 아니라는 것을 보여 주기 위해 희생당한 양의 뼈 조각이나 껍질이나 신체의 한 부분이라도 건지려 했다.

아모스는 시골 목자 혹은 목장 주인 출신으로 이러한 일에 대해서 잘 알고 있었다. 곧 한적한 산지에서 양을 치면서 만나곤 했던 사나운 짐승들의 공격, 자신의 이익을 지키기 위해 짐승들을 추격하는 목자들의 이야기, 가끔은 악한 마음으로 양을 팔아먹는 신실하지 못한 목자들에 대한 것들이다. 아모스는 자신의 경험으로부터 하나님의 의도를 전파한다. 아모스가 의도하는 바는 목자가 사자 입에서 건진 죽은 양의 두 다리나 귀 조각처럼 사마리아 권력자들의 운명도

99) Law 266, *ANET*, 177a.

죽은 양의 시체 조각과 같은 운명이라는 것이다.

이 구절을 얼른 보면 사마리아의 구원을 선포하는 것처럼 보이지만 실상은 처절한 멸망을 선포하는 것이다. 입가에서 피가 흘러내리는 사자, 그 입 속에 남아있는 부서진 뼈 조각들, 먹지 않고 뱉어버린 털 붙은 껍질들, 곧 비참한 죽음의 모습이다. 이것이 사마리아의 운명이다. 이 구절에서 사자의 울부짖음의 결과가 드러난다.

> 사자가 움킨 것이 없고야 어찌 수풀에서 부르짖겠으며 젊은 사자가 잡은 것이 없고야 어찌 굴에서 소리를 내겠느냐(3:4)

그러므로 건져냄을 입은 조각들은 완전한 상실의 증거를 대변하는 것이다.[100] 사마리아 사람들은 '사마리아의 성공'을 즐기고 '난공불락성'을 확신하며, '사마리아는 구해냄을 받을 것이다'고 믿었을 것이다. 아모스가 그들의 말을 받아 말하는 것처럼 보인다. "그래, 건져질 것이다. 그러나 사자가 뱉어낸 뼈 조각이 구원인가?"

예언자의 선포는 심판의 대상과 원인을 지적한다. 사마리아가 파멸당하는 이유는 지도자들의 호화스럽고 방탕하고 부도덕한 삶 때문이다. 그들의 경제적 태도는 자신들을 파멸시키는 절대적인 원인이다. 침대로 상징되는 편안한 삶, 근심 없는 나날들, 흔들림 없는 여호와의 구원에 대한 신앙, 성공으로 평가받는 높은 명예와 특권. 그들이 자신들의 성공을 즐기며 '사망의 음침한 골짜기에서의 구원'을 외우고 있었을지 모르겠지만 그들이 외워야 할 말씀은 아모스 3:12이다.

돈과 권력과 명예가 신앙인들의 이상을 대체하고 있는 것 같아 참으로 마음이 아프다. 그것들을 얻었는가? 그것들을 얻으려 하는가? 그래서 다투고 손가락질을 받으면서도 "하나님을 위하여"라고 말하는가? 무엇을 얻기 위해 무엇을 버렸는가? 무엇을 얻기 위해 무엇을 잃었는가?

---

100) Wolff, *Joel and Amos*, 198.

다. 무너지는 영광들(3:13-15)

이제 하나님의 백성으로 자처하는 야곱의 족속〈베트 야아콥〉בֵּית יַעֲקֹב (히. 야곱의 집)에게 내리는 하나님의 심판이 증인을 통해 선포된다.

> [3:13] 주 여호와 만군의 하나님의 말씀이니라 너희는 듣고 야곱의 족속에게 증언하라
> [14] 내가 이스라엘의 모든 죄를 보응하는 날에 벧엘의 제단들을 벌하여 그 제단의 뿔들을 꺾어 땅에 떨어뜨리고
> [15] 겨울 궁과 여름 궁을 치리니 상아 궁들이 파괴되며 큰 궁들이 무너지리라 여호와의 말씀이니라

3:13 "야곱 족속에게 증언"할 사명을 맡은 "너희"가 누구인지는 분명치 않다. 예언자 무리들, 9절의 외국 지도자들, 이스라엘 백성들, 전 세계 백성 등이 후보이다. "너희"가 복수이고, "듣고"와 "증언하라"도 복수 명령형이기 때문에 아모스는 후보에서 제외된다. 아마 여호와 하나님의 재판정에 참여하여 피고 야곱의 집에 대해 증언하는 가상의 증인들로 볼 수 있을 것이다.

이 구절에서 사마리아 대신 "야곱의 집"(야곱의 족속)이라고 언급한 것은 이스라엘의 정체성을 말해주는 표현이다. 이스라엘은 단순히 주전 8세기의 한 나라가 아니라 여호와로부터 족장들을 통해 특은을 받았으며 출애굽과 언약을 통해 하나님의 친 백성이 된 그 나라이다. "야곱의 집"이란 표현은 하나님이 이스라엘을 선택하고 보호하고 복 주신다는 이스라엘의 자기 정체성이며 자기 이해이다. 그런데 특별한 은혜를 입은 "야곱의 집"이 재판정으로 끌려 나온다. 이스라엘이 소환되는 이유는 그들의 "모든 죄들"이란 단어로 요약된다. 오

랫동안 지속되어온 언약 위반, 즉 여호와께 행한 고의적이며 대대적인 반역 행위 때문에 하나님의 심판을 받는다.

야곱의 모든 죄는 이스라엘의 중앙 성소인 벧엘과 깊은 관
3:14 련을 맺고 있다. 벧엘은 야곱의 성소(창 28:19)였으며 여로보암
이후 북왕국의 국가 성소였다(왕상 12:29). 벧엘은 종교적 중심지
일 뿐 아니라 왕조의 신학적 기반이었다. 곧 벧엘의 전통성(야곱의 벧엘)을
이용하여 북왕국 건국을 정당화시키는 이념적 중심지였으며, 아모스
시대에는 사마리아에 거하는 지배 계층의 성소였다. 이스라엘의 문제
점은 바로 벧엘의 타락에 있었다. 한 사회에 죄악이 관영한다면 아무
리 신앙을 자랑한다고 할지라도 그것은 벧엘(하나님의 집)의 책임이다.

하나님의 집(벧엘) 다음의 심판 대상은 사람의 집이다. 15
3:15 절에 나오는 모든 "궁"은 〈베트〉בֵּית의 번역이다. 하나님의 집
이 권력자들의 집과 밀접하게 연결되어 있음이 드러난다. "여
름 궁"과 "겨울 궁"은 같은 건축물 안에 있는 다른 장소라기보다는
두 장소에 있는 별개의 건물들을 가리킨다. 이스라엘 왕 아합도 계
절에 따라 각기 다른 곳에서 통치를 했다(왕상 21:1; 왕상 21:18). 그러므로
여름 궁(집)과 겨울 궁(집)을 소유한 사람은 큰 부자임에 틀림없다.

"상아 궁(집)은 상아로 만든 집이 아니라, 내부를 상아로 장식한 호화스런 집을 뜻한다. 주전 8세기 상아는 내부의 벽, 침대, 가구들을 장식하는 데 사용되었다.101) 이스라엘에 상아가 나지 않는다는 것을 고려할 때 엘리트들이 상아를 어떻게 구했을까? 상아의 존재는

101) 상아의 수입, 고대 근동에서의 코끼리 생존 지역, 상아 조각품들, 상아 침대, 상아 가구들에 대한 상세한 설명과 그림에 대해서는 King, *Amos, Hosea, Micah,* 139-149를 보라.

이스라엘의 교역과 사회상을 보여주는 함축적인 단어이다.

사마리아의 지도층 사람들은 상아와 같은 값비싼 품목들을 사기 위해, 다른 나라에서 필요로 하는 밀, 올리브, 포도와 같은 현금 작물을 거의 모든 영토에 심게 했다. 국가 지도자들은 농민들로 하여금 특정한 기후 때에 아사를 방지하는 다양한 곡물의 농사 방식(생존 농업)을 포기하게 만들고, 국가가 계획하는 특정 작물에 중심을 두는 방식(효과 농업)으로 변경하게 하였다.

현금화 곡물 농사가 부적합 기후로 망치게 되었을 경우에 농민들은 세금을 낼 수 없었을 뿐 아니라 당장 생계를 이을 곡식을 구할 수가 없었다. 그러므로 농민들은 조상들이 물려준 땅을 잡히고서라도 곡식을 얻어 와야 했다. 다음 해에 풍년이 들어도 사정은 나아지지 않았다. 풍년은 곡가의 하락을 가져왔고 빚진 것을 갚기 위해서는 보다 많은 곡식을 내다 팔아야 했다. 다음 해 역시 흉년일 경우에는 농민 자신을 노예로 내어주어야 했다.

이런 과정을 통해 엘리트들은 대토지가가 되어 갔고(latifundialization, 부자 대지주화) 전통적인 농민들은 경제적으로, 사회적으로 농노(debt slave)로 전락하게 되었다. 이것이 "상아"라는 한 단어에 들어 있는 의미이다. 아모스는 약간의 사치를 정죄하는 것이 아니라 동족을 노예로 떨어지게 만든 지도자들의 탐욕과 그 탐욕이 만들어 낸 착취 구조와 비신앙을 정죄하는 것이다.

"큰 궁"은 히브리어로 "많은 집들"〈바팀 라빔〉בָּתִּים רַבִּים, 즉 많은 집들로 이루어진 건축물을 말한다. 이 역시 사마리아 상류층의 모습을 대변한다. 이사야도 주전 8세기 소수의 상류층들이 대다수의 토지를 소유하고 있음을 상기시킨다.

> 가옥에 가옥을 연하며 전토에 전토를 더하여 빈틈이 없도록 하고 이 땅 가운데서 홀로 거하려 하는 그들은 화 있을진저(5:8)

주전 7세기의 예레미야는 여호야김 왕의 거짓 성공을 정확히 비판한다.

> [13]불의로 그 집을 세우며 부정하게 그 다락방을 지으며 자기의 이웃을
> 고용하고 그의 품삯을 주지 아니하는 자에게 화 있을진저 [14]그가 이르
> 기를 내가 나를 위하여 큰 집과 넓은 다락방을 지으리라 하고 자기를
> 위하여 창문을 만들고 그것에 백향목으로 입히고 붉은 빛으로 칠하도
> 다 [15]네가 백향목을 많이 사용하여 왕이 될 수 있겠느냐 네 아버지가
> 먹거나 마시지 아니하였으며 정의와 공의를 행하지 아니하였느냐 그 때
> 에 그가 형통하였었느니라 [16]그는 가난한 자와 궁핍한 자를 변호하고
> 형통하였나니 이것이 나를 앎이 아니냐 여호와의 말씀이니라(렘 22:13-16)

하나님이 인정하는 성공은 큰 집이나 붉은 빛 장식으로 꾸미는 것이 아니다. 하나님이 인정하는 성공은 하나님의 마음을 아는 것, 곧 가난한 자에 대한 연민과 사랑, 공평과 의리, 절제하는 삶이다.

아모스서에 나오는 권력자들의 소유는 자신들의 생각처럼 안락을 가져다주지 못했다. 심판의 표적물은 두 곳, 성전과 큰 집이다. 모두 한 사회의 사회 경제적 분신이다. 벧엘은 윤리 없는 종교, 부귀영화를 지향하는 종교, 착취로 얻어진 호화스런 삶의 친구가 된 종교를 뜻한다. 큰 집은 최소한 주전 8세기 이스라엘의 상황에서 억압과 착취와 거짓과 무한 탐욕과 권력의 행사를 통해 세운 대 건축물과 호화로운 삶이다. 하나님은 그들의 제단과 탐욕스런 삶의 양식을 동시에 심판하신다.

하나님은 복과 명예와 지위를 주시는 분이시다. 그러므로 계급적 개념에서 상류층 사람들이 다 악인인 것은 아니다. 그러나 한 사회에 악이 넘쳐흐르고 있을 때, 신앙인들이 악인의 명단 속에서 자주 발견될 때, 교회의 지도자들과 교회가 세인들의 입에서 자주 오르내릴 때, 교회의 모든 지도자들과 지도적 위치에 있는 교회들이 자신들을 살피는 것은 지혜이며 신앙이 아닌가?

<묵상>

사람들은 누구나 성공하고 싶고, 자랑하고 싶고, 기념비를 남기고 싶어 한다. 이스라엘의 지도자들 역시 자신들의 기념탑을 쌓았다. 성채〈아르몬〉를 짓고 여름 궁과 겨울 궁을 마련하고 상아로 대변되는 호화롭고 안락한 삶을 살았다. 그들의 성공 뒤에는 혼돈과 억압이 있었다. 성경 말씀대로 요란, 학대, 포학, 겁탈이 성공자들의 뒷모습이었다. 하나님은 이들을 심판하셨다.

오늘날 한국교회에 대해서 말하는 것은 참 조심스러운 일이다. 한국교회에는 기도가 살아 있고, 한국교회가 선교하고 베풀기를 즐겨하는 교회라는 것은 누구나 인정하는 사실이다. 그러나 한국교회는 사회로부터 많은 오해와 비난을 받고 있다. 교인들이 의롭지 못하고 교회 지도자들이 부패했다고들 한다. 지도자들 때문에 전도가 되지 않는다는 이야기도 들리고, 지도자들이 돈과 특권에 관계된 일로 매스컴에 오르내리기도 한다. 세상 사람들은 왜 교인들의 희생으로 지은 교회 건물들에 감동하지 않는 것일까? 왜 놀라운 수적 성장에는 찬사를 보내지 않고 지도자들이 누리는 특권에만 주목하고 비난하는 것인가?

이스라엘은 이방인인 아스돗과 애굽에 의해 악독한 나라로 평가받았다. 이스라엘이 재판 받는 날, 그들은 증인으로 재판정에 섰다. 벧엘은 말만 하나님의 집일 뿐 사실상 풍요와 다산을 약속하는 바알 종교의 본거지였다. 교회는 상아와 벽돌로 만들어지지 않는다. 주님을 두려워하고 말씀에 순종하고 의와 인을 행해야 한다. 하나님 한 분으로 만족하고 험한 십자가를 사랑하는 삶은 세상에게도 희망이 될 것이다.

IV.

바산의 암소와 벧엘 성소

(4:1-13)

이스라엘의 타락 뒤에는 남편들의 죄악을 부추기는 부인들이 있었다. 또한 이스라엘의 죄악 깊은 곳에는 하나님을 오해하도록 만든 벧엘 성소가 있었다. 아모스는 가정 깊은 곳에 있는 죄인들과 하나님의 집이라는 벧엘의 죄악성을 드러낸다.

1. 사람이 어찌 바산의 암소로 살겠는가?(4:1-3)

이 단락도 명령형 "들어라"〈쉬므우〉שִׁמְעוּ 혹은 "들게 하라"(선포하라)〈하쉬미우〉הַשְׁמִיעוּ로 시작하는 신탁들의 계속이다(암 3:1, 9 참고). 이 단락은 앞의 아모스 3:9 이하와 동일한 문제인 지도층 사람들의 학대와 부패를 다룬다. 양쪽 모두에 "사마리아 산"(3:9; 또한 3:12의 사마리아)과 "학대"〈아슈킴〉עֲשׁוּקִים(3:9; 4:1)라는 핵심 단어가 나오는데, 앞에서 심판 대상이 사마리아(3:9–12)-벧엘(3:13–15)로 이어지는 것처럼 여기서도 사마리아(4:1–3)-벧엘과 길갈(4:4–5)로 이어진다.

그러나 4:1-3은 앞의 구절과 비교한다면 약간 더 세부적으로 들어간다. 앞의 구절이 외부 활동, 즉 시장, 재판정, 토지 거래, 종교 활동, 세금에 관한 것인데 비해, 4:1-3은 그러한 활동의 근원이 어디인지, 탈취한 물건들이 어디로 들어가는지를 보여준다.

1-3절은 범죄 사실(1절)과 심판 선고(2–3절)로 이루어져 있다. 범죄 사실 중에는 상류층 사람들의 부인들의 역할이 나온다. 피고는 사마리아 산에 거하는 바산의 암소들이고, 그들의 죄는 착취와 방탕이다. 이사야가 예루살렘의 상류층 여자들의 삶의 방식을 비난했던 것처럼(사 3:16–4:1), 아모스는 사마리아의 상류층 여자들을 비난한다. 심판 선고는 여호와의 맹세로 공식화된다.

> [4:1] 사마리아의 산에 있는 바산의 암소들아 이 말을 들으라 너희는 힘 없는 자를 학대하며 가난한 자를 압제하며 가장에게[102] 이르기를 술을 가져다가[103] 우리로 마시게 하라 하는도다
> [2] 주 여호와께서 자기의 거룩함을 두고 맹세하시되 때가 너희에게 이를지라 사람이 갈고리로 너희를 끌어가며 낚시로 너희의 남은 자들도 그리하리라

[3] 너희가 성 무너진 데를 통하여 각기 앞으로 바로 나가서 하르몬에 던져지리라 여호와의 말씀이니라

4:1
이스라엘 사회의 도시에 만연한 사치와 방탕은 하나님에 대한 반역이었다. 그 반역이란 부유한 자가 누리는 호화스러움과 가난한 자가 겪는 삶이 극단적으로 대비되는 그런 사회를 만들어 놓았다는 것이며, 그 호화스러운 삶을 가난한 사람들을 착취하고 희생시켜 얻었다는 것이다.

그런데 이러한 반역적인 행위를 묵인하고, 동조하고, 조장하는 자들이 가정 내부에 있었다. 재판관, 종교인, 관리들이 자신들의 위치를 오용한 것처럼, 타락한 상류층 부인들은 남편들의 위치를 이용하여 사치스럽게 살았다. 지도층 남자들이 물질과 명예와 자신의 안전을 최고 가치로 여기고 산 것처럼, 그들의 부인들은 "바산의 암소들" 만큼이나 품질이 좋고 기름지고 화려하게 살았다. 그것은 무게와 육질로만 평가받는 삶이요, 영혼과 인간다움과 신에 대한 경외가 없는 그런 삶이었다.

그런데 왜 여기서 사마리아의 "산"이라고 하는가? 사마리아가 산지에 있기 때문에, 혹은 사마리아의 상층부(산)에 속하는 부류를 상징하는 뜻으로 사용되었을 것이다. "바산"은 요단강 동편, 야르묵 강 중상류의 양안 지역을 말한다. 해발 500-600m 높이의 돌이 없는 비

---

102) 히브리어는 예상되는 "너희(여자)들의 주인들" 대신 "그들의 주인들" 〈아도네헴〉로 읽는다.

103) 주인들이 복수이므로 "가져오라"는 명령형도 복수 명령형이어야 하는데 히브리어 본문은 단수 동사를 사용하고 있다. 단수형을 사용한 것은 한 사람 한 사람에게 나누어 주는 모습을 강조하기 위한 것으로 볼 수 있다. Wolff, *Joel and Amos*, 203b.

옥한 평야 지대이다.[104] 이곳은 울창한 숲과 목초(사 2:13; 겔 27:6; 슥 11:2)로 이루어져 있어 질 좋고 힘센 가축 떼가 길러지는 생산지이다(신 32:14; 시 22:12; 렘 50:19; 겔 39:8; 미 7:14). 구약성경에서 바산의 고기라는 표현은 전쟁에서의 승리와 안락한 삶을 대변하기도 한다(겔 39:18).

신명기 32장의 모세의 마지막 노래는 하나님이 이스라엘을 위해 행하신 일과 이스라엘의 배은을 바산에서 나온 가축 떼의 행태로 묘사한다.

> 13여호와께서 그가 땅의 높은 곳을 타고 다니게 하시며 밭의 소산을
> 먹게 하시며 반석에서 꿀을, 굳은 반석에서 기름을 빨게 하시며 14소
> 의 엉긴 젖과 양의 젖과 어린 양의 기름과 바산에서 난 숫양과 염소
> 와 지극히 아름다운 밀을 먹이시며 또 포도즙의 붉은 술을 마시게 하
> 셨도다 15그런데 여수룬이 기름지매 발로 찼도다 네가 살찌고 비대하
> 고 윤택하매 자기를 지으신 하나님을 버리고 자기를 구원하신 반석을
> 업신여겼도다(신 32:13-15)

"바산의 암소들"은 누구인가? 첫째, 남성 지도층 인사들로 볼 수 있다. "들으라"는 히브리어로 〈시므우〉인데 남성 복수 명령형(너희 남자들은 들으라)이다. "가장"으로 번역된 히브리어 단어는 〈아도네헴〉אֲדֹנֵיהֶם으로 문자적으로는 "그들의 주인들"이다. "그들"을 힘없는 자와 가난한 자로 본다면 그들의 주인들은 그들을 부리는 사람들이다. 지도층 사람들이 직접 가난한 자들을 억압하고 착취할 뿐 아니라, 그들의 주인들〈아도네헴〉, 즉 가난한 자들의 주인들마저 등쳐먹는다는 뜻이 된다. 이는 지도자 자신들이 직접 착취할 뿐 아니라, 다른 착취자들에게 향응과 뇌물을 요구하는 것을 말하는 것일 수 있다. 이렇게 보면 "바산의 암소"는 여성이 아니라 사치스럽고 방탕한 생활을

---

104) 위의 책, 205b; *KB*, 158.

하는 부자들이 된다. 바산의 암소들은 놓아 기르기 때문에, 울타리를 넘어뜨리고 남의 땅으로 뛰쳐나가며 자신보다 작은 소들을 뿔로 들이받는 일이 흔히 있었을 것이다. 그러므로 압제하고 학대하는 자들은 바산의 암소와 비견될 수 있다.

둘째, 제의적 직함이라고 볼 수 있다.[105] 신들이 종종 "황소"로 표현되는 것에 착안하여 "암소"를 그 종교의 여사제로 보는 것이다. 이 경우 "그들의 주인들"〈아도네헴〉은 여사제들의 신들이 될 것이다. 이렇게 보면 이 구절은 종교와 신의 이름으로 가난한 사람들을 착취하는 현실을 비난한 것이 된다. 곧 2:7-8의 부자(父子)가 "그 여인"〈한나아라〉에게 다녀서 하나님의 거룩한 이름을 더럽히고, 신의 전에서 벌금으로 얻은 포도주를 마신다는 비난은 "암소"의 제의적 이해와 잘 연결된다.

셋째, 지도자에게 붙여지는 명예로운 이름으로 볼 수 있다. 마치 왕들이 사자나 독수리로 불리는 것처럼 지도자들이나 귀족들도 그 지위에 따라 각종 짐승의 이름으로 불리는데, "암소"는 지도자들의 부인을 지칭하는 명예로운 명칭이라는 것이다.[106]

가장 가능성 있는 해석은 바산의 암소를 사마리아의 상류층 귀부인들로 보는 것이다. 그들은 바산의 암소가 최상급의 암소인 것처럼 사회적 위치가 가장 높은 부인들이다. 당시 사람들에게나 현재의 사람들에게 흠모 받는 그런 위치에 있는 사람의 부인인 여성들이라는 점에서 최고 품질의 암소와 다르지 않다. 그들의 생활도 마치 바산에서 길러지는 암소의 고기처럼 최상급으로 풍요롭고 비옥하기 그지없다. 그러나 여기서 그들은 유감스럽게도 귀부인이라 불리지 않고 암소로 불린다. 지위와 남편과 풍요가 사람을 고귀하게 만드는 것이

---

105) King, *Amos, Hosea, Micah*, 126.

106) Patrick Miller, "Animal Names as Designations in Ugaritic and Hebrew," *Ugarit-Forschungen* 2(1970), 177-186.

아니기 때문이다.

이사야도 주전 8세기 예루살렘의 상류층 귀부인들의 사치와 교만과 포악을 비난한다.

> 13여호와께서 변론하러 일어나시며 백성들을 심판하려고 서시도다 14여
> 호와께서 자기 백성의 장로들과 고관들을 심문하러 오시리니 포도원을
> 삼킨 자는 너희이며 가난한 자에게서 탈취한 물건이 너희의 집에 있도
> 다 15어찌하여 너희가 내 백성을 짓밟으며 가난한 자의 얼굴에 맷돌질
> 하느냐 주 만군의 여호와 내가 말하였느니라 하시도다 16여호와께서 또
> 말씀하시되 시온의 딸들이 교만하여 늘인 목, 정을 통하는 눈으로 다
> 니며 아기작거려 걸으며 발로는 쟁쟁한 소리를 낸다 하시도다 17그러므
> 로 주께서 시온의 딸들의 정수리에 딱지가 생기게 하시며 여호와께서
> 그들의 하체가 드러나게 하시리라 18주께서 그 날에 그들이 장식한 발
> 목 고리와 머리의 망사와 반달 장식과 19귀 고리와 팔목 고리와 얼굴
> 가리개와 20화관과 발목 사슬과 띠와 향합과 호신부와 21반지와 코 고
> 리와 22예복과 겉옷과 목도리와 손 주머니와 23손거울과 세마포 옷과
> 머리 수건과 너울을 제하시리니 24그 때에 썩은 냄새가 향기를 대신하
> 고 노끈이 띠를 대신하고 대머리가 숱한 머리털을 대신하고 굵은 베
> 옷이 화려한 옷을 대신하고 수치스러운 흔적이 아름다움을 대신할 것
> 이며(사 3:13-24)

아모스가 예언했던 사마리아 역시 예루살렘과 사정이 다르지 않았다. 가난한 자들에게서 탈취한 물건이 고관들의 집안에 있었으며 귀부인들은 그들의 남편들이 힘없는 사람들에게서 빼앗은 것으로 호사를 누렸다.

왜 부인들은 자신들의 남편을 "주"〈아돈〉אָדוֹן(개역개정의 "가장")라고 부르는가? '남편'에 해당되는 히브리어 단어로 〈바알〉도 있는데,[107] 〈아돈〉이 〈바알〉보다 주인이라는 개념이 더 강하다. 첩이 자신의 남편을

부를 때나,[108] 정식 부인이라도 자신을 낮추며 남편을 부를 때(창 18:12) 〈아돈〉이 사용된다. 〈아돈〉은 아내와 남편 간의 사회적 위치가 실상은 상하 관계라고 하는 현실적 상황을 표현한 것일 수도 있다. 그러나 〈아돈〉은 상류사회에서 남편을 대신하는 일상적인 표현이기도 하다. 시편 45:12에서 왕과 결혼하는 타국의 공주에게 시인은 "**저는 너의 주 〈아도나이〉시니 너는 저를 경배할지어다**"라고 말한다. 그러므로 본문에서 여자들이 자신들의 남편을 〈아돈〉이라고 부른 것은 상하 관계의 반영이 아니라 당시의 일상적인 언어 관행이라고 보아야 할 것이다.[109]

사마리아의 상류층 귀부인들의 죄악이 명시된다. 그들은 가문, 미, 재산, 명성, 지위로 평가받기를 원했겠지만 하나님은 외모를 보지 않고 그들의 행위를 보신다. 첫째 죄목은 그들이 사회의 가장 낮고 힘없는 자들을 학대 압제하여 납작 누르고 바스러트려 버린 것이다.[110] "학대하며", "압제하며", "이르기를"은 각각 분사형 〈하오쉬코트〉הָעֹשְׁקוֹת (학대하는 자), 〈하로츠초트〉הָרֹצְצוֹת(압제하는 자), 〈하오므로트〉הָאֹמְרֹת(이르는 자)로 되어 있다. 여기서 분사형은 억압과 착취와 불의가 지속적으로 이루어지고 있었음을 말해준다.[111]

둘째 죄목은 그들이 자신들의 남편에게 강권하여 자신들이 마시

---

107) 사람을 뜻하는 〈이쉬〉도 남편의 뜻으로 사용된다. 그러나 이 경우는 '여성의 짝'으로서의 남성을 말한다. 법적 관계상 남편을 칭하는 〈바알〉보다는 친밀성을 강조하는 단어다. 〈아돈〉의 기본적인 뜻은 '주인', 즉 가장이라는 뜻에 가깝다. 예를 들면 호세아서에서(한글 번역은 불문명) 하나님은 용서 받은 이스라엘에게 더 이상 〈바알〉(남편)이라 하지 말고 〈이쉬〉(〈이샤〉의 짝)라고 부르라고 하신다(호 2:16).

108) Wolff, *Joel and Amos*, 206b.

109) Stuart, *Hosea-Jonah*, 328.

110) 압제로 번역된 〈라차츠〉의 기본 뜻은 "부서뜨리다"이다. 상징적으로나 문자적으로 물건을 깨뜨리거나 눌러 부서뜨리는 것을 말한다.

111) Paul, *Amos*, 129a.

고 즐길 술을 가져오라고 강요하는 것이다. 만약 본문이 술에 대해 말하는 것이라면, 술을 즐기는 것은 그 여자들의 방탕과 무감각을 상징적으로 보여준다. 그러나 그들이 술을 남편들에게 '가져오라'고 하는 것은 더 문제다. "가져다가"의 히브리어 동사 〈하비아〉הָבִיאָה는 "강세 명령"이다. 남편에게 강하게 명령하는 모습을 그릴 수 있다. 남편들도 자신의 아내의 명령을 듣고 불의를 행한다.

밖에서 약자들에게 그렇게 강한 이 지도층 사람들이 자신에게 명령하는 부인들이 있다는 점이 흥미롭다. 귀부인들은 왜 '사오라'고 하지 않고 '가져오라'고 하는가? 남편들이 술집이나 술장사, 혹은 포도주 공장을 하지 않는 한 그 포도주는 사온 것이 아니라 가져온 것, 즉 빼앗은 것이다. 아내의 쾌락을 위해 남편들이 가져오는 것은 선물로 받아오는 것이거나 권력과 지위를 이용하여 강탈한 것이다. 사마리아 귀부인들의 죄는 직접적 억압 뿐 아니라 남편들에게 자신들의 쾌락과 소원을 이루기 위해 필요한 것들을 술까지 포함하여 구해내라고 다그친 것에 있다. 타락한 사회에서 남편들의 직업은 종종 부업일 뿐 다른 것을 얻기 위한 도구로 이용된다. 그런 사회에서는 관리도, 재판관도, 종교인도 정상적인 수입 외에 많은 것을 얻어 직위에 걸맞지 않은 큰 부자가 된다. 그리고 그들의 성공은 아내를 기쁘게 한다.

"술을 마시게 하라"의 히브리어 구절에는 "술"이란 단어가 없기 때문에 이는 포괄적 의미의 "마심"을 뜻한 것일 수 있다. "마시게 하다"는 바산에서 소를 기르는 목자들이 겪는 일상적인 경험이다. 고품질의 비육우를 만드는 데는 손이 많이 간다. 목자들은 먹을 것을 제때 가져다주어야 하고, 물을 준비해 주어야 하며, 시시 때때로 돌보아야 한다.[112)]

귀부인들이 자신의 품위 유지 및 욕망을 이루기 위해 남편들을 졸

112) Wolff, *Joel and Amos*, 206.

라대기 때문에, 남편들은 바산의 암소와 같은 자신들의 부인을 섬기는 일에 많은 시간과 공을 들여야 한다.[113] 끝없이 먹으려고 하여 목자들을 바쁘게 만드는 바산의 암소와 끝없는 욕망으로 남편들을 채근해대는 귀부인들은 잘 어울린다. 당시의 사회상에서 부인이 남편에게 종속적인 위치에 있었다고는 하나 실상은 자신들의 사치와 쾌락과 전시를 위해 지도층 남편들로 하여금 악을 행하게 만들었다.[114] 가난한 사람에 대한 태도와 행동거지를 볼 때, 고위층 부인들도 한 사회를 파멸시키는 데 있어서 한 중요 요인이었다. 그들은 남편에게 경제적으로 종속되어 있었고 사회적으로 남편 덕을 보는 사람들이었지만, 남편들만큼이나 건전한 사회를 해체시키는 독립적인 요인이었던 것이다. 그러므로 그들에게 남편과 따로 독립적인 심판 판결이 내려진다.

4:2 세 번의 "너희"에 의해 앞의 귀부인들이 지목된다.[115] 여자들에게 내리는 심판은 여호와의 "거룩함을 두고 한 맹세"와 함께 확정된다. "여호와의 거룩함을 두고 하는 맹세"는 아모스 본문 외에 시편 89편에서만 한 번 나타난다.

> [33]그러나 나의 인자함을 그에게서 다 거두지는 아니하며 나의 성실함도 폐하지 아니하며 [34]내 언약을 깨뜨리지 아니하고 내 입술에서 낸 것은 변하지 아니하리로다 [35]내가 나의 거룩함으로 한 번 맹세하였은즉 다윗에게 거짓말을 하지 아니할 것이라(89:33-35)

위의 본문에서 여호와의 "거룩함을 두고 한 맹세"란 결코 파기될 수 없는 불변의 맹세를 뜻한다. 그러므로 하나님의 심판 선고는 결

---

113) 위의 책.

114) 위의 책, 206a.

115) 처음과 두 번째에서는 2인칭 남성복수형인 〈알레켐〉עֲלֵיכֶם과 〈에트켐〉אֶתְכֶם이, 세 번째에서는 2인칭 여성복수형인 〈아하리트켄〉אַחֲרִיתְכֶן이 사용된다.

코 약화될 수도, 파기될 수도, 연기될 수도 없다. 이는 지도층들의 죄악이 하나님이 도저히 용인할 수 없는 악한 것이라는 것을 의미한다. 하나님은 그들을 심판하시되 하나님의 신격, 즉 그분의 거룩하심을 걸고 하신다. 하나님의 거룩함은 동시에 죄악으로 물든 인간에게는 가장 큰 두려움의 대상이다.

"갈고리"와 "낚시"는 바산에 대한 지식과 함께 아모스가 목축업자로서 경험을 반영하고 있다. 그는 도살될 소들이 어떻게 취급되는지를 잘 안다. "갈고리"로 번역된 〈치노트〉צִנּוֹת는 여러 가지 뜻을 가지는데, 방패나[116] 가시(잠 22:5; 욥 5:5)를 뜻하기도 한다. 그러나 여기서는 방패로 밀어간다는 것인지, 갈고리로 꿰어간다는 것인지, 아니면 방패같이 생긴 광주리에 고기를 담는다는 것인지 확실하지 않다. 볼프는 사람에게 갈고리를 쓰지는 않을 것이라 생각하여 〈치노트〉를 포로들을 질서 있게 이동시키기 위한 밧줄 같은 도구로 본다.[117] 그러나 아모스가 귀부인들을 암소와 비교한 이상, 여기서의 〈치노트〉는 소가 도살되기 전 갈고리에 꿰어 끌려가는 모습을 암시하고 있을 가능성이 크다.[118]

"낚시"로 번역된 〈시로트 두가〉סִירוֹת דּוּגָה도 다양하게 해석된다. 〈두가〉는 물고기이며, 〈시로트〉는 항아리(단수: 출 16:3; 왕하 4:38, 39, 41; 겔 11:7; 복수: 출 27:3; 38:3; 왕상 7:45; 왕하 25:14; 렘 52:18, 19; 슥 14:20; 대하 4:11, 16; 35:13)나 가시(사 34:13; 호 2:8; 전 7:6)를 나타내는데, 아마 가시와 비슷한 모양을 한 작살을 뜻하는지도 모른다. "끌어가며"는 히브리어 〈니사〉נִשָּׂא의 번역인데, 문자적으로는 물건을 들어 올리는 것을 말하며, '포로로 끌려가다'는 뜻으로도 사용된다.

우리는 〈치노트〉와 〈시로트〉가 정확하게 무엇을 의미하는지 잘 알

---

116) Wolff, *Joel and Amos*, 203b.

117) 위의 책, 206b-207a,

118) 갈고리로 끌려간다는 것은 시체의 폐기를 뜻하는 것일 수 있다. Hayes, *Amos the Eighth-Century Prophet*, 141.

지 못한다.[119] 바산에서 도살된 소의 살코기를 큰 그릇에 들어 올리고 나머지 부분은 물고기 항아리에 담아 간다는 뜻인지, 아니면 도살될 소처럼 끌어간다는 뜻인지, 소를 죽여 살과 내장을 각각 다른 그릇에 담듯이 바산의 암소들도 그렇게 된다는 뜻인지 분명하지는 않다. 어느 경우든 아모스는 타락한 사람들이 포로로 끌려가게 될 것을 소나 소의 시체가 끌려 나가는 모습으로 생생하게 그리는 것으로 보인다.[120]

"무너진 데"〈프라침〉פְּרָצִים는 사마리아 성벽이 파괴되어 무
4:3 너진 것을 뜻한다. 여기서 복수가 사용된 것은 여러 부분에서
파괴가 일어날 것임을 말한다. 그러므로 그들이 포로로 끌려 갈 때 성문을 통과할 필요 없이 "성 무너진 데를 통하여" 잡혀가게 된다는 것이다. "각기 앞으로"는 〈이씨아 네그다흐〉אִשָּׁה נֶגְדָּהּ의 번역으로 직역하면, '여자마다 자신 앞에서'이다. 이는 한 명씩 한 명씩 나아가는 것을 말한다. 이와 같은 용례는 여호수아의 여리고 공격에서 발견된다(수 6:5, 20). 여호수아의 군인들은 각자 "그 앞에서 바로"〈이쉬 네그도〉אִישׁ נֶגְדּוֹ(직역하면, 남자마다 자신 앞에서) 성으로 진격했다. 아이러니하게도 여리고의 무너진 성벽으로 들어가며 가나안 정복을 시작한 이스라엘이 이제 사마리아 무너진 성벽으로 끌려나와 포로의 길을 걷게 된다.

바산의 암소들이 갈 목적지는 〈하르몬〉הַרְמוֹן이다. 〈하르몬〉은 구약성경에서 한 번 밖에 나오지 않기 때문에 무엇을 말하는지 알기 어렵다.[121] 많은 학자들이 〈하르몬〉을 지명으로 보고 〈헤르몬〉(헬몬)חֶרְמוֹן으

119) 〈치노트〉와 〈시로트〉에 대한 자세한 논의를 위해서는 Paul, *Amos*, 131-135을 보라.

120) 대부분의 학자들은 두 단어 모두가 시체를 끌어당길 경우에 사용하는 갈고리 모양의 어떤 도구나, 아니면 포로들을 잡아가면서 줄을 맞추는 데 쓰이는 도구였을 것으로 생각한다. Mays, *Amos*, 73.

로 고쳐 읽는다. 〈헤르몬〉은 바산 지역에 있고 바산의 암소가 도살되기 때문이다. 〈하르몬〉을 그대로 읽으면 그곳은 우리가 아직 알지 못하는 사체를 폐기 처분하는 소각장이나 쓰레기장과 같은 곳일지도 모른다. 무엇을 뜻하든 〈하르몬〉은 앞 장의 〈아르몬〉(높고 넓은 집)과 비슷한 소리로 대조를 이룬다.

"던지우리라"로 번역된 단어 〈히슐리크〉הִשְׁלִיךְ는 포로로 끌려가는 것(렘 22:28)과 시체나 내장을 내다 버리는 것(사 34:3; 겔 16:5; 렘 14:16) 모두에 사용된다. 바산의 암소들은 진정 암소의 운명이 되어 끌려가고, 도살되고, 버려진다. 여인들이 추구했던 것과 그 결말은 너무도 다르다. 이 심판 선언에 집행을 지시하는 판사의 사인이 붙어 있다. "이는 여호와의 말씀이니라."

<묵상>

바산의 암소들은 귀부인들로서 탐욕과 사치로운 삶을 살았을 뿐 아니라 약하고 가난한 사람들을 직접적으로 압제하고 착취했다. 그들 역시 비뚤어진 사회-경제 구조 안에서 한 역할을 담당하고 있었던 것이다. 그들은 남편들의 부정과 부패를 조장했다. 남편들은 아내들을 기쁘게 하기 위하여 백성들을 착취하고 부정을 저질렀다. 이와 같이 왜곡된 재판, 부정직한 상거래, 무절제한 탐욕 뒤에는 바산의 암소같이 살지고 부드러운 여성들이 있었다.

권력과 부와 명예를 가지고 있고, 권력과 부와 명예를 씨줄 날줄로 하여 서로 단단히 얽어매 놓은 이 구조를 누가 부술 수 있겠는가고 안심하는 사람이 있을 것이다. 그러나 그것은 착각이다. 여호와는 그들의 행위를 그대로 두지 않으신다. 여호와는 그

---

121) 자세한 설명을 위해서는 Paul, *Amos*, 135-136을 보라.

들의 행위대로 갚으신다. 육체를 위해 살고 자신이 마치 살코기인 것 같이 산 사람들은 도살당할 짐승처럼 취급된다.

우리나라에도 만연해 있는 지도층 인사들의 부정부패, 권력의 오용, 남용 뒤에 남편들을 부추기는 부인들이 있는지도 모르겠다. 아모스서는 성적 부도덕이나 우상숭배 뿐 아니라, 사치와 부정, 불의에 대한 방임과 부추김도 대단히 큰 문제라는 것을 보여준다. 오늘날 우리 사회에 만연한 부정부패가 우리 사회를 해체시킬 정도로 강력하고, 많은 희생자들을 만들고 있다면, 지도층 가정의 여성 그리스도인들은 건전한 가정과 사회의 파수군의 역할을 감당하여야 함을 아모스서를 통해 배울 수 있다.

아내들은 겸손과 섬김과 검소함으로 살면서, 지도층 남편들을 도와주고, 권면하고, 잘못된 행동들을 감시한다면 가정도, 사회도, 민족도, 국가도 샬롬을 이룰 것이다. 지도층 남성 그리스도인들은 하나님이 원하시는 인과 공의와 사랑을 실천하면서, 그러한 삶을 통하여 아내와 함께 하나님 앞에서 기뻐하면서 살아야 한다.

그리스도인 지도자들 중에 짐승의 이름으로 불리는 사람들이 없었으면 좋겠다. 우리 그리스도인들 중에는 암소도, 돼지도, 이리도 없어야 한다. 압제와 학대가 아니라 섬김과 사랑을 베푸는 사람, 세상적 쾌락과 미가 아니라 영혼과 정신의 부요를 사모하는 사람, 아내는 남편을 지켜주고, 남편은 아내를 절제시키며 건전한 가정을 이루며 사회의 파수꾼의 역할을 하는 성숙한 신앙인들이 그립다. 어찌 우리가 바산의 암소처럼 살겠는가?

2. 벧엘과 길갈마저 썩었다면(4:4-13)

4:4-13은 하나의 연속적인 신탁으로서 세 단락으로 나누어 읽을

수 있다. 4-5절은 성소에서 드려지는 예배의 본질을 밝힌다. 6-11절은 이스라엘을 깨닫게 하려는 하나님의 수고를 보여준다. 12-13절은 하나님 영광송을 통해 이스라엘에 임할 심판을 선포한다.

이 예언이 벧엘에서 선포된 것인지, 길갈에서 된 것인지 확실하지 않다. 아마 앞의 구절들과 연결하여 본다면 사마리아에서 선포된 것일 수도 있다. 아모스의 설교의 배경은 초막절로 생각된다. 초막절은 일 년 농사가 완결되는 것을 축하하는 절기다. 여름 동안 포도, 무화과, 감람, 석류 등이 차례로 익어가고, 여름 중반이 되면 곡물 추수도 거의 끝난다. 새 포도주도 이 시기에 나오므로 내용상 포도주 축제의 절기가 된다.[122)]

기후적으로도 뜨거웠던 여름이 지나가면서 가뭄이 끝나고 우기가 시작되는 때라 농민들의 마음은 단비를 맞는 땅처럼 부드러워진다. 기다리던 비가 시작되었다면 초막절은 더욱 큰 기쁨의 절기가 된다.[123)] 사람들은 지난 농사가 성공한 것처럼, 새로 시작되는 농사도 성공하기를 기대하는 마음으로 축제를 즐긴다.

초막절이 암시하는 것은 "완결의 때"요, 결산의 시기이다. 동시에 끝과 새로운 시작의 경계이기도 하다. 한 해의 추수가 끝나고 오는 해의 농사를 추정해 보는 것이다.[124)] 그러므로 아모스는 이 시기를 매년 되풀이되는 절기에 대한 관심을 넘어 이스라엘 백성이라는 곡식 농사의 성공 여부를 판단하는 시간으로 보고 있다.

초막절을 비롯한 순례 절기에는 하나님이 만나 주신다는 전승이 있다. 곧 순례자들은 하나님께서 자신들을 만나 주시고 무제한적인 복을 내리신다는 약속을 하시길 원한다. 그러므로 우리의 본문은 하

---

122) R. B. Coote, *Amos among the Prophets: Composition and Theology* (Philadelphia: Fortress Press, 1981), 53.

123) 위의 책, 54.

124) 위의 책, 57.

나의 아이러니가 된다. 하나님의 나타남을 갈망하는 순례자들은 소원대로 하나님을 만나게 된다. 그런데 유감스럽게도 본문에서 그들이 만나는 하나님은 복 주는 하나님이 아니라 그들을 벌하시는 하나님이다.

가. 죄악의 진원지 중앙 성소 벧엘(4:4-5)

우리는 앞 절에서 바산의 암소로 대변되는 지도층들의 이기심과 경제 사회적 폭력에 대해 살펴보았다. 이제 아모스의 눈은 또 무엇을 보는가? 그것은 이스라엘의 전통 성소 벧엘과 길갈이다. 사람들로 메워지고 헌물과 제사가 드려지는 벧엘과 길갈은 하나님을 기쁘게 하는 성소가 아닌가? 이는 아모스 시대에 성소를 규칙적으로 찾는 거의 모든 사람들이 가진 판단이었을 것이다. 그러나 아모스는 이번에도 이면, 즉 그들의 하나님 무시와 백성들에 대한 폭력을 본다. 그리고 성소와 종교인들이 오염의 한 진원지임을 정확하게 읽는다. 이스라엘 사회가 고쳐지지 않는 이유가 무엇인가? 마지막 보루인 성소의 타락 때문이다.

> [4:4] 너희는 벧엘에 가서 범죄하며 길갈에 가서 죄를 더하며 아침마다 너희 희생을, 삼일마다 너희 십일조를 드리며
> [5] 누룩 넣은 것을 불살라 수은제로 드리며 낙헌제를 소리내어 선포하려무나 이스라엘 자손들아 이것이 너희가 기뻐하는 바니라 주 여호와의 말씀이니라

4:4 벧엘과 길갈 모두 오랜 전통의 장소다. 벧엘은 아브라함이 가나안 땅에 들어와 처음 제단을 쌓고 장막을 친 곳의 근처이며(창 12:8), 야곱이 꿈속에서 일하시는 하나님을 본 곳이고(창 28:17, 22), 사무엘이 백성을 위해 판결하던 곳이었다(삼상 7:16). 여로보암 때에는 예루살렘과 필적하는 북왕국의 종교적 수도였다(왕상 12:29). 아

모스 시대에는 더욱 위상이 높아져 제사장 아먀샤가 언급한 것처럼 왕의 성소요, 왕국의 중앙 성소가 되었다(암 7:13).

그러나 벧엘은 그 전통성에도 불구하고 이스라엘 역사상 가장 악명 높은 장소 중의 하나로서 북왕국 '이스라엘의 원죄'와 같은 곳이되었다. 여로보암은 예루살렘을 대항하여 벧엘을 북왕국의 성소로 삼았고, 그곳에서 자신의 정치적 입지를 위해 절기를 바꾸었으며(왕상 12:32), 자신이 임명한 무자격의 사람들로 제사장을 삼았다(왕상 12:31). 이렇게 벧엘은 전통을 지닌 곳이로되, 내용은 이미 변조된 가짜가 되었다.

이 벧엘에서 종교인들은 자신의 기득권을 향유하기 위해 벧엘의 신앙의 질을 물질적인 것으로 대치시켜 버렸다. 경외와 순종은 물량과 정열로 바뀌어 경박함과 불순물로 채워졌다. 벧엘은 고침 받고 하나님과 화해하는 곳이 아니라 경제, 사회 지도자들의 삶을 승인하고, 그들에게서 물질과 번영을 돌려받는 자기만족의 장소가 된지 오래였다.

길갈은 여리고에서 1.6km 떨어진 오늘날의 키르벧 메흐지르(Khirbet Mefjir)다.[125] 여기는 이스라엘 백성이 요단을 건넌 후 제일 먼저 숙영한 곳이며, 온 백성이 예배를 드린 곳이다(수 4:19-24). 그러므로 길갈은 구원하시고, 은혜를 베푸시고, 선택하신 하나님을 영원토록 기억하는 장소이다. 또한 길갈은 사울이 왕이 된 곳이기도 하다(삼상 11:14).

본문에서 단 대신 길갈이 언급된 것은 역사적 사실을 반영하고 있다고 보아야 한다. 주전 8세기경에는 길갈이 순례지였을 것이다. 그러나 길갈에서도 벧엘에서와 마찬가지로 하나님보다는 사람의 행위가 자랑거리가 되고 있었다.

"벧엘에 가서"는 히브리어 〈보우 벧엘〉בֹּאוּ בֵית־אֵל('벧엘로 오라')의 번역이다. 이 표현은 제사장들이 백성들에게 주는 권고이기도 하다.[126]

125) King, *Amos, Hosea, Micah*, 40.

126) 히브리어 단어 〈보〉는 '가다,' 혹은 '오다'라는 기본적인 뜻을 넘어

사마리아의 지도층이나 벧엘의 종교인들을 좋지 않게 생각하는 아모스가 '벧엘로 오라'고 하니 사람들은 의아스럽게 생각했을 것이다. 이미 아모스에 대해 알고 있는 사람들은 의심의 눈초리로 바라보았을 것이고, 아모스에 대해 모르는 예배자들은 아모스를 성소에 속한 제사장의 한 사람으로 생각했을 것이다. 그러나 아모스의 성소 참석 권고는 흉내요, 패러디일 뿐이다.[127] 제사장들과 같은 표현으로 시작하지만 아모스의 외침에는 조롱이 송영처럼 붙는다. 히브리어 본문 순서는 아모스의 선포를 더욱 생생하게 보여준다.

모여라, 벧엘로 　　그리고 반역하라(범죄하라)
길갈로 　　더욱 반역하라(범죄하라)

"범죄하라"의 〈파샤으〉פָּשַׁע는 정치적 반역이나 정치적 결별을 뜻한다.[128] 벧엘 성소에 참여하는 것은 여호와 하나님 앞으로 나아가는 것이지만, 아모스는 그 자체를 여호와와의 결별이라고 선포한다. 어찌 '하나님의 집'(벧엘) 순례자가 여호와와 결별하러 오는 사람일 수도 있는가? 우리는 이 구절에서 열정과 헌신도 반역이 될 수 있음을 배운다. 곧 선한 삶 없는 예배는 우상숭배와 다름 아니다. 사기로 얻은 것, 억압으로 뺏은 것, 탐욕 덩어리는 제물이 될 수 없다. 옷이 화려하고, 분위기가 좋고, 음악이 장엄하다 해도 그것은 범죄를 더하는 것에 불과하다.

"아침"과 "3일"은 순례절 일정을 반영하고 있는 것처럼 보인다. 아마 첫째 날은 성소에 도착한 날이고, 그 다음 날 "아침"에 제사를 드렸을 것이며, 셋째 날에 십일조를 드렸을 것이다.[129]

순례자들이 '성소에 들어가는 것'을 의미하기도 한다(참고. 암 5:5; 시 95:6; 100:2; 호 4:15; 사 1:12; 욜 1:13; 시 96:8; 100:4 등). Wolff, *Joel and Amos*, 218.

127) Mays, *Amos*, 74.

128) Wolff, *Joel and Amos*, 219a.

129) 위의 책, 219b.

'하나님께 드려지는 십일조'의 역사는 야곱에게까지 올라간다. 그는 자신이 귀환하는 날 벧엘에서 십일조를 드리겠다고 맹세한다(창 28:22). 신명기 법전에 따르면 수확된 곡식, 포도주, 기름의 십분의 일을 성소에 바쳐야 한다(신 12:17; 14:23). 바쳐진 것들은 축제일 동안 교제의 연회의 음식으로 사용되었다(신 12:6-7, 11-12, 17-18; 14:23, 26). 그 중 일부는 제사장의 몫으로 떼어졌던 것으로 보인다.[130] 왕국 시대에는 곡식과 포도원 소산의 십일조를 세금으로 국가에 바쳤다. 이렇게 바쳐진 곡식과 포도주는 왕에 의해 국가 관리들에게 분배되었다(삼상 8:15). 십일조의 목록에는 양 떼도 들어 있다(삼상 8:17).

"아침마다"와 "3일마다" 드리라는 것은 두 가지로 생각해 볼 수 있다. 첫째, 범죄하고 죄를 더하면서 드리는 제사는 아무리 열심을 내어 드린다 해도 소용없는 일임을 말한다. 절기 잘 지키고, 제사 잘 지내고, 십일조 잘 내는 것이 복 받는 비결이라고 생각한다면, 1년 내내 순례하고 제사 드려보라고 한다. 그렇지만 그 같은 일을 해봤자 아무런 소용이 없다는 것이다. 둘째, 형식주의를 비판한다. "아침"과 "3일"은 정해진 시간과 순서를 반영하는 것이므로, 예전의 전문성과 형식성을 올바른 예배라고 생각하는 종교 형식주의를 비난한 것일 수 있다. 아무리 전문화된 예전이라도, 그것이 화려하게 집행되고, 대단한 물량을 쏟아 붓는다 하더라도 하나님 경외와 순종을 대체할 수 없다는 것이다.

또한 "희생"과 "십일조"를 말하면서 "너희 희생", "너희 십일조"라고 한 것은 그들의 희생 제사와 십일조가 하나님과는 아무런 관계가 없다는 것을 말해 준다. 하나님께 드린 희생과 십일조가 하나님과 무관하게 된 것은 그들의 삶이 그들의 제물을 무효화시켰기 때문이다. 온갖 악을 행하고 얻은 재물로 하나님을 달래고 자신의 죄악을 숨기고 자신들의 양심을 무디게 하려고 바치는 그런 제물은 하나님이

---

130) 위의 책.

받을 수 없는 것이다. 이는 하나님이 가인의 제사를 받지 않은 것이 아니라 가인과 그 제사를 받지 않았고, 아벨의 제사를 받은 것이 아니라 아벨과 그 제사를 받으셨다는 사실에서도 드러난다(창 4:4-5).

"수은제(酬恩祭)"〈토다〉תּוֹדָה는 은혜에 대한 보답으로 드리는
4:5 감사의 제사이며(레 22:29), "낙헌제(樂獻祭)"〈느다보트〉נְדָבוֹת는 기
쁜 마음에서 자발적으로 드리는 제사이다(레 7:16). 이 두 제사
는 앞에서 언급한 희생 제사와 구별되는 다른 제사라기보다는 희생 제사에 포함된 제사들이다. 이 제사들은 기도 응답이나 복 주심에 대한 감사의 마음으로 드리는 제사이다. 불살라 드리는 제물에는 누룩이 들어가지 않아야 한다(레 2:11; 7:12). 그러므로 누룩 넣은 것을 불살라 드리는 것은 율법 규정에 어긋난다. 이 구절의 '누룩이 들어간 제물'은 율법을 경시하는 제사장과 성소에 대한 비난인 동시에 헌제자와 제사장의 불순성을 지적하는 것이다.

"소리 내어 선포하려무나"는 제사와 헌물을 드리는 예배자의 속마음을 보여준다. 아모스는 예배는 있으나 하나님의 영광은 없고, 자신의 영광과 자기자랑만 챙기는 예배자들을 고발한다. 그들은 예배 현장에서조차 사람들의 인정을 받고 싶어 하는 사람들이다. 아모스는 그들의 예배 행위 모두가 하나님이 기뻐하는 것이 아니라 "너희가 기뻐하는 바"라고 정확하게 지적한다.

이 절에서 '속죄제'가 언급되지 않는 점이 특이한데, 이것은 이스라엘의 회개 없는 신앙 현실을 보여주는 것인지도 모른다.

나. 돌아오라 하였으나(4:6-11)

> [4:6] 또 내가 너희 모든 성읍에서 너희 이를 깨끗하게 하며 너희의 각 처소에서 양식이 떨어지게 하였으나 너희가 내게로 돌아

오지 아니하였느니라 여호와의 말씀이니라
[7] 또 추수하기 석 달 전에 내가 너희에게 비를 멈추게 하여 어
떤 성읍에는 내리고 어떤 성읍에는 내리지 않게 하였더니 땅 한
부분은 비를 얻고 한 부분은 비를 얻지 못하여 말랐으매
[8] 두 세 성읍 사람이 어떤 성읍으로 비틀거리며 물을 마시러 가
서 만족하게 마시지 못하였으나 너희가 내게로 돌아오지 아니하
였느니라 여호와의 말씀이니라
[9] 내가 곡식을 마르게 하는 재앙과 깜부기 재앙으로 너희를 쳤으
며 팥중이로 너희의 많은 동산과 포도원과 무화과나무와 감람나
무를 다 먹게 하였으나 너희가 내게로 돌아오지 아니하였느니라
여호와의 말씀이니라
[10] 내가 너희 중에 전염병 보내기를 애굽에서 한 것처럼 하였으며
칼로 너희 청년들을 죽였으며 너희 말들을 노략하게 하며 너희
진영의 악취로 코를 찌르게 하였으나 너희가 내게로 돌아오지 아
니하였느니라 여호와의 말씀이니라
[11] 내가 너희 중의 성읍 무너뜨리기를 하나님인 내가 소돔과 고모
라를 무너뜨림 같이 하였으므로 너희가 불붙는 가운데서 빼낸 나
무 조각 같이 되었으나 너희가 내게로 돌아오지 아니하였느니라
여호와의 말씀이니라

이 단락은 이스라엘이 돌아오도록 깨우치는 하나님의 끊임없는 역사와 어떤 환경에서도 절대로 돌아오지 않는 이스라엘의 이야기를 담고 있다. 여기에는 하나님을 일인칭으로 하는 단수 동사(“내가 … 하다”)가 아홉 번, “돌아오지 않았다”는 말씀과 종결어 “여호와의 말씀”이 다섯 번(6, 8, 9, 10, 11절) 반복된다.

흥미로운 것은 돌아오지 않았다는 표현에 전치사 〈엘〉אֶל 대신 〈아

드〉עַד가 붙어 있다는 것이다. 〈엘〉은 어떤 장소에로의 방향을 가리키고, 〈아드〉는 목표 지점을 말한다. 그러므로 "내게로"는 단순히 '하나님 쪽으로 방향을' 잡으라는 뜻이 아니라 '하나님과 만나게 되는 그 지점까지' 오라는 뜻이다. '하나님/여호와에게까지'는 아모스 외에는 호세아 14:1(히. 2절), 이사야 9:13(히. 12절), 신명기 4:30과 30:2에 나온다. '하나님에게까지'는 회개가 무엇인가를 시사한다. 하나님은 기근, 가뭄, 농작물의 실패, 염병과 전쟁, 성읍의 붕괴를 만난 이스라엘이 하나님께로 돌아오기를 바랐다. 그러나 어떠한 경우에도 이스라엘은 돌아오지 않았다.

이 단락의 각 부분의 내용은 과거 역사를 회상하는 것이거나, 아니면 아모스가 농촌 목자로서 백성들과 함께 보고 듣고 겪은 극한 상황을 반영하는 것으로 보인다. 열거된 재앙들은 하나같이 심각하고 무서운 것으로서, 특히 농사짓는 시골 사람들에게는 자신과 가족의 생명을 위협하는 것이었다. 그런데 이 아픈 자극도 아무런 반응을 일으킬 수 없을 정도로 이스라엘은 무감각해졌고 타락했다.

4:6 첫 번째 재앙은 '모든 성읍'에 임한 기근이다. "이를 깨끗하게"에서 "깨끗하게"는 기본적으로 '없음'을 뜻하는 〈니크욘〉 נִקְיוֹן(기본형. 〈니카욘〉נִקָּיוֹן)의 번역이다. 이 단어는 '깨끗함', '무죄함', '황폐함'의 뜻으로 다양하게 사용된다.[131] "이가 깨끗하다"는 말은 이에 아무것도 묻어있지 않은 상태, 혹은 씹을 것이 없는 상태를 말한다. 하나님이 식량을 떨어지게까지 하신 것은 굶어 죽으라는 것이 아니라 돌아와서 여호와를 구하라는 것이다.

131) *TWOT*, 1412.

절	하나님 일인칭 동사	종결어
6	〈아니 아타티〉: 내가 [너희 이에게 깨끗함을] 주었다.	내게로 돌아오지 않았다. 여호와의 말씀
7	〈아노키 마나으티〉: 내가 [비를] 멈추게 하였다.	
	〈힘타르티〉: 내가 [어떤 성읍에는] 비를 내렸다.	
	〈로 암티르〉: 내가 [어떤 성읍에는] 비를 내리지 않았다.	
8		내게로 돌아오지 않았다. 여호와의 말씀
9	〈히케티〉: 내가 [너희를] 쳤다.	내게로 돌아오지 않았다. 여호와의 말씀
10	〈쉴라흐티〉: 내가 [전염병을] 보냈다.	
	〈하락티〉: 내가 [청년들을] 죽였다.	
	〈아알레〉: 내가 [너희 진영의 악취를] 보냈다.	내게로 돌아오지 않았다. 여호와의 말씀
11	〈하파크티〉: 내가 [너희를] 무너뜨렸다.	내게로 돌아오지 않았다. 여호와의 말씀

두 번째 재앙은 '일부 성읍들'에 임한 것이다. 본문이 말하
4:7-8 는 바는 가뭄으로 인한 식수 부족 현상이다. "추수하기 석 달
전"이라는 특정한 시기는 팔레스타인의 기후와 관계가 있다. 팔레스타인에서는 일반적으로 겨울과 봄에 비가 내리고 여름과 가을에는 비가 거의 오지 않는데, 매년 거의 정확한 때에 비가 오고 비가 그친다. 히브리어 성경에는 우리말 "비"를 뜻하는 몇 개의 단어가 있다. 〈마타르〉는 거의 같은 모음으로 "비" 일반과 "비 내리다"를 뜻한다.

7절의 "내리고", "내리지", "얻고", "얻지"는 모두 "비내리다"

〈마타르〉מָטָר를 어간으로 하는 동사에서 번역된 것이다. "비를 멈추게"에 나오는 "비"〈게쉠〉גֶּשֶׁם는 "폭우"를 말한다. 많은 양의 비가 내려야 농업용 물이나 식수를 풍부하게 얻을 수 있다.

한편 "이른 비"〈요레〉יוֹרֶה는 십일월 경에 내리는데, 땅을 갈 수 있도록 토양을 부드럽게 만든다. "늦은 비"〈말코쉬〉מַלְקוֹשׁ는 삼월 말과 사월 초에 내리는 봄비로서 〈말코쉬〉가 〈게쉠〉(폭우)으로 와야 식물의 성육이 지장을 받지 않는다. 본문에 이른 바 "추수하기 전 석 달 동안"이나 〈게쉠〉이 멈춘다는 것은 오뉴월에 추수되는 보리와 밀이 열매를 맺지 못하게 된다는 것이다. 비가 일부 지역에만 내렸으므로 일부 지역에서만 곡식이 잘 되었고, 물을 풍부하게 마실 수 있었다. 비가 내리지 않는 지역의 사람들은 농사도 실패하고 마실 물이 없었다.

8절은 비가 오지 않아 물을 마실 수 없어 죽어 가는 사람들의 모습을 그린다. 비가 오는 지역에 가서도 물을 필요한 만큼 얻을 수 없었다("만족하게 마시지 못하였다"). 그러나 이스라엘은 그래도 여호와께로 돌아가지 않았다.

4:9 세 번째 재앙은 자연 재해로 인한 흉년이다. "마르게 하는 재앙"〈쉬따폰〉שִׁדָּפוֹן은 식물을 말려 죽이는 재앙으로, 흔히 사막에서 불어오는 건조하고 뜨거운 동풍에 의해서 일어난다. 〈쉬따폰〉은 항상 〈예라콘〉יֵרָקוֹן("깜부기 재앙")과 함께 쓰인다. 〈예라콘〉은 〈예레크〉יֶרֶק(녹색)에서 파생된 명사이다. 〈예라콘〉은 녹색이어야 할 줄기나 잎 끝 부분이 곰팡이 때문에 허옇게 되는 병이다. "팟종이"로 번역된 〈까잠〉גָּזָם은 '갉아먹다'와 관계가 있으며, 메뚜기나 곤충의 애벌레를 말한다. 이런 것들이 만연할 경우 농사는 실패하고 많은 희생자를 남긴다.

"포도나무"와 "감람나무"는 주전 8세기 국가의 시책으로 대규모로 재배된 농작물이다.[132] 아모스 당시 많은 동산과 각종 과실나무들을 소유한 사람들은 4:1-3과 2:6-8에서 보듯 사회 지도자들이었다. 농작물에 대한 재앙이 지도층 사람들과 농민들 모두에게 큰 시련을 주었겠지만, 일반 농민들이 겪는 고통은 더욱 컸을 것이다. 지도자들의 불신앙과 부패가 온 백성에게 고통을 안기게 되는 것은 그 당시나 지금이나 마찬가지이다.

네 번째 재앙은 "전염병"〈데베르〉דֶּבֶר이다. 이 구절은 출애
4:10 굽기 9:3-7에 나오는 애굽의 모든 가축 떼 위에 임한 재앙을
생각나게 한다. 그러나 여기서의 재앙은 사람까지 포함하고
있다. 〈데베르〉는 치명적인 전염병이기 때문에 칼로 인한 전쟁 상황과 다름 아니다. 아모스는 청년들이 살해되고 말이 노획되고 군진에 악취가 그득하게 되는 전쟁에서의 패배 상황을 전염병과 연결시킨다. 아마 전염병을 전쟁의 패배에 비유했거나, 전염병과 전쟁을 병치시켰거나, 아니면 전쟁 패배에 이어 진중에 퍼진 전염병을 말하는 것이다.

그런데도 이스라엘 백성들(혹은 지도자들)은 돌아오지 않았다. 애굽의

---

132) 문제는 이러한 곡물 재배의 실패가 지도층 사람들의 실패로 끝나는 것이 아니라 일반 농민들을 노예 신분으로 떨어뜨리는 데 있었다. 지도층 사람들은 대지주로 남아 있고 농사를 짓는 일은 소작농들이 담당하는 경우가 허다하여 농작물의 실패는 고스란히 농민들의 부담으로 돌아가게 되었기 때문이다. 우선 농민들은 소작료나 세금을 먼저 낸 다음 농작물을 주고 식량을 사와야 하는데, 흉작 시 소작료와 세금을 내고 나면 양식과 바꿀 양이 절대적으로 부족하게 된다. 소작료, 세금을 내고, 다음 해까지 생존하려면 농민들은 조상 대대로 내려오는 땅을 잡히는 경우가 발생한다. 게다가 다음 해 또 다시 흉년이 들 경우, 세금은 과중되고 잡힌 땅은 넘겨지고 생존을 위해 자신을 노예로 팔게 된다. 풍년이 든다 해도 풍작으로 인한 농작물 가격의 하락 때문에 농민들은 짐을 덜기 어려웠다. 국고의 수입을 늘이기 위한 국가의 계획 정책으로서 포도와 감람을 짓게 한 것은 결과적으로 엘리트들의 이익에만 도움이 되었고 농민들의 생계와 생존을 위협하는 것이 되고 말았다.

바로와 비교하면 그들이 어떤 사람들인지가 명백해진다. 하나님은 애굽의 바로에게 각종 재앙을 내려 하나님의 뜻을 받아들이라고 했다. 바로는 목이 곧아 재앙을 무시해 버렸고, 그 결과 많은 피해가 났다. 이스라엘 지도자들도 각종 재앙을 겪었다. 그들도 목이 곧아 재앙을 무시해 버렸고 많은 피해가 났다. 이와 같이 이스라엘의 지도자들도 바로와 다름 아니다. 그렇지만 그들은 바로보다 더 악한 사람들이다. 바로는 이스라엘 백성을 억압했으나, 이스라엘 지도자들은 자신들의 동족을 노예로 부렸기 때문이다. 바로는 하나님을 몰라서 거역했으나, 지도자들은 자신들이 하나님이라고 부르는 분의 부름을 거역했기 때문이다. 바로는 이스라엘 백성이 하나님께 제사드리러 나가겠다고 하는 것을 거부했으나(출 8:1, 20), 이스라엘 지도자들은 자신들이 벧엘과 길갈에서 예배를 드리면서 하나님을 거부했기 때문이다. 애굽의 재앙으로 말을 듣지 않는다면 어떤 재앙이 그들에게 채찍이 될 수 있는가?

다섯 번째 재앙은 성읍들의 완전한 파괴다. 히브리어 본문
4:11 에 “성읍(들)”이 나오지는 않지만 소돔과 고모라의 파괴를 언급
한 것을 보면 그 대상이 성읍이나 국가인 것을 추정할 수 있
다. 파괴(히. 〈하파크〉 הָפַךְ, ‘뒤집어 엎다’)가 어떤 역사적 사건을 말하는가에 관해 몇 가지 의견이 제시된다.

하나는 이 사건이 주전 722년 살만에셀(V)에 의한 사마리아 멸망을 말한다는 주장이다.[133] 이 주장을 받아들일 경우 설명해야 하는 문제는 본문이 “내게로 돌아오지 않았다”고 말함으로써 북왕국 역사의 지속을 암시하고 있다는 점이다. 실제 이스라엘은 722년 사마리아의 함락과 함께 역사의 무대에서 사라졌다. 즉 국가적으로는 하나님께 돌아갈 기회가 없었다는 것이다. 이와 같이 722년 사건은 회개로의 요청이 아니라 궁극적인 심판이었다. 이 문제점에 대해 볼프는

133) Wolff, *Joel and Amos*, 221b.

사마리아 멸망 후 남은 자들로서 이방신을 섬기는 사람들의 돌이킴을 말한다고 보면서,[134] 이 부분이 이미 722년의 멸망을 알고 있는 요시야 시대의 신명기 역사가의 산물이라고 한다. 두 번째 가능성은 이 사건을 722년 이전에 있었던 일부 성읍들의 파괴로 보는 것이다. 히브리어 〈하파크티 바켐〉הָפַכְתִּי בָכֶם(("내가 너희를[가운데서] 뒤집어엎다")에서 〈바켐〉בָכֶם이 "너희 중에서 얼마"를 뜻하는 것이라면 이 부분은 몇 성읍들만 겪은 사건이 된다. 이 해석의 문제점은 몇 성읍들의 파괴가 이스라엘 전체에게 경고가 될 수 있는가 하는 것이다. 세 번째 가능성은 이 사건을 지진을 통한 경고로 보는 것이다. 곧 이 구절에서 〈하파크〉가 "땅을 뒤집어 엎다"를 뜻한다는 것이다.

11절과 연관된 분명한 역사적 사건이 무엇인지 제시하기는 어렵다. 그러나 본문이 말하고자 하는 바는 확실하다. 절이 더 할수록 하나님의 징계의 도는 깊어간다. 그러나 여전히 이스라엘은 돌아오지 않는다. 이스라엘은 애굽의 바로보다 지독하고, 소돔과 고모라 사람들보다 덜하지 않은 사람들이다. 소돔과 고모라는 멸망하여 돌아갈 기회를 잃어버렸지만 이스라엘은 대규모 파괴가 일어난 후 생존해서도 하나님께로 돌아오지 않는다고 하나님은 아모스를 통해 말씀하신다.

다. 심판의 날(4:12-13)

> [4:12] 그러므로 이스라엘아 내가 이와 같이 네게 행하리라 내가 이것을 네게 행하리니 이스라엘아 네 하나님 만나기를 준비하라
> [13] 보라 산들을 지으며 바람을 창조하며 자기 뜻을 사람에게 보이며 아침을 어둡게 하며 땅의 높은 데를 밟는 이는 그의 이름이 만군의 하나님 여호와시니라

---

134) 위의 책, 222a.

이제 남은 것은 창조하신 분의 능력을 맛보는 것이다. 하나님의 팔은 들리고 하나님의 엄지손가락은 위에서 아래로 향하게 된다.

4:12 아모스는 자신의 설교에서 놀라운 사실을 우리에게 가르쳐 준다. 이스라엘이 반역의 도를 더해갈수록, 하나님은 그들을 고치고자 더욱 수고하고 계신다는 사실이다. 하나님은 기근으로, 가뭄으로, 재앙으로, 염병으로, 강대국의 침공으로 이스라엘을 깨닫게 하려 하시지만 그럼에도 이스라엘은 결코 돌아오지 않는다. 그러자 하나님은 돌아오지 않는 이스라엘을 만나러 친히 나서신다. 둘러서 고치려 하였으나 이제 직접 심판의 매를 드시는 것이다. 그러니 매는 보통 매가 아니다. 창조주로서의 힘과 권위를 가진 분의 매다. 기근과 역병과 전쟁의 매와 비교가 되지 않는 매다.

이스라엘은 이제 친히 하나님을 뵈어야 한다. 결산하고 청산하기 위해. 이스라엘은 하나님 만나기를 예비하라고 명령받는다. 이 준비와 만남은 출애굽기 19장에도 나온다. 언약을 맺기 위해 하나님과 백성이 만날 때 백성은 하나님을 만나기에 적합하도록 몸과 마음을 준비해야 했다. 아모스 시대도 하나님을 만나야 할 이스라엘은 같은 준비를 해야 한다. 그러나 여기서는 새로운 언약을 맺기 위한 만남이 아니다. 그들은 하나님께로 결코 돌아오지 않았다. 아니 돌아올 마음조차도 없다. 앞으로도 가망이 없다. 그렇다면 이 만남은 언약 파기나 아니면 언약 위반에 대한 책임 추궁을 위한 만남이다.

4:13 언약의 파기는 베푸신 은혜를 거두어 감을 뜻한다. 산들을 지으신 분은 산들을 무너뜨릴 것이며, 생명을 창조한 분은 생명을 거두어갈 것이며, 뜻을 사람에게 보이며 교제를 허락한 분은 뜻을 사람에게서 거두시며 교제를 끊을 것이다. 이제 창조의 빛은 꺼지고(어쩌면, 순례절의 아침은 어둡게 되고), 높은 곳(지리적으로 높은 곳에 있는 벧엘, 혹은 이스라엘의 지도자들)은 하나님의 발아래 짓밟힌다.

<묵상>

1. 정결한 삶, 겸손한 마음

아모스 시대의 사람들은 열심 있고 헌신적인 종교 행위를 했다. 순례절을 지키고, 제사를 드리고, 십일조와 헌물을 바쳤다. 그러나 그 모두는 하나님으로부터 먼 행위에 불과했다.

십일조 드림이 얼마나 어렵고 또 귀한 일인가? 없는 형편에서 구별해서 드린다면 그 믿음이 얼마나 소중한 것인가? 의무적인 제사가 아니라, 마음에서 우러나오는 감사로 인하여 드리고, 헌신의 자발적인 마음으로 드리는 제물이 어찌 귀하지 않겠는가?

그러나 하나님에 대한 감사와 헌신은 사라지고, 오직 이름만 남은 감사 헌물, 헌신이 있을 수도 있다는 것을 오늘 본문을 통해 깨닫는다. 큰 제물, 큰 제사, 큰 사람, 큰 간증, 큰 성공, 큰 목회, 큰 교회와 진실한 예물, 진실한 예배, 진실한 사람, 진실한 삶, 진실한 섬김, 진실한 목회, 진리가 넘치는 교회, 어느 쪽이 아모스 시대에 각광받던 단어들인가? 오늘날 신앙인들 사이에서 추구의 대상이 되고 있는 것은 어느 쪽인가?

삶을 보시는 하나님이신데, 그 감사 제물이 탐욕과 억압과 착취와 배금의 치열한 싸움에서 얻은 열매라면, 그것으로 하나님을 달랠 수는 없다. 하나님은 순종하는 이의 감사 헌물을 받으시고, 자신의 이익보다는 하나님의 영광을 생각하는 사람의 예배와 제물을 받기를 원하신다. 이것이 어찌 아모스의 새로운 사상이겠는가? 구약성경 전반을 흐르는 예언 전통은 "순종이 제사보다 낫고, 듣는 것이 수양의 기름보다 낫다"는 것이다. 하나님은 아벨의 제물을 받으신 것이 아니라 "아벨과 그 제물"을 받으셨다. 제물만 받는 하나님이 아니다. 하나님에게는 뇌물이 통하지 않는다.

신명기에서 누누이 강조되는 "한 분 하나님 사랑하고 살기",

"이웃 생각하기"는 시내산 아래 서 있던 사람들부터 오늘날까지 하나님께 나아가는 모든 사람이 살펴보아야 하는 자기 점검의 기준이다. 부족한 사람들은 용서를, 약한 사람들은 주님의 능력을, 실패한 사람들은 새로운 결단을, 교만한 사람들은 낮아짐을, 이로써 하나님께 드리는 예배는 감사와 결단과 사명으로 불타오르게 할 것이다. 하나님은 '우리 자신'을 받으시기를 원한다.

2. 회개가 필요한 때

이스라엘이 가정과 성소에서 신앙고백처럼 암송하는 것은 하나님의 위대한 구원 행동이다. 유리하는 아람 사람이었던 조상을 선택하시고, 애굽 종살이에서 구원해 주셨으며, 가나안 땅을 선물로 주셨다는 것이다(신 26:5-9). 벧엘의 성소에 모여든 사람들은 과거의 선택과 은혜만 강조하는 신학과 신앙에 안심하고 있었을 것이지만 그것은 착각이었다. 아모스는 실상을 말한다. 이스라엘의 역사는 하나님이 이끄시는 구원의 역사가 아니라 징벌의 역사라는 것이다.

아모스의 신학은 은혜를 부정하는 반신학이 아니다. 하나님의 무한한 사랑에 흠을 내는 부정의 신학도 아니다. 자기만족의 신앙인들에게 오랫동안 잊혀져온 바른 신학이다. 악을 범하며 사는 사람들이 성소에 가서 해야 할 것은 복을 비는 기도가 아니다. 오직 회개("돌아감")가 필요하다. 이스라엘은 하나님에게로 돌아가지 않았다. 그들이나 우리나 온 민족이 하나님께 돌아가는 회개의 계절이 와야 한다.

V.

성문에서 공의를

(5:1-27)

앞 장에서 아모스는 이스라엘의 범죄의 심각성과 그것을 깨닫게 하기 위해서 일하신 하나님의 역사에 대해서 선포했다. 5장에서도 이스라엘의 문제는 지적된다. 종교의 타락과 법정의 부패가 지적의 대상이다. 바른 사회를 만들기 위해 필수적으로 청백해야 하는 두 곳이 오히려 악의 근원으로 멸망의 원인이 된다.

1. 성문에서 공의를(5:1-17)

이 부분은 애가로 시작해서 애가로 끝난다. 아모스는 사는 방법을 간절히 호소한다. 그러나 이스라엘은 자신의 삶을 바꾸지 않는다. 아모스는 그들의 죄악을 비난하는 동시에 제대로 피지도 못한 채 피를 쏟고 죽어 버려진 청년(처녀) 이스라엘, 시체들로 가득한 적막한 땅, 불타는 건물들, 골목마다 거리마다 들려오는 흐느낌으로 그 참혹한 모습을 그림처럼 묘사하며 선포한다. 5:1-17은 교차 형식으로 이루어져 있다.

a 애가(1-3절)
b 여호와를 찾으라 그리하면 살리라(4-6절)
c 악인들에 대한 비난(7절)
d 영광송(8-9절)
c´ 악인들에 대한 비난(10-13절)
b´ 선을 구하고 악을 구하지 말라(14-15절)
a´ 애곡(16-17절)[135]

가. 애가: 참혹한 죽음(5:1-3)

1-3절에서 이스라엘의 죽음이 그림처럼 생생하게 묘사된다. 한 사람이 시신을 앞에 두고 울고 있다. 그는 예언자 아모스다. 하나님의 백성 이스라엘의 죽음을 보고 목 놓아 우는 것이다.

135) J. de Waard, "The Chiastic Structure of Amos V, 1-17," *VT* 27 (1977), 170-177. Lust는 4:1부터 6:7까지를 교차구조로 본다. J. Lust, *Remarks on the Redaction of Amos V, 4-6, 14-15*, OTS 21, 129-154.

[5:1] 이스라엘 족속아 내가 너희에게 대하여 애가로 지은 이 말을 들으라
[2] 처녀 이스라엘이 엎드러졌음이여 다시 일어나지 못하리로다 자기 땅에 던지움이여 일으킬 자 없으리로다
[3] 주 여호와께서 이와 같이 말씀하시되 이스라엘 중에서 천 명이 행군해 나가던 성읍에는 백 명만 남고 백 명이 행군해 나가던 성읍에는 열 명만 남으리라 하셨느니라

5장은 3장과 4장에서처럼 〈쉬므우〉שִׁמְעוּ("들으라")는 선포 공
5:1 식으로 시작한다. 청중이 들어야 할 중요한 사실을 알려주겠으니 관심을 집중하라는 뜻이다. 히브리어 문장은 "들으라 내가 너희에게 들어 올리는 이 말씀을"으로 시작한다. 마치 긴급 상황이 발생했음을 알리는 국가의 대변인처럼, 길에서 우연히 강도 만난 사람을 발견하고 소리치며 뛰어 나오는 여행자처럼, 숨겨진 일들을 알아내고 외치며 다니는 전달자처럼 아모스는 자신이 알아낸 중요한 사건을 발표한다. 최근에 또 무슨 일이, 무슨 사고가, 무슨 혼란스런 일이 일어난 것인지 아모스 이 사람이 또 무슨 이야기를 하려고 하는지 청중들은 궁금했을 것이다.

아모스는 이어 〈키나 베트 이스라엘〉קִינָה בֵּית יִשְׂרָאֵל(장송곡[애가], 이스라엘 집이여!)이라고 말한다. 〈키나〉קִינָה는 애도 의식을 할 때 부른 애가나 통곡이다. 예언자들은 임박한 죽음이나 파괴를 예언하는 경우에 〈키나〉를 불렀다(렘 7:29; 겔 2:10). 〈키나〉는 장례 예식에서 중요한 부분을 차지했는데, 친척들(창 32:2), 친구들과 참석자들(삼상 28:3), 가끔은 전문 대곡인(代哭人, 대하 35:25; 암 5:16)들에 의해 이루어졌다. 장례 의식에는 죽은 자가 있고, 애곡하는 사람이 있으며,[136] 남은 가족들을 위로하는 예

식 참석자들이 있기 마련이다(렘 7:29; 9:9[10]; 겔 19:1; 26:17; 27:2, 32; 28:12; 32:2 참조). 그런데 1절에는 애곡하는 아모스와 모인 이스라엘만 나타난다.

〈키나〉(애가)라니? 누가 죽었는가? 왜 아모스가 애곡하는가? 궁금해 하는 사람들에게 아모스는 선포한다. 아모스의 선포가 진행되는 그 현장의 사람들, 즉 '하나님과 싸워 이긴 자'라는 '이스라엘' 가문이 죽었다는 것이다.

5:2 애곡의 노래는 짧다.137) 그래서 기억하기 쉬운 노래였다. 그러나 그 노래는 받아들이기 어려운 노래였다. 당시 이스라

---

136) 애곡은 매장과 함께 중요한 장례 의식이었다. 애곡에 참여하는 자들은 특정인의 죽음을 슬퍼하는 사람들과 그 가족들이다. 애곡은 임종 후 시신 앞에서(창 23:2), 무덤에 가는 도중에, 매장 후에도 계속되었다. 7일간 애곡하는 것이 일반적이나, 그보다 오랫동안 하는 경우도 있었다. 모세와 아론의 경우는 30일(민 20:29; 신 34:8), 야곱을 위해서는 70일 동안 계속되었다(창 50:3). 애곡은 하나의 의식이기 때문에 직업적인 대곡군이 있었는데, 초라한 장례식의 경우에도 두 명의 피리 부는 자와 한 명의 대곡군은 있었다. 대곡군들은 소리 내어 울어주고, 소리를 지르고(창 5:10; 렘 6:26, 48:38; 겔 27:31; 암 5:16, 17; 미 1:8, 11), 또한 애가(렘 7:29, 9:9, 16; 겔 19:1, 14 등)를 짓기도 했다. 애가의 내용으로는 주로 세 가지 주제가 포함되는데, 곧 죽은 자에 대한 칭송, 죽은 자에 대한 애통, 가족들에 대한 위로이다("애곡," 『기독교대백과사전』[서울: 교문사, 1983] 참조). 아모스의 애가에는 그것이 애가 형식이라는 것과 곡을 한다는 것 외에는 죽은 자나 가족들에 대한 칭송이나 배려가 없다. 오직 장례식 분위기를 빌어 이스라엘의 죽음을 선포할 뿐이다.

137) 아모스의 애가는 형식과 어조에서 고대 이스라엘인들에게 익숙한 전형적인 장송곡 형식을 띠고 있다. Stuart, *Hosea-Jonah*, 31을 참조하라. 애가는 청각적으로, 시각적으로도 쉽게 구별된다. 한 행을 두 반행으로 나누어 볼 때 앞 반행은 세 박자로, 다음 반행은 두 박자(〈키나〉보격)로 이루어진다. 후 반행에서 한 박자의 생략은 목이 메어 마지막 말(단어)을 잇지 못하는 울음의 상황을 반영하는 것이라고 할 수 있다.

엘은 정말 처녀와 같이 젊고 화려했기 때문이다. “처녀 이스라엘”은 아직도 꽃다운 청년 시절,[138] 곧 힘과 미가 함께하는, 생동감이 넘치는 경제력, 정치력, 군사력이 있는 시대를 말하는 것이다.

실제로 여로보암 2세 시대는 안정과 번영과 풍부와 호화로움의 시대였다. 최고급 포도주가 생산되고, 유럽과 아시아 지역으로 팔려나가는 올리브기름이 흘러넘치는 시대였으며, 저택이 즐비하고, 기쁨과 확신의 축제들이 신앙의 이름으로 거행되던 시기였다. 세상 형편이 이런데도, 아모스가 검은 상복(한 상상으로)을 입고 나타나 처녀의 죽음을 슬퍼하는 애곡을 하고 있다. 충격적인 연출이다. 아름다운 처녀 이스라엘을 앞에 두고 아모스는 유혈이 낭자하여 땅 위에 버려져 있는 한 처녀를 생각하며 통곡하는 것이다. “엎드려졌음”〈나팔〉נָפַל은 자주 죽음을 뜻하며(참고. 사울과 요나단: 삼하 1:19, 25, 27; 아브넬: 삼하 2:34), “던지움”〈나타쉬〉נָטַשׁ은 버려짐을 뜻한다.

“일어나지 못하다”와 “일으킬 자” 없다는 말은 두 가지 가능성을 내포한다. 먼저 이 표현들은 심한 부상을 입고 쓰러져 있는 사람을 생각나게 한다. 전투가 끝나면 산 사람을 찾아내고 부상자를 일으켜 후송하게 되는데, 모든 군인이 다 전사했기 때문에 혹시 누군가 생명이 붙어 있는 경우라도 아무도 도와주지 못하는 상황을 아모스는 예언한 것이다. 다른 가능성은 “일으킬 자”를 주변의 강대국으로 보는 것이다. 이스라엘이 의존하는 강대국들이 이스라엘이 망하는 날 아무런 도움이 되지 못한다는 것을 의미할 수 있다.

“자기 땅에 던지움”에서 “자기 땅”은 이스라엘의 땅을 향한 역사를 생각나게 한다. 땅의 소유는 출애굽과 가나안 정복과 사사 시대

138) 하필이면 “이스라엘을 처녀라고 했는가?”라고 질문하는 사람이 있을 수 있다. 도시를 여성으로 받는 것은 고대 근동 사회에서 흔히 볼 수 있는 현상이다. 그러므로 현대식으로 말하자면 남녀를 다 포함하는 청년으로 보면 될 것이다.

의 주제이다. 이스라엘의 초기 역사는 땅을 얻기 위한 투쟁의 역사였다. 그런데 그 땅을 잃는 것이 아니라 선물로 주어진 그 땅에서 살해당한다는 것이다. 또한 "자기 땅"은 이스라엘 권력자들의 땅에 대한 욕심을 생각하게 한다. 그들은 미가와 이사야가 비난한 것처럼 권력을 남용하여 "자기 땅"을 넓혀갔다.

> 가옥에 가옥을 이으며 전토에 전토를 더하여 빈 틈이 없도록 하고 이 땅 가운데서 홀로 거주하려 하는 그들은 화 있을진저(사 5:8)

> [1]그들이 침상에서 악을 꾀하며 악을 꾸미고 날이 밝으면 그 손에 힘이 있으므로 그것을 행하는 자는 화 있을진저 [2]밭들을 탐하여 빼앗고 집들을 탐하여 차지하니 그들이 남자와 그의 집과 사람과 그의 산업을 강탈하도다(미 2:1-2)

이들은 "자기 땅"을 확보했지만 그 땅을 소유할 수는 없다. 그들의 행위의 결과로 자신들이 그 땅에서 생명을 잃을 것이기 때문이다. 그러나 이런 현실에 맞지 않는 아모스의 선포를 누가 귀담아 듣겠는가? 죽긴 누가 죽었단 말인가? 처녀 이스라엘은 말 그대로 여전히 젊고 아름답지 않은가? 군대는 강하고, 영토는 확대되고, 경제는 튼튼하지 않은가? 아모스는 이상한 사람이 아닌가?

아모스는 자신의 애곡이 현실적이며 역사적인 것임을 밝
5:3 힌다. "주 여호와께서 말씀하시되"는 불행하게도 비뚤어진 아
모스의 말이 아니라 여호와의 말씀임을 확언한다. "천", "백", "열"은 이스라엘 군대 편성을 배경으로 하고 있다(삼상 10:19, 17:18, 18:13; 22:7, 삼하 18:1). 이스라엘의 '대가족'〈미쉬파하〉מִשְׁפָּחָה은 군사적 분담으로 일천 명으로 이루어진 분견대를 준비해야 한다(삼상 10:19, 21). 그리고 그 부대는 백으로 세분화된다(삼상 22:7; 삼하 18:1, 4).[139]

2절에서 말한 처녀의 죽음이 무엇을 뜻하는지 명백히 밝혀진다. 그것은 무력을 근거로 권력을 유지하던 계층의 몰락, 전쟁에서의 패배로 말미암은 이스라엘 백성들의 멸절이다. 여호와의 명령과 규례를 멸시하는 이스라엘이 처할 운명에 대하여는 레위기 26:17, 37; 신명기 28:25, 62에 나타나 있다.

실로 이스라엘은 아모스와 동 시대인 여로보암 2세의 번영 시대를 지나, 계속적인 쿠데타로 정치적 혼란을 겪은 후에 722년 살만에셀(V)에게 망하였고, 720년 사르곤에 의해서 앗수르의 한 지방으로 편입되었다. 그러므로 아모스의 애가는 '괴롭힘의 노래'가 아니라 실제로 일어날 일에 대한 '슬픔의 노래'이다. 아모스는 하나님의 말씀의 대언자로서 백성들의 죽음을 슬퍼하는 통곡으로 자신의 마음을 보인다.

나. 살 길이 있는데(5:4-6)

하나님은 아모스를 통하여 살 길을 제시한다.

[5:4] 여호와께서 이스라엘 족속에게 이와 같이 말씀하시기를 너희는 나를 찾으라 그리하면 살리라

[5] 벧엘을 찾지 말며 길갈로 들어가지 말며 브엘세바로도 나아가지 말라 길갈은 반드시 사로잡히겠고 벧엘은 비참하게 될 것임이라 하셨나니

[6] 너희는 여호와를 찾으라 그리하면 살리라 그렇지 않으면 그가 불같이 요셉의 집에 임하여 멸하시리니 벧엘에서 그 불들을 끌 자가 없으리라

139) Wolff, *Joel and Amos*, 237a.

"나를 찾으라 그리하면 살리라"는 이스라엘 백성들에게 익
5:4 숙한 말씀이다. 이 말씀은 제사장들의 설교와 가르침의 핵심
이며 예언자들의 강령이기도 하다. 그러나 아모스가 같은 표
현으로 말하지만 뜻하는 바는 당시 종교 지도자들의 것과 완전히 다
르다. 특히 제사장들은 성소에 나오는 것이 여호와를 찾는 것이라고
가르치고, 그것이 살 길이라고 말했다. 그것은 많이 틀린 이야기가
아니다. 이스라엘은 여호와를 만나러 성소로 나아가고, 그곳에서 기
도하며 여호와를 찾고, 여호와의 말씀에 순종하여 절기를 지키고 있
지 않는가?

그러나 하나님은 그 내면을 보신다. 죄악을 행하면서도 하나님의 도움마저 구하는 것은 신앙이 아니다. 여호와 하나님은 인격을 가진 거룩한 분이시기 때문이다. 옛 예언자 사무엘로부터 아모스와 거의 같은 시대에 활동한 미가에 이르기까지 하나님이 원하시는 것은 하나님의 말씀에 대한 순종과 이웃에 대한 올바른 태도라고 한다.

> [22]사무엘이 이르되 여호와께서 번제와 다른 제사를 그의 목소리를 청종하는 것을 좋아하심 같이 좋아하시겠나이까 순종이 제사보다 낫고 듣는 것이 숫양의 기름보다 나으니 [23]이는 거역하는 것은 점치는 죄와 같고 완고한 것은 사신 우상에게 절하는 죄와 같음이라 왕이 여호와의 말씀을 버렸으므로 여호와께서도 왕을 버려 왕이 되지 못하게 하셨나이다 하니(삼상 15:22-23)

> [6]내가 무엇을 가지고 여호와 앞에 나아가며 높으신 하나님께 경배할까 내가 번제물로 일 년 된 송아지를 가지고 그 앞에 나아갈까 [7]여호와께서 천천의 숫양이나 만만의 강물 같은 기름을 기뻐하실까 내 허물을 위하여 내 맏아들을, 내 영혼의 죄로 말미암아 내 몸의 열매를 드릴까 [8]사람아 주께서 선한 것이 무엇임을 네게 보이셨나니 여호와께서 네게 구하시는 것은 오직 정의를 행하며 인자를 사랑하며 겸손하게 네 하나님과 함께 행하는 것이 아니냐(미 6:6-8)

이 당시의 타락한 제사장들은 성소를 찾는 것이 여호와를 찾는 것이라고 자신도 믿고 백성들도 믿게 만들었다. 그러나 그것은 오해요, 거짓말이다.

5:5 벧엘과 길갈, 브엘세바 세 곳 모두 이스라엘의 과거의 구원 경험과 연관된 중요한 장소이다. 벧엘은 이미 여러 번 언급되었다. 벧엘은 절망한 야곱에게 하늘이 열린 곳이며(창 28:19), 북왕국의 중앙 성소였다(왕상 12:26-33). 그러나 지금 벧엘은 호화로운 예배만 있을 뿐 하나님을 배반한 반역자들이 모이는 센터에 불과하다. 하나님을 추구하는 집은 기득권 유지와 불의를 정당화하는 장소로 바뀌고 말았다. 그러므로 이제 그곳은 벧엘이 아니라 〈벧아웬〉("불법의 집", "허무의 집")인 것이다(호 4:15, 5:8, 10:5).

길갈은 약속의 땅에 들어가 처음 진을 친 곳으로 새 세대들에게 할례를 베풀고 노예 생활에서 벗어난 것을 기념하는 돌무더기를 세운 곳이다(수 4:1-24). 그러나 이제 길갈은 '끌끌' 혀 차는 소리에, '낄낄' 비웃음의 대상이 된다. "길갈은 반드시 사로잡히겠고"의 히브리어 발음 〈하낄깔 깔로 이글레〉에서 그 소리가 들린다.

브엘세바는 조상 아브라함, 이삭, 야곱과 관련된 곳으로서(창 22:29; 26:23; 46:1-5) 복과 번성을 약속 받은 장소이다. 비록 남쪽에 있긴 하지만 엘리야의 행로(왕상 19:3-4)와 사무엘 아들들의 활동(삼상 8:2)에서 보듯, 브엘세바는 북왕국 사람들의 전통적인 순례지 중의 하나였을 것이다. 아모스는 드고아 출신이며 순례자들은 브엘세바에 가기 위해 드고아를 지나야 했으므로 그는 북왕국 사람들의 브엘세바 순례를 잘 알고 있었을 것이다.

이 세 장소는 이스라엘 사람들의 신앙적 열심을 말해 준다. "이스라엘(야곱을 통한)"의 시작인 벧엘을 찾고, 새로운 백성이 되는 할례의 장소인 길갈을 기념하며, 열심을 더하여 남왕국 깊숙한 곳에 있는 브엘세바까지 찾으니 어찌 그들이 여호와를 찾고 있지 않다고 말할 수 있겠는가? 대규모의 제물, 먼 곳을 마다하지 않는 순례, 이것이 어찌 신앙이 아닌가? 그러나 이 가장 유명하고 번잡한 세 성소는 자기만족과 성취가 신앙인 양 오도한 곳이 되고 말았다. 종교 엘리트들은 윤리 없는 종교적 풍요를 강조하고, 예배자들은 열심과 헌물을 통해 자신들의 양심을 마비시켰다. 열심 있는 신자들이 여전히 불의한 삶을 살고 있다면 그것은 성소의 타락에 일차적인 원인이 있을 것이다.[140]

5:6 성소를 찾는 것과 여호와를 찾는 것을 구별해야 한다. 왜 벧엘이 무용한가? 왜 예배와 열심이 헛것인가? 그 이유는 벧엘 종사자들도 예배자들도 주님이 원하시는 삶을 살 마음이 없었기 때문이다. "요셉의 집"은 그의 아들 에브라임과 므낫세를 말하며, 여기서는 북왕국 전체를 대표한다. "불같이 임하여" 그들을 태워버리는 분이 여호와 하나님이시므로 아무도 그 불을 끌 수 없다.

---

140) 농경 사회에서 만연했던 정치 엘리트, 종교 엘리트, 상인들 사이에 있던 상호 협조와 그로 말미암은 정의의 포기, 약자 착취, 뇌물 공여, 기복의 폐해, 종교의 타락 등에 대해서는 Gerhard Lenski, *Power and Privilege: A Theory of Social Stratification* (New York: McGraw-Hill Book Company, 1966), 243-266을 보라. 한 예로서 종교인들의 위치를 대변할 수 있는 호화로운 종교 건물에 거하는 것은 지배자들이나 성공한 상인의 도움으로만 가능했다. 그러다 보니 제사장들은 신을 위하고, 신의 대변자가 되기보다는 지배자들을 위하고 그들의 대변자가 되어, 자신들의 위치를 보존하려는 삶을 택하기 쉬웠다. 벧엘 역시 하나님을 추구하는 집이 아니라 왕조의 정당성을 옹호하는 장소로 오용되고, 행위 없을지라도 물질-권력적으로 성공한 신앙이 강조되고, 약자의 현실에 대해서 무감각하고 무감각하게 만드는 장소가 되어버린 것이다. 성서 전반에 흐르는 한 사상은 하나님은 약자의 삶을 돌아보시고, 악한 권력을 심판하시며, 바르게 사는 사람들을 찾는 분이라고 한다.

다. 여호와를 바로 알라(5:7-9)

[5:7] 정의를 쓴 쑥으로 바꾸며 공의를 땅에 던지는 자들아
[8] 묘성과 삼성을 만드시며 사망의 그늘을 아침으로 바꾸시고 낮을 어두운 밤으로 바꾸시며 바닷물을 불러 지면에 쏟으시는 이를 찾으라 그의 이름은 여호와시니라
[9] 그가 강한 자에게 갑자기 패망이 이르게 하신즉 그 패망이 산성에 미치느니라

예배자들이든, 종교 지도자들이든 직책도 있고 신분도 있
5:7 을 것이다. 또한 그들은 자신들의 열심과 기여로 말미암아 특
별한 명칭으로 불렸을 수도 있다. 그러나 그들의 정체는 한마디로 "정의를 쓴 쑥으로 바꾸며 공의를 던지는 자들"에 불과하다. 그것이 바로 벧엘에 가지 말아야 하는 이유이고, 요셉의 집에 불이 내리는 이유이다. 지도층 사람들은 여호와를 부르면서도 힘없는 자들을 착취하고, 약자들은 최소한의 법적 보호도 받지 못한 채 억울하게 무너져 가는 그런 사회, 또 그런 사회를 용인하고 정당화하고, 심지어는 양산해 내는 성소들, 이런 것들이 불 심판을 받게 하는 요인이고 그 심판의 대상이 된다.

"정의"〈미쉬파트〉מִשְׁפָּט는 일차적으로는 법률적 의미를 가진다. 법의 준수, 법정에서의 공정성, 사회 정의가 여기에 속한다. 법이 존재하는 이유 중 하나가 억울하게 취급되는 사람들을 보호하는 것이다. 사막과 광야 생활을 잘 아는 이스라엘인들에게 물이 얼마나 귀한가? 법이란 바로 목마른 사람에게 필요한 생수 같은 것이다. 그런데 지도자들은 서로 결탁하고 공조하여, 억울하고 호소할 데 없어 목말라 찾아온 이들에게 정의의 물 대신 "쑥"을[141] 마시게 했다.

"쑥"으로 번역된 〈라아나〉לַעֲנָה는 깃털 모양의 잎사귀를 가진 약 1.2m 정도 높이의 관목으로 향이 짙으며 쓴 맛을 가지고 있다. 그 맛 때문에 쓰라림과 슬픔, 죄, 독 등을 표현하는데 사용된다. 여기서 "쑥"은 쓰라린 삶, 혹은 독즙과 같은 의미로, 곧 그들의 법정에서 주어지는 "정의"는 시원한 생수가 아니라 생을 파괴하는 독즙이라는 것이다.

"공의"〈츠다카〉צְדָקָה는 인간 관계에서 보여야 하는 적합한 태도를 뜻한다. 예를 들어, 가난한 이웃을 돕지 않는 것은 "정의"〈미쉬파트〉에 어긋난 것은 아니지만 〈츠다카〉의 실행에는 어긋난다. 실제적 사용에서 "정의"와 "공의"는 자주 함께 사용되며 교차 사용되기도 한다. "던지는"〈힌니후〉הִנִּיחוּ은 법 엘리트들이 정의를 땅 바닥에 버리고, 땅에 처박고, 또는 정의를 땅 바닥 수준으로 만들었다는 뜻으로 해석될 수 있다. 자신들의 이익을 위하여 변덕과 이중 잣대로 공법을 버리는 자들 앞에서 아모스는 법관 중의 법관이시며, 가장 의로운 〈미쉬파트〉와 〈츠다카〉를 펴시는 분을 찬양한다.

5:8-9 8-9절은 창조주로서의 여호와를 찬양하는 영광송이다.142) "묘성"〈키마〉כִּימָה(Pleiades)은 황소 자리에 있는 일곱 개의 별이며, "삼성"〈크실〉כְּסִיל은 오리온(Orion) 성좌를 일컫는다. 이 별

---

141) King, *Amos, Hosea, Micah*, 124; Wolff, *Joel and Amos*, 246a.

142) 아모스서에는 영광송이 세 번 나온다(4:13; 5:8-9; 9:5-6). 각각 문학적 단락의 마감부에 위치하며 역사를 통한 여호와의 권능을 강조한다. 그분이 자유롭게 선택하는 분이라면, 그분은 이전에 이스라엘을 위해 행하신 것을 이스라엘을 벌하기 위해 행하실 수 있다(*ABD* I, 208b). 많은 학자들이 영광송과 아모스 신탁의 관계에 대하여 말하면서 영광송을 후대의 첨가로 생각하지만, 문학적 구조에서 볼 때 영광송을 2차적인 것으로 보기 어렵다. 그러므로 영광송은 처음부터 함께 있던 것이거나, 아니면 영광송과 구조 모두가 후대의 것이라고 말해야 할 것이다. 구조와 담화 모두가 원래적인 것이라는 Willoughby의 판단(*ABD* I, 208b)은 설득력이 있다.

들은 아모스가 고향에서 보던 많은 별 중의 일부일 것이다. 왜 이 두 성좌가 언급되었는지는 확실치 않다. 이 별들은 각각 겨울과 여름을 대표하는 별이므로, 계절을 변화시키는 여호와 하나님의 능력을 강조하기 위해서 언급되었을 것이다.

드고아의 밤하늘을 아름답게 수놓은 묘성과 삼성을 보며, 새 아침의 상쾌함에 깨어나고("아침으로 바꾸시고"), 밤의 휴식에 감사하며("어두운 밤으로 바꾸시고") 살던 아모스는 선한 것들을 악으로 바꾸어 놓은 권력자들에게 여호와 하나님이 권세자이시며, 일들을 바꾸시는 분임을 선포한다.

여호와는 높은 곳보다 더 높은 곳에 있는 묘성과 삼성을 친히 만드신 천지의 통치자이시다. 하나님은 천체를 주관하며 밤낮도 바꾸시는 분이므로 약한 자를 세워주시고 강한 자의 성공을 흑암으로 쉽게 바꾸실 수 있다. 비도 주관하시며 곡식도 그분이 맺게 하시므로 그분 앞에서 자신의 부를 자랑하는 것은 헛된 것이다. "너희가 정의를 땅에 던진다면 하나님은 먼 곳의 바닷물을 하늘에 불러 올려 너희에게 던지시는 분이다. 그 위대한 분, 그 높은 분이 여호와이시니 그분을 찾으면 심판이 변하여 복이 되게 하실 것"이라고 아모스는 선포한다.

여호와 하나님은 그 능력으로 강한 자를 찾으시고 그들을 멸망시키신다. "패망"으로 번역된 〈쇼드〉שֹׁד는 "폭력", "파괴"를 뜻한다. "산성"으로 번역된 〈미브차르〉מִבְצָר는 주로 요새화된 도시나 성을 말한다. 정의를 왜곡하고 약한 사람들에게 법적, 정신적, 경제적, 육체적 폭력을 가한 강한 자들, 그들의 단단한 산성(성곽)보다 더 강하신 여호와의 폭력에 의해 파괴된다. 〈미브차르〉는 단단한 요새인 사마리아 성을 가리키는 것으로 보이지만, 은유적으로 권력자들이 쌓아놓은 난공불락의 부와 권력을 말하는 것일 수 있다. 강한 자들은 누구이며, 왜 패망을 당하게 되는가? 그 죄목들이 하나하나 구체적으로 드러난다.

라. 성문에서 공의를(5:10-17)

[5:10] 무리가 성문에서 책망하는 자를 미워하며 정직히 말하는 자를 싫어하는도다

[11] 너희가 힘없는 자를 밟고 그에게서 밀의 부당한 세를 거두었은즉 너희가 비록 다듬은 돌로 집을 건축하였으나 거기 거주하지 못할 것이요 아름다운 포도원을 가꾸었으나 그 포도주를 마시지 못하리라

[12] 너희의 허물이 많고 죄악이 무거움을 내가 아노라 너희는 의인을 학대하며 뇌물을 받고 성문에서 가난한 자를 억울하게 하는 자로다

[13] 그러므로 이런 때에 지혜자가 잠잠하나니 이는 악한 때임이니라

[14] 너희는 살려면 선을 구하고 악을 구하지 말지어다 만군의 하나님 여호와께서 너희의 말과 같이 너희와 함께 하시리라

[15] 너희는 악을 미워하고 선을 사랑하며 성문에서 정의를 세울지어다 만군의 하나님 여호와께서 혹시 요셉의 남은 자를 불쌍히 여기시리라

[16] 그러므로 주 만군의 하나님 여호와께서 이와 같이 말씀하시기를 사람이 모든 광장에서 울겠고 모든 거리에서 슬프도다 슬프도다 하겠으며 농부를 불러다가 애곡하게 하며 울음꾼을 불러다가 울게 할 것이며

[17] 모든 포도원에서도 울리니 이는 내가 너희 가운데로 지나갈 것임이라 여호와의 말씀이니라

패망의 원인은 먼저 성문에서 법적 문제를 다루는 일과 관
5:10 계가 있다(10–12절). 각 성읍의 성문은 회중이 모이는 장소로서
국가 성립 이전부터와 국가 성립 이후에도 장로들이 민사나

형사에 관한 건들을 다루고 판결했던 곳이다(신 21:18–21; 22:13–21, 23–27; 룻 4:1–11, 욥 5:4; 31:21).

탄원할 것이 있는 사람은 성문에 와서 법적 도움을 청한다. 그러면 장로들로 이루어진 배심원이 구성된다. 사람들이 성 밖의 들에서 자신들의 일을 하고 있는 동안 고소인은 성문에 서서 소리친다. "정의〈미쉬파트〉!", 그러면 정해진 수의 시민들이 배심원 겸 재판관이 되어 제출된 고소 건을 다룬다. 성문에서 법적 문제를 다루는 이유는 고소인이 배심원을 쉽게 만날 수 있고, 또 공개적인 법정이 될 수 있기 때문이다. 심의가 사람들이 오고 가는 성문에서 이루어지기 때문에, 뇌물 공여나 재판의 조작이 감소되는 효과가 있었다.[143] 그러나 이상과는 달리 성문의 법정에서도 불의가 판을 쳤다.

"책망하는 자"〈모키아흐〉מוֹכִיחַ는 장로들로 이루어진 재판관 중 한 사람으로서 판결을 내리는 사람이다(참고. 잠 24:23–25; 사 29:21). "정직히 말하는 자"〈도베르 타밈〉דֹּבֵר תָּמִים는 온전하고 정직하게 말해야 하는 "증인"으로 생각된다.[144]

"무리"(히. 그들)가 누구인지에 따라 10절의 해석은 달라진다. 첫째, "그들"(무리)을 일반 백성으로 보면, 재판관들은 바른 판결을 하지 않고, 정직히 말해야 하는 증인도 거짓을 말하기 때문에 백성들에게서 미움을 받는다는 뜻이 된다. 나봇의 재판에서도 보듯, 힘없는 사람들은 어용 재판관과 거짓 증인들로 말미암아 억울한 일을 당하곤 했다. 그렇기 때문에 이런 일들이 일어나지 않도록 언약의 법은 거짓 증인과 왜곡된 재판에 대해 경고한다(출 23:1–8; 신 16:18–20). 둘째, "그

---

143) Victor H. Matthews and Don C. Benjamin, *Social World of Ancient Israel: 1250-587 BCE* (Peabody, Mass.: Hendrickson Publishers, 1993), 122-123.

144) Paul, *Amos*, 171a.

들"이 다음 절에 나오는 "너희"(권력자들)와 같은 사람이라면, 권력자들이 시시비비를 올바로 가리려고 하는 재판관과 바른 말하는 증인을 미워한다는 뜻이 될 것이다. 이렇게 되면 재판이 제대로 되기 어렵다. 아무도 권력자들로부터 미움을 받고 싶지 않을 것이기 때문이다.

7, 10절에서의 3인칭 복수 "그들"은 여기서 "너희"들로
5:11 지칭된다. 이러한 인칭의 변화는 예언자들의 비난 선포에서
볼 수 있는 형상이다. 더욱이 비난 대상이 일반적인 "그들"에서 아모스 눈앞에 있는 "너희"로 달라지고 있다면 인칭 변화는 당연한 것이다.[145]

권력자들은 그들이 가난한 자를 살펴보고 도와주어야 함에도 불구하고, 오히려 가난한 자를 위에서〈알 달〉עַל דָּל 짓밟았으며,[146] 과중하고 부당한 밀의 세를 부과하여 착취하였다. "밀"은 곡물을 뜻하는 〈바르〉בַּר의 번역인데, 〈바르〉는 곡물에 대해 일반적으로 사용되는 〈다간〉דָּגָן과 달리 '거래용 농산물'을 지칭한다.[147] 히브리어 원문에는 "부당한"이란 형용사 없이, 단지 〈마스아트 바르〉מַשְׂאַת־בַּר를 취한 것

145) 위의 책, 171b.

146) "너희가 … 밟고"의 〈보샤스켐〉בּוֹשַׁסְכֶם은 이곳에서만 나오는 단어이다. 기본형으로 추정되는 〈바샤스〉בשס의 활용어도 구약성경에서 발견되지 않는다. 그러므로 일부 학자들은 〈보샤스〉를 두 동사의 융합형으로 추정한다. '부끄러워하다'를 뜻하는 〈보쉬〉בּוֹשׁ와 '짓밟다'를 뜻하는 〈부스〉בּוּס(사 14:25; 63:6; 시 60:14)의 혼합형으로 보기도 하고, 〈부스〉בּוּס와 "약탈하다"를 뜻하는 〈샤사〉שׁסה의 융합형으로 보기도 한다. 또 어떤 학자는 〈보샤스〉를 '곡식 세금'을 뜻하는 아카드어 *šabāšu*와 동족어로서 *šabāšu*의 자음 순서를 바꾼 자리변환형(metathesized form)으로 본다. 이 견해는 뒤에 나오는 "밀의 세금"과 조화를 이룬다. 자세한 논의를 위해서는 Paul, *Amos*, 172a-173을 보라.

147) Wolff, *Joel and Amos*, 247b.

으로 나온다. 〈마스아트〉는 〈나사〉נָשָׂא(들어 올리다)에서 파생한 곡물 세금에 대한 전문용어인 〈마스에트〉מַשְׂאֵת의 연계형 명사이다(대하 24:6, 9에도 나옴).[148] 권력자들은 소작인들에게서 벌금을 받거나, 아니면 빌려준 곡식에 대해 과중한 세를 받는 것으로 부를 축적했다.

억압과 착취로 취한 이득으로 권력자들은 호화로운 집을 지었다. 일반적인 집을 건축할 때 기초에만 돌을 사용하고, 위는 흙벽돌을 올리고, 흙벽돌 사이는 회반죽으로 메웠다. "다듬은 돌로 지은 집"〈바테 가지트〉בָּתֵּי גָזִית은 징으로 쪼아 돌을 마름질 한 것으로, 틈을 메우기 위한 회반죽이 필요 없을 정도로 정교하게 쌓는 집을 말한다. 이런 기술로 지은 대표적인 예가 주전 9세기에 오므리와 아합이 건축한 사마리아 성이다. 이런 건축 방식은 페니키아에서 수입되었을 것으로 보인다.[149]

권력자들은 아름다운 포도원도 소유했다. 그들이 훌륭한 집에다가 매혹적인 유실수 정원을 갖추고 살았다는 것을 말한다. 그러나 그들이 빼앗을 수 있고 많은 것을 가질 수 있었지만, 그것을 항구적으로 누릴 수는 없었다("마시지 못하리라").

"너희"라고 지칭되는 계층에는 권력자뿐 아니라 장로들,
5:12 혹은 재판관들도 포함된다. 그들 역시 의인, 무죄한 사람을
죄인으로 만들고, 뇌물을 받고는 판결을 왜곡시켰다. 성문에 나와 공의에 호소하는 가난하고 의지할 곳 없는 궁핍한 자를 절망하게 만든 것이다. 권력과 물질을 가진 자는 불의한 자라 할지라도 의

---

148) 〈마스에트〉는 제의적 상황에서 곡물이 바쳐지는 것을 나타내는 전문용어이기도 하다. 자세한 것은 B. Levine, *In the Presence of the Lord: A Study of Cult and Some Cultic Terms in Ancient Israel*, SJLA 5(Leiden: Brill, 1974) 17 n40을 보라.

149) King, *Amos, Hosea, Micah*, 67.

인이 되고, 권력도 물질도 신분도 잃어버린 하나님의 백성은 원통함을 풀기는커녕 오히려 죄인이 되어버렸다.

은밀히 공모된 계획도 남몰래 주고받은 뇌물도 하나님은 아신다. 불의한 일에 대해 말하는 자 없어도, 사람들의 입을 막고 언로를 봉쇄해도, 철저한 보안으로 비밀을 유지해도 하나님을 속일 수는 없다.

"지혜자"〈마스킬〉מַשְׂכִּיל가 잠잠한 것은 이해가 간다. 악한
5:13 시절에 자신의 견해를 밝힌다는 것은 위험한 일이기 때문이
다. 높은 사람들이 듣기 싫어하는 말을 한다면 자신의 삶에
큰 영향을 끼칠 것이다. 직업과 직책과 특권을 잃어버릴 수 있고, 승진길이 막힐 수 있고, 괜히 끌려가서 곤욕을 치룰 수도 있다. 편승하고 묵인하는 것이 안전하다. 때가 악할 경우는 더욱 그렇다. 약점이 있거나하면 더욱 잠잠해질 수밖에 없다. 오직 여호와의 부름을 받은 예언자 아모스가 죄악을 고발하고, 회개를 촉구하고, 하나님의 심판을 선포할 뿐이다.

"너희의 말과 같이 너희와 함께"는 사회 엘리트들의 신앙을
5:14-15 반영하고 있다. 그들은 여호와가 그들과 함께 있다고 말하고,
또 그렇게 믿는다. 자신들의 신분과 지위와 부가 하나님이 함께 하고 있다는 증거가 아닌가? 성소에서 드리는 풍부한 예물과, 정기적으로 지키는 종교 절기가 그들이 하나님과 가깝다는 것을 보여주지 않는가? 그러나 그들은 삶의 변화를 추구해야 한다. 악을 버리고 선을 구해야 하며 성문은 정의를 회복해야 한다. 이것이 여호와 하나님의 마음을 움직이는 유일한 길이다. 그러나 불행하게도 탐욕은 여호와의 말씀에 귀를 닫게 만들고 물질 지향적, 권세 지향적 삶은 아모스의 말을 헛소리로 듣게 만들었다. 그들에 대한 하나님의 경고가 이어진다.

5:16-17 멸망이 이제 이스라엘을 기다리고 있다. 이 두 절은 다른 어떤 구절보다도 권위 있게 선포된다. 아모스의 말이 아니다. 곧 사회 진단을 하고 있는 한 예언자의 말이 아니라 하나님의 말씀이라는 것이다. 다른 곳에서는 "여호와께서 이렇게 말씀하셨다" 〈코 아마르 야훼〉 כֹּה־אָמַר יְהוָה고 간단하게 표현하지만, 여기서는 하나님에 대한 지칭이 삼중적으로 나타난다. "이렇게 말씀하셨다. 여호와, 만군의 하나님, 주께서"〈코 아마르 야훼, 엘로헤 츠바오트, 아도나이〉 כֹּה־אָמַר יְהוָה אֱלֹהֵי צְבָאוֹת אֲדֹנָי. 내용은 이스라엘 온 땅에 울음소리가 넘쳐흐르며, 죽음이 가득하게 된다는 것이다.

아모스의 선포는 다시 1절로 돌아왔다. 1절에서 아모스는 혼자 애가를 불렀다. 그러나 이제 아모스의 입만 아니라 모든 곳에서 애가가 터져 나오게 된다. 광장에서, 거리에서, 농촌에서, 도시에서 터져 나오게 된다. 울음꾼이 모자라 농부라도 불러다가 곡하게 된다. 죽음의 사자가 애굽 온 땅을 지나며 출애굽의 해방을 알렸으나, 여호와께서 이제 이스라엘 백성 가운데로 죽음의 도래를 알리신다.

1-17절의 마지막 단어는 다시 여호와의 말씀이다. 역사를 주관하시고 절대 주권을 가지신 주 여호와의 말씀임을 밝힘으로 아모스의 애가는 끝이 난다.

<묵상>

아모스의 애가는 후회하며 부르는 '회상의 노래'여야 하는가? 불행하게도 이스라엘은 아모스가 부르는 애가를 자신들과는 무관한 것으로 받아들였다. 그래서 결국 그들이 울어야했다. 예루살렘아! 예루살렘아! 우시는 예수님의 모습이 아모스의 애가와 겹쳐진다. 자신에 대한 찬가와 찬하와 자긍의 노래가 아니라 자

신의 모습에 절망하는 자녀들을 하나님은 불쌍히 여기신다.

아모스의 선포는 우리에게 하나님의 집에서 하나님의 이름으로 모이고 하나님께 드려도 하나님 없는 예배가 있을 수 있음을 가르쳐 준다. 이스라엘의 성소가 차고 넘쳐도 그것은 인간의 욕심을 매개로 모이는 사교 모임에 불과했다. 하나님을 믿는다고 하는 지도층 사람들은 하나님의 말씀대로 생활하기는커녕, 오히려 자신들의 부귀 안녕을 위하여 온갖 악을 자행하였다. 공의에 목말라하는 약자들에게 독즙을 마시게 했으며(공법을 인진으로 변하여), 높은 이자로 가난한 사람의 삶을 파괴했다. 착취를 눈감아주는 대가로 뇌물을 받고, 힘 있는 자와의 교분을 위해 약자를 희생시켰다. 바른 말하는 사람, 바른 재판하는 사람에게는 경고와 증오의 눈길을 보냈다. 그런데도 벧엘을 비롯한 성소들은 악한 자들을 고치지 않았고, 아니 고칠 수 없었고 고치기를 원하지도 않았다. 성소의 사람들도 다르지 않았기 때문이다. 하나님의 뜻이 존중되지 않는 성소가 무슨 의미가 있는가? 그래서 아모스는 벧엘로도, 길갈로도, 브엘세바로도 가지 말라고 선포했다.

우리의 "벧엘"은 정화의 능력을 가져야 한다. 부패의 사슬이 우리나라를 휘어 싸고 있다고들 한다. 뇌물, 상납으로 악명이 높다. 신자, 비신자도 구별되지 않는다. 건축을 하는 사람들은 정직한 공사를 하는지, 상인들은 정당한 방법으로 이윤을 추구하는지, 기업을 하는 사람들은 고용인들을 적합한 방식으로 대하는지, 정치인들은 선을 추구하며 진정 백성을 위해서 일하는지 확신 있게 말하기가 어렵다. 법조인들도 의심을 받기는 마찬가지다. 가장 기초적 법질서인 교통 법규 준수도 마찬가지다. 빨간 신호에도 그냥 가는 사람들이 부지기수다.

신앙과 윤리는 동의어가 아니다. 그러나 신앙은 윤리를 포함한다. 바른 신앙인이라면 바른 삶을 살게 마련이다. 벧엘의 역할이 크다. 많은 지도층 인사, 많은 백성이 교인이기 때문이다. 벧엘에서 본을 보여야 한다. 행함 있는 믿음으로 살고, 가르치는 말씀대로 행하고 여호와 한 분을 찾아야 한다. 교인들은 공의와 자비의 여호와 하나님을 믿는 사람들이니 그분 뜻대로 정직하고 불쌍히 여기는 마음으로 살아야 할 것이다. 순종 없는 예배는 당연히 우상숭배와 자기기만으로 빠지게 되어 있다.

우리는 성서를 통해 예루살렘과 벧엘에서 일어난 일을 보았다. 우리의 성소들은 짐승만 태우고 제물만 태우는 곳 아니라, 탐욕과 죄를 태우는 곳이어야 함을 깨닫게 된다. 예배드리고 나갈 때, 복에 대한 확신 뿐 아니라 새로운 마음과 삶에 대한 결심으로 나가야 한다.

아모스 5:16에 "광장에서 울겠고"라는 말씀이 있다. 두 가지 울음이 우리 앞에 놓여 있다. 이스라엘처럼 회한의 울음을 울 것인가, 아니면 지금 회개의 울음을 울 것인가? 우리에게 여의도 광장(이전의 5.16 광장: 아모스 5:16)은 더 이상 없다. 그러나 전 교회적으로 온 신앙인들이 자신의 행위를 깨닫고, 온 마음을 모아 광장에서 통곡하면 하나님은 우리의 하나님이 될 것이고, 우리는 그분의 사랑 받는 백성이 될 것이다.

2. 비극적 환상: 여호와의 날(5:18-27)

이번 단락은 "화 있을진저"〈호이〉הוי로 시작하는 심판 선고다. 이 단어 뒤에 심판의 대상이 누구인지, 왜 화를 당하게 되는지, 그 화의 내용이 무엇인지 진술된다. 화를 당하는 사람은 예상 외로 여호와의 날을 사모하는 사람들이며, 열심히 제사를 드리는 자들이다. 그들은 여호와의 날에 원수들이 패배를 당할 것이라고 믿는다. 그러나 아이러니컬하게도 여호와께서 임하시는 날, 그들 자신이 심판의 대상이 된다.

아모스는 이스라엘 종교 생활에서 중요한 신학적 확신인 여호와의 날과, 이스라엘 백성의 기본적인 제도 중의 하나인 제사 문제를 다룬다. 여호와의 날은 여호와의 나타나심과 함께 주어지는 이스라엘의 '최종적' 승리의 날이며, 제사 제도는 이스라엘 국가 '초기'부터 실행된 신앙의 한 핵심 요소다. 아모스는 이스라엘의 착각을 지적하며 여호와 말씀을 선포한다.

본문의 구조는 선포의 핵심이 무엇인지 밝혀준다. 18-20절은 '여호와의 날'을 언급하며 27절은 '만군의 여호와'를 언급한다. 후자를 '전쟁하시는 여호와'(거룩한 전쟁) 개념에서 본다면 18-20절의 '여호와의 날'과 평행하는 것으로 볼 수 있다. 18-20절에서, 여호와의 날이 빛이 없고 어두운 날이며, 그 날을 기다리는 사람들에게 화가 임할 것이라고 선포하는데, 27절에서 화 있음의 구체적 표현인 전쟁에서의 패배를 뜻하는 적국으로의 이송이 언급된다. 21-23절은 25-26절과 비교된다. 두 부분 모두 제사와 관련되어 있다. 앞부분에서는 이스라엘의 절기와 제사에 대한 여호와의 거부가, 뒷부분에서는 이스라엘이 드렸던 제사의 실상이 드러나는데, 그것이 곧 우상숭배였다고 지적된다. 24절은 한 가운데 위치한다. 그것은 "정의를 물같이 공의를 하수같이"이다.

18-20절: 여호와의 날: 어두움/죽는 날

21-23절: 제사의 거부

24절: 정의와 공의가 넘치도록

25-26절: 제사의 고대성 주장, 실상은 우상숭배

27절: 여호와 승리와 이스라엘의 패배

가. 여호와의 날을 기다리는 사람들(5:18-20)

[5:18] 화 있을진저 여호와의 날을 사모하는 자여 너희가 어찌하
여 여호와의 날을 사모하느냐 그 날은 어둠이요 빛이 아니라
[19] 마치 사람이 사자를 피하다가 곰을 만나거나 혹은 집에 들
어가서 손을 벽에 대었다가 뱀에게 물림 같도다
[20] 여호와의 날은 빛 없는 어둠이 아니며 빛남 없는 캄캄함이
아니냐

5:18 "여호와의 날"〈욤 야훼〉יְהוָה יוֹם은 이스라엘 신앙의 중심적인 주제 중 하나이다.[150] 아모스는 그 중심 주제를 가지고 청중 앞에서 선포하고 있다. 아모스의 비난을 받는 청중은 여호와의 날이 어떤 날이라고 생각하고 있었을까? 제사장들은 성소에서 여호와의 날을 어떤 날이라고 가르쳤을까? 여호와의 날 사상이 언제, 어디서 시작되었으며 그날이 아모스의 청중에게 무엇을 뜻했는가에 대해서 다양한 의견이 있다. 아마 여호와의 날은 이스라엘 초기 역사의 '거룩한 전쟁' 사상에 근거를 둔 사상으로 적군을 패배시킨 여호와 승리의 날로 받아들여졌을 것이다.[151]

---

150) "여호와의 날"이라는 표현은 예언자들의 글에서만 나온다. 이사야 2:12; 13:6, 9; 22:5; 34:8; 예레미야 46:10; 에스겔 7:19; 13:5; 30:3; 요엘 1:15; 2:1l; 2:31; 3:14; 오바댜 15; 스바냐 1:7; 14-18; 스가랴 14:1; 말라기 4:5; 예레미야애가 2:22.

151) Mays, *Amos*, 104. 그 외, 다른 종교의 종말론적이며 신화적인 자료로부터 발전된 것, 원래 신년 축제일로서 이스라엘은 악의 세력에 대한 여호와의 우주적이며 역사적인 승리를 기념한 날, 이스라엘의 독창적 사상으로 하나님이 그 백성들의 삶을 궁극적으로 변화시키시는 미래의 어느 날 등으로 주장된다.

여호와의 날을 언급하는 구절의 내용은 대개 우주적 역사적 암흑과 격랑의 시기에 여호와가 적들을 향하여 일어나 전쟁에 나서며 원수들을 물리친다는 것이다.[152] 이러한 이스라엘의 전통적 사상은 아모스 청중들에게도 살아 있었으며, 그들의 종교적 정치적 신앙의 핵심적인 교리이기도 했다. 즉 이스라엘 백성은 자신들의 과거에 있었던 여호와 하나님의 구원 사건을 기억하면서 미래에 임할 이스라엘의 하나님의 우주적 승리의 날을 대망했을 것이다.

아모스의 여호와의 날에 대한 선포는 매 가을에 열린 ‘여호와의 절일’을 기념하러 벧엘에 모인 청중 앞에서 행해졌을 가능성이 있다.[153] 이 기념일에 회중은 여호와와 과거 구원을 기억하며, 미래의 구원에 대해 확신하고 위로를 받았을 것이다. 그곳에서 열린 대성회, 대제사, 웅장한 음악, 화려한 제의, 축제 등을 보고 회중은 국가의 부흥과 ‘임마누엘’의 안전 보장을 확신했을 것이다.

“사모하는 자”〈미트아윔〉מִתְאַוִּים는 히브리어 동사 〈아와〉אָוָה의 히트파엘 분사형인데, 〈아와〉는 무엇인가를 간절히 바라는 욕구와 관계있다. 예들 들면, 광야 한 장소에서 고기가 먹고 싶다고 울며 불평하며 ‘탐욕을 드러낸 사람들’〈미트아윔〉이 징계되었다(민 11:34). 다윗은 블레셋과의 전투 중에 ‘갈증이 나서’〈이트아웨〉יִתְאַוֶּה 베들레헴에서 물을 길어올 사람을 찾는다(삼하 23:15). ‘탐욕’〈타아와〉תַּאֲוָה은 게으른 자(잠 13:4; 21:25), 사악한 자(잠 11:23; 21:26), 훈육이 없는 자(잠 23:3, 6)가 갖고 있는 특성이다. “여호와의 날을 사모하는 자”라는 표현이 여호와의 날에 대한 탐욕을 가진 자를 뜻한다고 보기는 어렵다. 그렇지만 아모스가 이 표현을 통하여, 그들이 모든 것에 탐심을 가지고 있을 뿐 아니라 여호와의 날에 마저 탐심을 가지고 있다는 것을 지적한 것일 수 있다. 여호와의 날을 “탐하는 자들”은 여호와의 날에 그들의 탐

152) 위의 책.

153) 위의 책.

욕이 완벽하게 성취될 것으로 믿었을 것이다.

"화 있을진저"〈호이〉הוֹי는 사람의 죽음을 애곡하는 우리말 '아이고'에 해당하는 단어다.[154] 아모스는 여호와의 날을 사모하는 열성적인 종교인들 앞에서 앞에 그들의 죽음을 애곡하고 있다. 그렇다면 아모스는 정말 별난 사람인가? 그는 신성모독을 하고 있는가? 아모스는 정통신학을 비웃는가? 아니다.

여호와의 날이 어떤 날인가에 대해서는 아모스의 생각은 청중의 생각과 다르지 않다. 제사장들과 회중의 생각에 여호와의 날은 악인에게는 어두움의 날이요, 여호와를 경외하는 의인에게는 빛의 날이다. 그러나 그들은 자신들을 의인이라 오해했다. 그들은 의인이 아니라 악인이다. 그 날에 악인이 심판받는 것은 당연한 것이 아닌가? 누가 이상한 사람인가? 아모스인가 회중인가? 회중은 아모스를 이상한 사람으로 본다. 자신들에 대한 오해 때문에 아모스가 이상한 사람으로 보이는 것이다. 아모스는 그들을 이상하게 생각한다. 그리하여 "너희가 어찌하여 여호와의 날을 사모하는가"라고 묻는다.[155]

아모스는 여호와의 날이 청중들에게 어떤 날인가를 자신
5:19 이 늘 하던 식으로 시골 사람의 경험으로 다시 설명한다(참고. 3:3–6; 2:13; 3:12; 6:12; 9:9). 이번에는 사자와 곰과 뱀 이야기다.

---

154) 〈호이〉는 애곡의 탄식 소리로서 구약성경에 약 51번 나오며, 50번은 예언서에서, 나머지 한 번은 열왕기상 13:30에 나온다. 대부분 죽음과 심판 상황에서 사용되지만 이사야 55:1에서는 값없이 사러 오라는 초대의 소리로 사용된다.

155) "너희가 어찌하여"לָמָּה־זֶּה לָכֶם(〈람마〉 + 전치사 〈르〉 + 인칭대명사접미어〉)는 '어떤 것이 누군가(너희)에게 무슨 유익이나 손해가 있는가'를 나타내는 표현이다. 〈람마〉와 〈마켑〉으로 연결된 〈제〉('이것')는 '지시사'라기 보다는 〈람마〉를 강조하는 부사로 쓰였다. Wolff, *Joel and Amos*, 255b. 이렇게 보면 본문은 '여호와의 날이 너희에게 실로 무슨 이익이 있느냐?'를 뜻한다.

어떤 사람이 시골 한적한 곳을 가다가 사자를 만났다. 혼비백산하여 젖 먹던 힘을 다하여 달아났다. 사자를 피했다고 한숨을 돌리는 순간 곰을 만난다.156) 으르렁거리며 쫓아오는 곰을 피해 다시 죽을힘을 다해 집으로 뛰었다. 그 곳이야 안전하지 않겠는가?

아모스의 회중들은 이 이야기를 들으며, 자신들이 늘 들어오던 여호와 날의 구원을 생각하고 있었을까? 여호와가 안전한 집이라고 그들은 생각했을 수 있다. 그러나 집 안에 들어와서 안심하며 벽에 기대어 한 숨 돌리는 순간, 뱀이 튀어 올라 그를 물어버린다. 그는 비명과 함께 서서히 죽어간다.

이제 여호와의 날이 어떤 날인지 명백해진다. 그 날은 어두운 날, 생각도 못했던 날이다. 어느 곳에 있어도 안전하지 못하다. 절대로 피할 수 없다. 여호와의 날은 이스라엘이 뱀에게 물려 죽는 날이다. 아모스는 정말 기분 나쁜 이야기를 하고 있다.

"어두워서"〈호쉐크〉חֹשֶׁךְ와 "캄캄하여"〈아펠〉אֹפֶל는 곤란, 고
5:20 통, 불행, 죽음에 대한 비유적 표현이다(〈호쉐크〉: 삼상 2:9; 욥 5:14;
시 35:6; 잠 2:13 사 5:30; 49:9; 〈아펠〉: 시 91:6, 욥 3:6). 아모스는 그날
은 여호와의 흑암, 즉 절망의 날임을 단언한다.

나. 정의를 물같이, 공의를 강같이(5:21-24)

앞 절에서 아모스는 섬뜩한 이야기를 했다. 여호와의 날은 이스라엘을 심판하는 날이라는 것이다. 그렇다면 이스라엘의 제의는 어떻

---

156) 성경에 나오는 곰은 시리아 곰으로서 팔레스타인의 산악 지대의 숲 속에서 산다. 직업이 목자인 아모스는 곰이 얼마나 위험한 짐승인지를 잘 알고 있었다. 호세아도 곰을 비유로 하여 이스라엘에 대한 심판을 선포한다(호 13:7-8).

게 되는가? 절기, 성회, 제사, 찬양 등 이스라엘의 제사장들과 사회 지도층들이 자랑하는 모든 것이 거부된다.

> [5:21] 내가 너희 절기들을 미워하여 멸시하며 너희 성회들을 기뻐하지 아니하나니
> [22] 너희가 내게 번제나 소제를 드릴지라도 내가 받지 아니할 것이요 너희의 살진 희생의 화목제도 내가 돌아보지 아니하리라
> [23] 네 노랫소리를 내 앞에서 그칠지어다 네 비파 소리도 내가 듣지 아니하리라
> [24] 오직 정의를 물 같이, 공의를 마르지 않는 강 같이 흐르게 할지어다

히브리어 문장으로는 가장 강한 단어들이 연속적으로 앞
5:21 자리에 위치한다. "미워하여"〈사내〉שָׂנֵא는 여호와 하나님이 악
인(시 5:6), 폭력을 사랑하는 자(시 11:5), 우상숭배자를 미워하신
다(시 31:7)는 구절에서 사용된다. "멸시하며"〈마아스〉מָאַס는 '경멸'(민 11:20), '버림'(사 41:9)과 '거부'를 뜻한다(삼상 8:7; 10:19; 호 9:17).

하나님이 이스라엘에 대해 그렇게 미워하고 거부하시는 것이 무엇인가? 놀랍게도 그것은 하나님께 드려지는 종교 행위이다. "절기들"〈학김〉חַגִּים과 "성회들"〈아차로트〉עֲצָרֹת은 매년 열리는 세 순례 절기(출 23:15–18; 34:22–25; 신 16:10–16)와 먹고 마시며 예배드리기 위해 모이는 다른 몇 개의 절기(참고. 암 8:5, 호 2:11, 느 10:33)를 말한다.[157] 이러한 절기와 성회들은 여호와께서 명하신 것이며, 이스라엘이 자부심을 가지고 열심히 지켜온 것이다.

---

157) Stuart, *Hosea-Jonah*, 354. "성회"로 번역된 〈아차로트〉 혹은 단수 〈아차라〉는 절기를 지키기 위해 안식일이나 월삭처럼 '일상적인 일로부터 물러나는 시간'을 나타내기도 한다(참고. 사 1:13. 요엘 1:14; 왕하 10:20).

그런데 어찌 하나님의 은혜를 기념하는 절기와 성회가 미움의 대상일 수 있는가? 문제는 절기와 성회가 아니라 그것들을 지키는 사람들에게 있다. 절기를 지키는 자들이 악인이요, 폭력배요, 우상숭배자들이기 때문이다. 하나님은 이런 사람들의 예배를 받지 않으시는 분이다. 이것은 새로운 이야기가 아니다. 이스라엘이 이미 알고 있는 바이다. 그들이 미워하고, 멸시하고, 기뻐하지 않는 말씀이긴 하지만. 여호와를 거슬러 청종치 않으면 성소는 파괴되고 향기로운 향이 거부될 것이라고 분명히 말씀하셨다(레 26:21, 31).

5:22 그렇다면, 엘리트들이 드리는 최상의 제사는 어떠한가? 인정받는 제사장이 집전하고, 유력한 인사들이 참여하며, 최상의 품질과 큰 규모로 드려지는 제사는 어떠한가? 너무도 장엄해서 마치 여호와 하나님 앞에서와 같이 압도적인 그 제사들은 정말 신앙적인 것인가?

세 개의 전통적 핵심 제사인 "번제"〈올로트〉עֹלוֹת(레 1), "소제"〈민호트〉מִנְחוֹת(레 2), "화목죄"〈쉘렘〉שֶׁלֶם(레 3)[158]가 다 거부된다. 이스라엘 백성(지도자)들은 제사를 받을 대상이 없는 제사, 즉 자기 만족 외에는 아무것도 아닌 '행사'를 예배라며 드리고 있다. "받지 아니할 것이요"의 "받다"〈라차〉רָצָה는 희생 제사의 '공식적 열납'을 표현할 경우에 사용되는 용어이다(예. 레 7:18; 22:23, 27; 19:5-7).[159] 여호와는 그들의 제물을 받지 아니할 뿐 아니라 눈도 돌리지 않는다(내가 돌아보지 아니하리라).

158) 우리가 화목제로 이해하는 히브리어 단어 〈쉴라밈〉(여기서는 단수 〈쉘렘〉)의 번역에 대해 다양한 의견이 제시된다. 일반적으로 화목(평화)제, 종결제, 언약제, 또는 축제나 예배가 성공적이었음을 축하하며 식사를 겸하여 드리는 연회(혹은 교제)의 제사로 이해된다. 상세한 논의를 위해서는 G. J. Wenham, *The Book of Leviticus*, NICOT (Grand Rapids: Eerdmans, 1979), 76-77을 보라.

159) Wolff, *Joel and Amos*, 263a.

제사를 드릴 때에 함께 드려지는 '예배용 찬송'(노래)〈쉬르〉
5:23 שִׁיר도 집어치우라고 말씀하신다. 찬송이 아무리 웅장할지라
도, 전문 음악인들이 부르는 고상한 것이라 하더라도 그것은 찬송도, 음악도 아닌 "소리"〈하몬〉הָמוֹן에 불과하다. 〈하몬〉은 전쟁 중이거나 수많은 사람들이 동시에 말하는 경우에 생기는 '소음'을 말한다(참고. 왕상 20:13).

이 예배에는 악기도 동원되었다. "비파"〈네벨〉נֵבֶל는 하프 모양이지만 위 부분에 가죽이나 도기로 만든 울림통을 가지고 있는 현악기다. 이런 현악기로 연주하는 음악이 〈지므라〉זִמְרָה인데, 한글 개역성경에서는 그냥 "소리"라고 번역했다.[160] 하나님은 악기 연주도 듣지 않는다. 그러므로 지금 하나님을 기쁘게 하는 길은 입을 닫거나, 연주를 중지하거나("그칠지어다"), 그분 앞에서 사라지는 것이다.

이스라엘은 제사 규정을 어겼는가? 그렇지 않다. 단지 그들의 예배는 하나님 경외가 없는 형식에 불과했다. 하나님은 사무엘을 통해 말씀하신다.

> [22]여호와께서 번제와 다른 제사를 그 목소리 순종하는 것을 좋아하심 같이 좋아하시겠나이까 순종이 제사보다 낫고 듣는 것이 수양의 기름보다 나으니 [23]이는 거역하는 것은 사술의 죄와 같고 완고한 것은 사신 우상에게 절하는 죄와 같음이라(삼상 15:22-23)

이스라엘의 제사장들과 예배자들이 제사 규정을 어겼을 리도 없고, 열심이 모자라지도 않았을 것이며, 수가 적었다고 볼 수도 없다. 그런데도 하나님은 눈도 돌리지 않고, 향 냄새를 거부하며, 귀를 닫

160) 한글 개역성경 시편의 제목(1절 앞에 나오는 부분)에 있는 "시"(예를 들어 38, 39, 40, 41 등)는 〈미즈모르〉מִזְמוֹר(현악에 맞춘 노래)의 번역이다. 칠십인역은 〈미즈모르〉의 복수형 헬라어 번역 〈프살모이〉ψαλμοί를 시편의 제목으로 사용한다. 〈프살모이〉의 영어형이 psalms이다.

아버렸다. 분명히 아모스의 눈에도 그 절기와 모임과 제사는 굉장한 것들이었다. 그러나 빠진 것이 있었다.

"정의"〈미쉬파트〉מִשְׁפָּט는 '성문 앞(안) 법정'과 관련된다. 그
5:24 러므로 법의 올바른 적용과 정직한 판결은 이스라엘의 지도
자들이 잊어버리지 말아야 할 덕목이다.[161] 정의가 바로 행
사되는 경우에만 사회적 제반 관계가 올바로 유지된다. 정의가 바로 서야만 부패와 억압이 제압되고, 약하고 의로운 사람들이 보호된다. "공의"〈츠다카〉צְדָקָה는 기본적으로 관계의 개념으로서 하나님과의 바른 관계, 계약 백성 간에 가져야 할 올바른 관계를 말한다.

아모스와 다른 예언자들도 제의 자체를 거부하는 '안티-제의 그룹'은 아니다. 그들이 의도하는 바는 행위 없는 제사는 이스라엘 신앙에 있어서 무의미할 뿐 아니라 악한 것이라는 것이다. 시장이나 법정에서의 행위는 성소에서의 태도와 일치해야 한다. 하나님을 사랑한다고 하면서, 약자를 억압하고 거짓 저울을 쓰며, 권력으로 부를 축적하는 것은 언약을 저버린 것이다. 이웃을 착취하고 억압하면서 하나님을 사랑한다고 하는 고백은 '자기기만' 아니면 '인격 분열'에 다름 아니다. 여호와 하나님은 그를 믿는 자들이 약자를 억압하지 않고, 이웃을 불쌍히 여기며, 그 법정은 정의로우며, 지도층마다 자기의 유익을 구치 않고, 불의를 기뻐하지 않는 그런 삶을 살기를 원하신다.

아모스는 정의와 공의가 흐르는 사회를 그려본다. 아모스는 겨울비 후에 콸콸 넘쳐흐르는 고향의 개천들과, 여름 가뭄에도 마름이 없이 꾸준히 흐르는 강을 생각한다. 즐겁게 뛰어노는 아이들의 웃음소리만큼이나 경쾌하게 쏟아지는 물줄기들, 가뭄에도 끊임없이 흐르는 강물, 번영과 풍성한 추수를 가져다주는 젖줄 같은 강, 폭포수처

---

161) King, *Amos, Hosea, Micah*, 89.

럼 시원하게 쏟아지며 굴러 흐르는〈갈랄〉גָּלָל 강물. 아모스는 이처럼 정의와 공의가 온 이스라엘에 넘치기를 소망한다.

다. 사이비 종교: 삶이 없는 제사(5:25-27)

이스라엘의 성소들과 제사장들은 아모스의 제의와 절기 비판에 무엇이라 대답했을까? 본문에는 생략되어 있지만, 아마 아모스와 성소 지도자들 간에 논쟁이 있었을 것이다. 그들은 왜 하나님이 제정하신 제사 제도를 비판하는가라고 비난하면서 아마 제사 제도의 기원이 광야 시대까지 거슬러 올라가는 고대적이고 정통적인 것이라고 변호했을 것이다. 아모스는 그들의 변호에 대해 대답한 것으로 보인다.

> [5:25] 이스라엘 족속아 너희가 사십 년 동안 광야에서 희생과 소제물을 내게 드렸느냐
> [26] 너희가 너희 왕 식굿과 기윤과 너희 우상들과 너희가 너희를 위하여 만든 신들의 별 형상을 지고 가리라
> [27] 내가 너희를 다메섹 밖으로 사로잡혀 가게 하리라 그의 이름이 만군의 하나님이라 불리우는 여호와께서 말씀하셨느니라

5:25 "너희가 사십 년 동안 광야에서 희생과 소제물을 내게 드렸느냐"는 질문은 몇 가지 의미를 내포하는 것으로 생각된다. 먼저 아모스는 '너희의 반박대로 광야 시절에 제사를 드렸다'고 말한다. 이는 그렇다면 왜 출애굽 직후에 주신 십계명을 비롯한 다른 법들에 대해서는 강조하지 않느냐는 뜻을 담고 있다. 즉 사람을 하나님 앞에서 의롭게 만드는 것은 제사만이 아니며, 제사 제도가 있기 전에도, 제사 제도가 실행되고 있을 때에도 하나님과 바른 관계를 맺

고 살 수 있었다는 뜻이다(애굽에서 탈출 후 시내산에서 받은 것은 제사에 관한 명령이 아니었다. 출애굽기 19:5와 20:1-17에는 제의에 관한 언급이 없다).

둘째, "왜 광야 시절에 제사를 드렸다는 것을 말하느냐? 내가 지금 마치 제사 자체를 문제 삼고 있는 것처럼"이라는 뜻일 수 있다. 이는 아모스가 제사 제도 자체를 문제 삼는 것이 아니라 그들의 삶을 문제 삼고 있는데, 제사장들이 제사의 합법성을 주장하기 때문에 반박으로 한 질문일 수 있다.[162)]

162) 많은 학자들이 아모스가 그들에게 "너희가 40년 동안 광야에서 희생과 소제물을 내게 드렸느냐"고 하는 물음은 '아니다'라는 답을 기대하는 수사적인 질문이라고 생각한다. 즉 그들이 광야에서 희생과 소제물을 드리지 않았음을 지적한다는 것이다. 이것이 사실이라면 레위기에 나오는 제사 제도는 언제 만들어져 아모스 이전 세대의 것인 양 재배치되었는가 하는 질문이 생기게 된다.

비평학자들은 이 구절이 레위기를 비롯한 소위 제사장 문서(Priestly Code[P 문서])가 아모스 시대에는 아직 존재하지 않았다는 것을 명백히 보여준다고 결론 내린다. 예레미야 7:22-23도 제사 제도의 후대 제정설을 뒷받침하기 위해 자주 언급된다. "대저 내가 너희 열조를 애굽 땅에서 인도하여 낸 날에 번제나 희생에 대하여 말하지 아니하며 명하지 아니하고 오직 내가 이것으로 그들에게 명하여 이르기를 너희는 내 목소리를 들으라 그리하면 나는 너희 하나님이 되겠고 너희는 내 백성이 되리라 … ."

벨하우젠(Julius Wellhausen)은 예레미야가 "애굽 땅에서 인도하여 낸 날에 번제나 희생에 대하여 말하지 아니하며"라고 했으니 번제나 희생에 대해 말하는 소위 제사장 문서는 예레미야 시대까지는 존재하지 않았어야 논리적으로 맞는다고 주장한다. 즉 예레미야 시대에 제사 제도가 시행되고는 있었으나 그 기원이 출애굽 시대까지 거슬러 올라가는 것은 아니라는 것이다. 그렇다면 출애굽과 연결되어 있는 레위기의 제사법은 언제 제정된 것인가 하는 질문이 또 생긴다. 벨하우젠의 결론은 레위기에 있는 모세의 제사법은 예레미야 이후 시대, 포로기 제사장들에 의해 만들어진 것으로, 그 기원이 모세 시대에 있다는 것을 주장하기 위해 앞 시대로 배치되었다는 것이다.

이 구절들은 그 유명한 그라프-벨하우젠 가설(현재의 오경은 저자가 다른 J, E, D, P

여호와께서 아모스를 통해 말하고자 하는 것은 정의와 공의가 없

라는 네 개의 문서가 합해진 것으로, 문서가 나온 연대 순서는 J-E-D-P라는 학설)의 한 근거가 되는 본문이다. 벨하우젠은 자신의 문서가설을 입증하기 위해 그의 책 『이스라엘 역사서설』(*Prolegomena zur Geschichte Israels*, 1878)에서 다섯 개의 논제(예배 장소, 희생 제사, 절기, 제사장과 레위인, 마지막으로 성직자의 몫)를 다루는데, 이 본문은 그 중 '희생 제사'의 후대성을 입증하기 위해 취급된다. 오늘날 비평적 구약학은 약간의 차이는 있으나 이 가설 위에 서 있다고 해도 과언이 아니다.

그러나 이 본문은 얼마든지 다르게 해석될 여지가 있다. 본문은 아모스나 예레미야 시대의 제사장들이 당연히 신앙인이나 반대자에게 제사 제도가 여호와로 말미암는다는 정당성과 이스라엘의 국가 기원인 출애굽 시대까지 올라가는 고대성을 가르치고 주장할 것이다. 예레미야나 아모스가 동 시대의 제사장들과 제사를 문제 삼으면서 그것이 문제가 많다고 하면 되는데, 난데없이 출애굽과 광야 문제를 들고 나온 것은 제사장들이 두 예언자의 비판에 대해 정당성과 고대성의 근거로서 모세(출애굽, 광야 생활)을 들고 나왔기 때문이었을 것이다.

아모스가 제사 제도를 비판한다면 그 시대의 제사장들은 무엇으로 방어할 것인가? 예레미야가 제사의 무효성을 주장한다면, 그 시대의 제사장들은 무엇으로 자신들의 제사의 정당성을 변호하겠는가? 당연히 제사 제도는 출애굽 시대부터 하나님이 친히 제정한 것이니(40년 동안 광야에서 희생과 소제물을 하나님께 드렸으니), 신성모독적인 발언을 하지 말라고 했을 것이다. 그렇다면 아모스는 무엇이라 반응하겠는가? '너희가 하나님이 주신 것이라고 말하니, 그분이 말씀한 순종과 공법과 정의는 어떻게 되었느냐'고 하지 않겠는가?

아모스가 질문의 형태로 대답한다면, 예레미야는 서술적 형식으로 대답한다. 즉 '너희가 제사 제도의 고대성을 말한다마는 그 때에 하나님이 먼저, 더 기본적으로 "너희는 내 목소리를 들으라"고 말씀하셨다'라고 반박한다고 볼 수 있다. 예레미야서의 "말하지 않았다"는 것도 문자적인 의미에서가 아니라 강조점이 다른 것이었음을 뜻한다. 벨하우젠이 인용한 예레미야 7:22의 다음 절에는 이것이 분명히 나타난다. 7:23의 "나는 너희 하나님이 되겠고 너희는 내 백성이 되리라"는 레위기 26:12의 인용이다. 그러므로 예레미야 7:24은 제사 자체를 문제 삼는 것이 아니라 순종 없는 제사를 비난한다.

아모스와 예레미야는 제사 제도가 출애굽 시대에 제정되지 않아서 무

는 삶은 아무 것도 아니라는 뜻이다.

"식굿"〈사쿳〉סִכּוּת과 "기윤"〈키윤〉כִּיּוּן은 바벨론 자료에서 발
5:26-27 견되는 별의 신〈사쿠트〉와 〈카이완〉을 달리 표기한 것이다(참고. NRSV의 Sakkuth과 Kaiwan). 거짓 신들을 비하하기 위해 '혐오스러운 것'을 뜻하는 *siqquṣ*에 붙어 있는 i와 u 모음을 붙여 식굿과 기윤으로 읽게 되었을 것이다.[163] 혼합 종교의 양상은 남북 왕국에서 흔히 나타난다. 우리의 본문은 아마 친-앗수르 세력이 도입한 우상예배나 혼합예배, 혹은 형식적인 여호와 예배를 말하고 있을 가능성이 있다. 그들은 여호와를 믿는다고 하면서도(제사, 절기, 집회, 여호와의 날), 실상은 세속 권력 앗수르의 정치 경제 관습 윤리를 따라 살고 있었을 것이다.

다메섹은 중요 도로가 통과하는 곳으로서 유럽과 아시아로 가는 교통의 요지다. "다메섹 밖으로 사로잡혀 가게 하리라"는 말씀의 요지는 포로로 잡혀간다는 뜻이다. 여호와의 날이 원수에 대한 승리의 날이라고 믿던 이스라엘은 만군의 여호와의 적이 되어 포로로 잡혀 가게 된다. 이 역시 아모스의 말이 아니라, 여호와의 말씀이다.

<묵상>

제사장들은 자신들의 과거 역사와 교리를 잘 알고 있었다. 여호와의 날이 어떤 날인가? 성소에서의 주장은 옳은 것이었다. 그 날은 여호와가 승리하는 날이요, 악인이 망하는 날이다. 그러나

효라고 주장하는 것이 아니다. 그들이 출애굽 시대를 들먹이는 정당성의 주장에 대해서 문제 삼는 것은 제사 제도보다 먼저 주신 십계명의 명령, 즉 하나님에 대한 순종과 이웃을 향한 삶이 없음이다.

163) Mays, *Amos*, 112.

그들은 자기 자신에 대해서는 잘 몰랐다. 아모스는 말한다. "너희 말대로 너희는 망한다. 너희는 악인이요, 하나님의 원수이기 때문이다."

아모스의 시대는 경제적 번영에도 불구하고, 모세의 언약과는 대조적으로 사회적 불균형이 심화된 시기였다. 사회 경제 엘리트들은 피라미드의 정점에서 온갖 특권과 권력을 독점하며 약자와 빈자들을 착취했다. 사회 정의도 무너져서 약자를 보호하기는커녕, 착취 엘리트들의 동업자가 되었다. 종교도 힘 있는 자의 마음이나 위로했다. 오직 여호와 외에는 심판자를 기대할 수 없는 시대가 되었다. 그러므로 여호와가 임하시는 날은 '정직한 재판'의 날이요, 악인들에게 어두움의 날인 것이다.

여호와께 드려지는 제사는 전통적인 것이다. 그것은 광야 시절부터 허락된 제도다. 그러나 광야 시절에 하나님은 하나님의 백성이 살아야 할 삶의 방식도 함께, 그리고 '먼저' 제시해 주셨다. 이스라엘에게는 그 때 무엇이 있었는가? 그들에게 어떤 호화로운 성소가 있었는가? 그들에게 어떤 정교한 제사 제도가 있었는가? 그들은 드릴만한 어떤 것들을 가지고 있었는가? 그들이 순례할 장소는 어떤 곳이었는가? 그들의 의복은 화려했는가? 그들의 예배는 웅장했는가?

그들은 사실 아무것도 가지고 있지 않았다. 단 한 가지 그들에게 있는 것은 그들을 은혜로 구원한 여호와 한 분이었다. 광야에서 그들은 가난하게 살았어도 하나님 한 분 의지하며, 감사하는 마음으로, 용서받고자 하는 겸손한 태도로 살았다(배반자도 있었지만). 그 때는 첫 사랑의 시절이었다. 이스라엘이 어렸을 때 가져온 것은 희생 제사와 제물이 아니라 하나님을 사랑하는 마음이었다.

이스라엘은 더 귀한 것을 버렸다. 언약을 파기하고 여호와를 멸시한 것이다. 그 언약의 고대성과 여호와 하나님이 친히 제정해

주셨다는 사실에 근거하여 아모스는 종교 지도자들을 정죄한다. 언약은 파기되었다. 제사도 무효이다. 다시 땅 잃은 자가 될 것이다(노예 생활로 역사 되돌아가기).

왜 아모스는 성소에 가서 몇 번이고 공법과 정의를 선포하는가? 종교 장소에서 어째서 정의를? 그것은 법정에서 해야 하는 것 아닌가? 예배 장소에서는 신앙이나 우상숭배에 대해서만 말해야 하는 것 아닌가? 그렇지 않다. 여호와의 날은 종교에만 관계된 것이 아니라 역사와 관련되어 있다. 곧 여호와를 믿는다는 것은 예배 행위를 넘어, 삶 전체와 관련되어 있다. 그러나 이스라엘의 성소에서 제사장들은 언약의 요구 사항인 이러한 삶을 더 이상 선포하거나 가르치지 않았던 것 같다. 재판관들은 성문에서 공법과 정의를 버렸고, 제사장들은 성소에서 공법과 정의 가르치기를 포기했다.

우리나라에는 큰 교회들이 많으니 참으로 감사한 일이다. 그러나 세계에서 가장 깨끗한 삶의 신앙인들이 넘치는 사회가 된다면 얼마나 더 좋을까! 바울이 그렇게도 강조하는 깨끗한 양심, 거짓 없는 믿음(딤전 1:5, 19; 3:1, 9; 딤후 1:3, 5)의 사람들이 '우리 신앙인들'이라면 하나님이 얼마나 기뻐하시겠는가! 주일마다 예배는 이어지는데, 우리 주변에서 일어나는 일들은 우리의 마음을 아프게 한다. 정말 다시 첫 사랑의 시절로 돌아갈 수는 없을까? 오늘 우리에게는 하나님을 사랑하는 훌륭한 교회가 있고 하나님을 사랑하는 수많은 신앙의 지도자들과 신앙인들이 있다. 법정, 정치, 경제, 주식 시장에, 공사 현장과 교육 현장과 도로 위에, 거리거리마다 정의와 공의가 폭포수처럼 풍부하고 세차게 흘러넘치고 마르지 않는 강처럼 이어지기를 소망한다.

VI.

〈마르제아흐〉와 야곱의 영광

(6:1-14)

이 단락에는 마르제아흐라고 하는 고대의 한 사회 제도가 나온다. 아모스는 이 제도를 이스라엘 지도자들의 죄악을 대변하는 한 상징으로 본다. 마르제아흐는 아무나 가입할 수 없는 일등 인생들의 단단한 조직으로, 기득권을 고수하면서 서로 도움을 주고받고 주기적으로 모여 주연을 베풀며 연대를 강화하는 사회 특권층의 조직이다. 이 마르제아흐의 회원들이 심판의 대상이다. 아모스는 그들의 죽음을 노래한다. 여기서 "야곱의 자랑"은 결국 "헛된 교만"이라 평가된다.

1. 〈마르제아흐〉에 대한 비난(6:1-7)

아모스 6:1-7은 다시 〈호이〉(화 있을진저)로 시작하는 심판 선고다(5:18 이하). 심판 대상은 일등 인생들, 이스라엘의 제일의 도시에 살면서 마음 든든히 살아가는 유명한 자들이다. 그들은 모든 면에서 앞서가는 자로서 이스라엘 백성이 따르는 자다. 7절에는 이러한 그들의 운명이 나온다. 곧 그들은 더 이상 마음 든든히 살지는 못한다고 한다. 그들은 포로가 된다(5:22; 6:5). 그럴지라도 그들은 여전히 일등이다. 사로 잡혀가는 자 중에서 제일 앞서서 가고 백성들이 여전히 그 뒤를 따른다.

왜 이렇게 운명이 바뀌는가? 역전의 이유가 2-6절에 설명되어 있다. 일등답게 산 것이 이유다. 호화스런 가구로 장식된 집에서, 호사스러운 옷을 입고, 최고급 요리와 최고급 포도주와 감람유를 먹으며, 음악을 즐기며 여유작작하게 그들은 살았다. 그것이 문제인가? 그들의 이러한 부귀영화가 백성들을 희생시켜 얻은 것이기 때문이었다. 그들은 나라의 운명에도, 백성의 눈물에도 관심이 없이 자신들의 영화에만 관심을 두고 있었기 때문이었다.

이 구절에는 마르제아흐라고 하는 이스라엘 지도자들의 죄악을 웅변하는 상징이 나온다. 아무나 가입할 수 없는 사회 특권층인 일등 인생들의 단단한 조직이지만 그러나 이제 이 조직의 회원들이 심판의 대상이 되었다. 그들이 더 이상 마음 든든히 살지 못하고 포로로 끌려가게 될 것이다. 아모스는 다음과 같이 그들의 죽음을 노래한다.

> [6:1] 화 있을진저 시온에서164) 교만한 자와 사마리아 산에서 마음이 든든한 자 곧 백성들의 머리인 지도자들이여 이스라엘 집이 그들을 따르는도다
>
> [2] 너희는 갈레로 건너가 보고 거기에서 큰 하맛으로 가고 또 블레셋 사람의 가드로 내려가라 너희가 이 나라들보다 나으냐 그

영토가 너희 영토보다 넓으냐

[3] 너희는 흉한 날이 멀다 하여 포악한 자리로 가까워지게 하고

[4] 상아 상에 누우며 침상에서 기지개 켜며 양 떼에서 어린 양과 우리에서 송아지를 잡아서 먹고

[5] 비파 소리에 맞추어 노래를 지절거리며 다윗처럼 자기를 위하여 악기를 제조하며

[6] 대접으로 포도주를 마시며 귀한 기름을 몸에 바르면서 요셉의 환난에 대하여는 근심하지 아니하는 자로다

[7] 그러므로 그들이 이제는 사로잡히는 자 중에 앞서 사로잡히리니 기지개 켜는 자의 떠드는 소리가 그치리라

---

164) 아모스의 예언이 사마리아에 집중되어 있는데, 갑자기 왜 시온이 나오는가하고 의아해 할 수 있다. 다음과 같은 해결책이 제시된다. 첫째, 아모스의 예언이 사마리아 멸망 후 유다에서 다시 읽혀졌는데, 그 때 유다의 상황에 맞게 "시온"이 첨가되었다고 본다(예. Wolff, *Joel and Amos*, 270). 쉬운 방법이지만 이런 식의 해결 방법은 증거 없이 학자들의 추론에만 의지하는 약점을 가진다. 둘째, "시온"이 예루살렘이 아니라 남왕국 시온에 해당하는 '북왕국의 시온', 즉 사마리아에 대한 다른 표현이라는 것이다. 이 해석은 두 가지 어려운 점이 있는데, 하나는 다른 예가 없다는 것이고, 다른 하나는 아모스가 이런 식으로 말했을 경우 북쪽 사람들은 혼돈이 되었을 것이라는 점이다. 아모스의 의도와는 달리 그들이 아모스가 남왕국 시온을 비난한다고 생각하였을 것이기 때문이다. 셋째, "시온"을 고쳐서 읽는 것이다. 어떻게 해석하든 학자들의 자유지만 이 해석은 증거 본문이 없다는 결정적인 약점을 가진다. 넷째, 시온을 자랑하는 자, 즉 시온을 뺏었다고 자만해 하는 자로 해석하기도 한다. 그렇지만 히브리어 문법을 고려할 때 무리한 해석으로 보인다. 다섯째, 남왕국 출신 아모스의 시온에 대한 언급을 당연한 것으로 보아야 한다(예. Mays, *Amos*, 115).

사실 아모스가 북왕국에서 선포하면서 시온이나 사마리아나 동류라고 하는 것은 이상한 일이 아니다. 사마리아 지도자들의 삶의 방식을 비난하기 전에, 자신이 보고 온 시온을 앞서 말하는 것은 보기에 따라서는 당연하기까지 하다. 후대의 제자들이 첨가시켰다고 보는 것은 아

첫 마디가 〈호이〉הוֹי이다. 칠십인역은 〈우아이〉οὐαί로 번
6:1 역한다. 양자 다 울음소리를 나타낸다. 누군가가 죽은 것이
다. 아모스는 정말 질기게 심판을 선포한다. 이번에는 정치, 군사 지도자들이 죽었다고 외친다. 마치 죽지도 않은 사람을 죽기나 바라는 것처럼 말이다. 그들은 '걱정 없이 편안하게 살아가고'〈샤아난〉שַׁאֲנָן, '믿는 구석을 가진'〈바타흐〉בָּטַח, 즉 마음이 든든한 자들이다.

〈샤아난〉שַׁאֲנָן은 안전한, 편안한, 평안한 상태를 나타내는 형용사적 명사, 혹은 명사적 형용사이다. 이는 좋은 의미로도 사용되고 나쁜 의미로도 사용된다. 편안한 마음가짐은 달리 생각하면, 오만한 자신감과 같은 것일 수 있다. 예를 들어, 앗수르가 히스기야의 예루살렘을 위협했을 때 앗수르 군대는 〈샤아난〉했다. 자신의 힘이 그들의 마음 상태를 만들어주었다. 하나님은 "너의 〈샤아난〉이 나의 귀에 올라왔다(들렸다)"고 하시며 그의 천사를 보내어 그들의 〈샤아난〉(편안한 마음/교만)을 꺾으셨다(왕하 19:28). 그러므로 개역성경의 "안일한 자"와 개역개정의 "교만한 자"는 둘 다 가능한 번역이다.

"마음이 든든한 자"로 번역된 〈하보트힘 브〉הַבֹּטְחִים בְּ는 두 가지 해석이 가능하다. 첫째, 동사 〈바타흐〉בָּטַח가 전치사 〈브〉בְּ와 함께 숙어를 이루어 사마리아 산성을 "신뢰하는 자"를 뜻하는 것으로 이해할 수 있다. 사마리아의 산성은 신뢰할 만한 단단하고 방어가 잘 되어 있는 성이었다. 잠언 11:28이 이 해석의 한 예가 된다. "자기의 재물을 '의지하는 자'〈보테아흐 브〉는 패망하려니와 의인은 푸른 잎사귀 같아서 번성하리라." 둘째, 전치사 〈브〉가 장소를 가리킨다고 보는 것이다. 곧 한글 개역(개정)처럼 사마리아 산성"에서"165) 평안하고 자신 있게 사

모스는 절대 이스라엘에 대해서만 예언해야한다는 학자의 자기 도식의 관점에 따른 것이다. 아모스의 시온에 대한 언급은 남왕국을 대상으로 예언한 동 시대의 이사야와 미가가 사마리아에 대해서 선포한 것과 다를 바 없다(사 9:9–10; 미 1:5; 3:1 참고). 그리고 아모스가 자신의 고국의 운명에 대해 관심을 가지는 것은 당연하다고 볼 수 있다(Paul, *Amos*, 200).

는 사람을 말한다.

사마리아 산성을 신뢰하여 마음이 든든하든지, 아니면 사마리아 산성에서 살며 믿을 구석이 있어 마음이 든든하든지 간에, 이들은 안전에 대한 자신감을 가지고 있었다. 왜 그렇게도 자신이 넘치는가? 당시 그들의 나라는 경제적으로 군사적으로 막강하였던 최고의 나라였다. 여로보암 2세 시대에 아람은 국력이 약화되어 이스라엘에 위협거리가 되지 못했으며, 강대국 앗수르는 시리아-팔레스타인 지역에서 영향력을 끼칠 수 없었기 때문이다. 국제 무역에 근거를 둔 자신들의 부로 인하여 이스라엘은 어느 시대보다도 평안하고 안락한 시절을 살고 있었다. 국내에서 흔들 자가 없는 위치를 확보하고, 게다가 위협적인 국가마저 존재하지 않는다면 무슨 걱정할 일이 있겠는가? 그러므로 그들은 교만(안일)했고, 마음이 든든했던 것이다.

그들은 어떤 지위의 사람들인가? 그들은 〈느쿠베 레쉬트 하고임〉נְקֻבֵי רֵאשִׁית הַגּוֹיִם이다. 〈느쿠베〉נְקֻבֵי는 '구멍 뚫다'를 뜻하는 〈나캅〉נָקַב의 칼 수동분사 연계형으로 '찍힌 자', 즉 '선택된 자', '출중한 인사'(참고. 민 1:17; 대상 12:31; 대하 28:15)라는 뜻을 갖고 있다. 〈레쉬트〉רֵאשִׁית는 처음 것이나 가장 우수한 것을 뜻하며 〈하고임〉הַגּוֹיִם은 "나라"의 복수이다. 그리므로 〈느쿠베 레쉬트 하고임〉은 '열방 중 가장 뛰어난 인사들'을 뜻한다. NIV의 "notable men of the foremost nation", 즉 "가장 뛰어난 나라의 귀인들"과 NRS의 "the notables of the first of the nations", 즉 "나라 중 일등 나라의 귀인들"이 같은 이해를 보여준다.

아모스가 그들의 죽음을 위하여 곡하는 대상은 최고 국가 이스라엘의 최고위급 인사들이다.[166] 그들은 이스라엘 집의 인도자였다("그들을 따르는도다").

---

165) Wolff, *Joel and Amos*, 274b는 전치사 〈브〉בּ가 장소를 나타내는 것으로 본다.

166) Mays, *Amos*, 115.

"열국 중에 머리"[개역]라는 생각은 어느 정도 이스라엘의 신학에 근거를 두고 있다. 이스라엘은 유다와 함께, 여호와를 믿는 유일한 나라다. 그러니 이스라엘(하나님과 싸워 이긴 나라)을 누가 이길 수 있는가? 국가의 역사를 되돌아 볼 때 여러 번의 위험이 있었다. 그러나 그럴지라도 그들은 보존되었다. 그 이유가 무엇인가? 이스라엘은 특별한 나라이기 때문이다. 그래서 이스라엘의 지도자는 안심하고 있었던 것이다. 그들의 오만한 자신감에 대해서는 이사야 예언자도 언급한 바 있다.

> 벽돌이 무너졌으나 우리는 다음은 돌로 쌓고 뽕나무들이 찍혔으나 우리는 백향목으로 그것을 대신하리라(사 9:10)

6:2 갈레(사 10:9의 갈노)와 하맛(왕상 8:65)은 아람에 위치한 중요 도시들이다. 이들은 아모스 시대에 이스라엘의 영향 하에 있었다. 블레셋 가드는 블레셋 다섯 도시 중 하나로 유다의 영향 하에 있었다. 여기서 왜 이 도시들이 언급되었는지는 분명하지 않다. 그들은 이 시대의 대표적인 도시들이었을 것이다.

아모스의 의문문이 무엇을 말하고자 하는 것인가에 대해 의견이 나뉜다. 첫째, "아니다"는 답을 요구하는 질문일 수 있다. 갈레, 하맛, 가드가 이스라엘보다 낫지도 않고, 넓지도 않은데 티글랏필레셀이 침공했다면, 그가 그 도시들보다 더 큰 이스라엘을 탐내지 않겠느냐는 뜻이다.[167] 즉 "나라들 중 으뜸"(개역)이라는 말은 결국 제일의 타깃이 된다는 말과 같다. 둘째, "긍정의 대답"을 기대하는 질문일 수 있다. 그 도시들이 이스라엘보다 낫고 넓은 데도 망했으니 너희가 망하기는 더 쉽다는 뜻이다. 이 해석의 문제는 실상 그들이 이스라엘보다 넓지 않다는 것이다. 셋째, 2절은 아모스가 아니라 이스라엘 지도자들의 말로서 "그

---

167) Wolff, *Joel and Amos*, 275b.

렇다"라는 대답을 기대하는 질문이다. 열방 중 제일 위대한 나라라는 자기 확신을 보여주는 표현이라는 것이다.[168] 그들은 자신들의 성공과 위대함에 만족하여 아모스가 외치는 이스라엘 심판의 날로서의 여호와의 날을 받아들이지 않았을 가능성이 높다.

"멀다 하여"로 번역된 〈하므나딤〉הַמְנַדִּים("멀다 하는자들")은 〈나
6:3 다〉נָדָה(추방하다)의 피엘 분사복수형이다. 그러므로 〈하므나딤〉은
"흉한 날을 추방하는 자들"로 번역될 수 있다. 그들이 여호와 하나님의 심판 날을 추방, 즉 고려치 않는다는 뜻이다. 대신 그들은 대신 "포악의 자리"〈쉐베트 하마스〉שֶׁבֶת חָמָס를 가깝게 한다. 포악의 대상은 자신들보다 못한 사람과 그리고 아마 아모스일 것이다. 현안에 대한 예언자의 충고나 권고는 현실에 맞지 않는 말로 치워졌다. 하나님의 자녀들 중 지도자들은 같은 믿는 사람들의 충정이 듣기 싫다면, 하나님의 말씀이라도 가까이 해야 할 것이다. "자리"〈쉐베트〉는 위치와 지위를 뜻하는 전문용어이다. 왕, 재판관, 고관, 고위 성직자들이 자리 잡은 사람들이다. 그들은 그 자리를 성공한 자의 자리라고 생각했을 것이다. 그러나 하나님은 아모스를 통해 그 자리가 '폭력의 자리'라고 말한다. 왜 그런가? 이제 이스라엘 사회의 일등 인생들(뒤집어 보면 폭력배)이 살아가는 모습이 생생하게 드러난다.

"상아 상"은 상아로 만든 침상이지만 문자적으로 읽을 필요
6:4 는 없다. 고고학적으로 상아만으로 만든 침상은 발견되지 않았
으며, 또한 상아만 가지고 튼실한 침상을 만들 수도 없다. 상아 상은 상아를 입히거나, 상아를 박아 장식한 침상을 말한다. 애굽 풍으로 세공된 시리아 산 상아는 주전 8세기의 국제 교류 상황을 반영하는

168) Mays, *Amos*, 116은 마소라 본문이 지도자들의 말을 직접 인용하였다고 본다.

것이다.[169] 이스라엘의 엘리트들은 값비싼 상아를 장식을 위해 수입해다 썼다. 수입 대금은 밀과 포도주 감람유를 수출하여 충당하였다.

이스라엘 지도자들은 고가의 물품을 수입하기 위해서 농민들로 하여금 교환이 용이한 세 가지 작물 재배에 집중하게 만들었다. 이는 결과적으로 자유농민들을 소작농과 노예로 전락시키고 말았다. 기후 변동과 농산물의 국제 가격 변동 등으로 말미암아 자유농민들이 빚을 지게 되었기 때문이다.

이것이 바로 상아 상이 의미하는 바다. 상아 세공이 제2계명을 위반한 것을 지적한 것일 수도 있지만,[170] 사치스런 삶, 그것을 가능케 한 약자와 빈자에 대한 착취와 폭력으로 얼룩진 주전 8세기 이스라엘 사회의 사회적, 경제적, 종교적 생활을 반영하고 있을 가능성이 더 크다.[171] 이처럼 상아 상의 이면에는 농민층의 경제적 몰락이 있었던 것이다.

"기지개 켜며"의 히브리어 단어 〈사루아흐〉סְרֻחַ의 동사 〈사라흐〉סָרַח는 천이나 가지가 '펼쳐져 있는' 모습을 말한다(참고. 출 26:12; 겔 17:6). 이 모습은 만취되어 대(大)자로 드러누운 모습과 다르지 않다. 이 단어는 사치스런 상아 상 위에서 게으르고 무감각하게 살아가는 특권적인 삶을 함축하고 있다.

이들은 또한 "양 떼에서 어린 양과 우리에서 송아지"를 먹는다. 그들은 미식가들이다. 특별히 하는 일도 없이 일류 식당을 찾아다니며, 음식에 대하여 해박한 지식을 갖고 논하기를 즐기는 오늘날의 졸부들과 크게 다르지 않다. 그들은 부드러운 고기만 먹는다. 그래서 살이 연한 "어린 양"만 찾으며, "우리에서" 생산된(삼상 28:24; 렘 46:21;

169) King, *Amos, Hosea, Micah*, 149.

170) 고고학적으로 발견된 상아 세공품에 대한 정보를 위해서는 King, *Amos, Hosea, Micah*, 139-148을 보라.

171) 위의 책, 139.

말 3:20) 특별한 소고기, 즉 일을 시키지 않은 부드러운 소의 고기만 먹는다는 뜻이다.

그러나 아모스가 미식가들을 무조건 비판하는 것은 아니다. 깨끗하게 번 돈으로 특급 고기를 먹는다면 무슨 잘못이겠는가? 그렇지만 사마리아의 지도자들은 비난받아 마땅하다. 그들은 백성들의 희생을 담보로 세상을 즐기는 악덕 엘리트들이었기 때문이다. 백성들은 굶주리는데, 자신들의 입맛에 맞는 최상의 음식이나 찾아다니는 지도자들이 문제이다. 오늘날도 딴 세상에 사는 지도자들이 가끔 있다. 백성의 삶을 전혀 고려하지 않고 자신의 욕망을 채우는 지도자들 말이다. 그들은 오히려 백성을 양이나 소로 보고 잡아먹고, 얻어먹고, 뺏어 먹는다.

이들은 고상한 취미도 가지고 있다. 음악도 사랑하며 악기
6:5 도 만든다. "비파에 맞추어 노래를 지절거리며"는 히브리어
〈하프포르팀 알-피 한나벨〉הַפֹּרְטִים עַל־פִּי הַנָּבֶל의 번역이다. 〈네벨〉נֵבֶל은 울림통을 가진 현악기 이름이고, 〈포르팀〉פֹּרְטִים은 '열매를 따다'를 뜻하는 동사 〈파라트〉פָּרַט의 능동분사형 복수로 '뜯는 사람들'을 말한다. 정확한 그림을 그리기는 어려우나 이는 어떤 현악기를 뜯는 모습을 묘사하는 것이다.

아모스는 그들의 노래와 음악을 헛소리(지절대는 것)로밖에 보지 않는다. 먹고, 마시고, 노래하고, 편안히 자고, 쉬는 삶은 성공한 사람들이 누리는 특권이기는 하다. 이들은 귀인답게 산다. 이스라엘 최고의 영웅이며, 최고의 신앙인 중 한 사람인 다윗과 거의 같은 수준의 삶을 살고 있거나 혹은 그렇게 살고 싶어 한다. 다윗의 힘, 다윗의 부, 다윗의 예술, 그들이 이런 것을 소유하고 있다. 그래서 그들은 거의 다윗("다윗처럼")이다. 악기도 타고, 노래도 하고, 심지어는 궁리하여 악기도 만든다. 겉모양만 보면 영락없는 다윗이었을지라도 그들은 정신도, 신앙도, 순

종도, 백성 사랑이 없었다. 그들의 특권적 삶에 대한 묘사는 계속된다. 술과 기름이 없고서야 어찌 풍요로운 삶이라 할 수 있겠는가?

그들은 대장부답다. 포도주를 마시되 ‘잔’〈코스〉כּוֹס이 아니
6:6 라 “대접”〈미즈라크〉מִזְרָק으로 마신다. 〈미즈라크〉는 동사 ‘던지
다’, ‘뿌리다’를 뜻하는 〈자라크〉זָרַק에서 나온 명사로서(참고. 출
24:6), 물이나 술을 손에 적셔 뿌릴 수 있도록 위가 넓게 터진 그릇을 말한다. 이를 술을 잔에 마시는 문화권에서 사는 사람들은 이해하기 쉽지 않겠으나, 막걸리나 물을 대접에 떠먹는 문화에서 자란 사람은 쉽게 이해할 수 있다.

아모스의 비난은 과음 만취를 말하는 것일 수도 있고, 예배에 사용되는 그릇으로 술을 마시는 신성모독을 강조하는 것일 수도 있다.[172] 여기서는 대취를 말하는 것으로 보인다. 결과는 정신 잃음, 자기도취, 자기망각, 자기마취이다. 그들은 눕는 것에 익숙한 사람들이다. 상아 침대에 누워 뒹굴고, 술을 퍼먹고 취하여 대자로 눕고, 나중에는 심판받아 죽어 땅에 눕는 자들이다.

여기에 나오는 “기름”은 〈쉐멘〉שֶׁמֶן이다. 〈쉐멘〉은 기름 일반을 뜻하는데, 주로 올리브기름(감람유)을 뜻한다. 올리브는 고대 이스라엘의 주산물로서 주요 수출상품이었다. 이는 요리 재료, 피부보호 연고, 신전의 제물, 연료, 약, 화장품 재료, 방취제, 윤활제 등으로 사용되었다.[173] 몸의 이를 죽이는 데도 이용되었다. 올리브가 애굽과 메소포타미아에서는 생산되지 않았기 때문에,[174] 그 나라들은 올리브기름을 이스라엘로부터 수입해 갔다. 이스라엘 지도자들로 보아서는 많이 생산해야 상아를 비롯한 값비싼 물건을 사올 수 있었기 때문에 그들은

172) King, *Amos, Hosea, Micah*, 158.

173) 위의 책, 159.

174) 위의 책.

생존을 위한 다작물 경작 대신, 환금성의 특정 농작물 재배라는 집약 농업을 확대시켰다.

집약 농업의 약점은 가뭄이나 병해를 만났을 때 이스라엘 전체에 피해를 입힌다는 것이다. 흉년으로 생산이 줄어들었을 때조자 농민들을 세금을 내야했고, 결국은 자신들의 식량마저 해결할 수 없었다. 이는 결국 한 사회 계층의 붕괴로 이어졌는데, 농민들은 빚을 갚고 먹을 것을 위해 땅을 팔고, 자신들을 팔아 자발적 노예가 될 수밖에 없었다. 이는 장애와 질병과 굶주림, 가정 파괴로 이어졌다. 이것이 "올리브기름"이 함축하는 내용이다.[175] 호세아도 이런 사실을 잘 알고 있었다.

> 에브라임[이스라엘]은 바람을 먹으며 동풍을 따라가서 날마다 거짓과 포학을 더하며 앗수르와 계약을 맺고 기름을 애굽에 보내도다(호 12:1)

본문에 나오는 기름은 "귀한 기름"〈레쉬트 쉐마님〉רֵאשִׁית שְׁמָנִים이다. 여기에도 일등〈레쉬트〉이란 단어가 나온다.[176] 일등 인생들은 기름도 일등품을 바른다. 올리브기름을 추출하는 방법은 두 가지가 있다. 맷돌에 갈거나 밟아서 으깨는 것까지는 같다. "귀한 기름"은 으깨진 올리브 열매를 압착하기 전에 먼저 얻어지는 기름이다. 으깬 상태에서 물을 붓고 으깬 열매와 함께 저으면 기름이 위에 뜨는데, 그것을 걷어낸 것이 일등품 기름(귀한 기름)이다. 만드는 방법 때문에 〈쉐멘 라후츠〉

---

175) 올리브와 포도 압착기가 주전 8세기의 성읍들에서 많이 발견되었다. 앗수르의 블레셋 정책은 그 지역의 올리브 생산과 밀접한 관계를 갖는다. 앗수르는 올리브 생산 기지가 파손되지 않도록 반역 국가들에 대해서도 관용을 베푸는 경우가 종종 있었다. 예를 들어 에크론은 앗수르가 필요한 올리브 생산지였고, 앗수르는 올리브를 팔 수 있는 넓은 시장을 갖고 있었다.

176) 앞에서 말한 대로 국가들 중 일등, 기름도 일등, 포로로 잡혀가는 것도 일등이다. 아모스는 지도자들의 위치를 표현하기 위해 〈레쉬트〉라는 용어를 선택한다.

שֶׁמֶן רְחוּץ(물에 씻은 기름)이라고도 불린다. 나머지를 압착하여 얻은 것이 보통 품질의 기름이다. 본문의 엘리트들은 먹는 것에 더하여 바르는 것도 일등품만 사용한다. 기름이 기쁨을 뜻하기도 하기 때문에(아 1:3; 4:10; 전 9:8)[177] 그들은 몸뿐 아니라 마음에도 즐거움이 넘치는 사람들이었다.

이만하면 성공한 사람들이 살아가는 삶이 아닌가? 그러나 그들에게는 진정한 의미에서 성공한 사람이 되지 못하는 치명적인 약점이 있었다. 이 약점은 성공 여부의 기준을 바꾸어야만 보이는 것이다. 자신들 말고 요셉은 어떠한지 살펴야 하며, 네 자신 말고 이웃은 어떠한지 관심을 가져야 한다. 자신의 아들, 자신의 부모, 자신의 친구, 자신의 고향 사람이 아니라, 약자들, 빈자들, 실패자들의 삶을 돌보기 위해 지도자가 필요하다. 물론 그 때나 오늘이나 지도자들은 날마다 “요셉”을 위해서 정책을 펴고 요셉을 위해서 살고 죽는다고 하겠으나, 그것이 사실이 아닌 것을 사람들은 경험한다. “요셉의 환난”은 직역하면 ‘요셉의 파멸’〈쉐베르 요셉〉שֵׁבֶר יוֹסֵף이다.

“요셉의 환난에 대하여는 근심하지 아니한다”는 구절이 갖는 함의는 두 가지다. 첫째, 요셉이 에브라임이나 이스라엘 대신 사용된 것이라면, 국가 이스라엘의 운명에 대한 무관심으로 볼 수 있다. 주전 738-733년 사이 이스라엘은 위험한 순간 속으로 들어가고 있었다. 앗수르의 서진이 시작된 것이다. 그런데도 자신들의 부귀영화에 빠져 국가의 운명에 대해서는 관심이 없다는 뜻이다. 부에 취하고, 술에 취하고, 미식에 취하여 나라의 운명에 무감각하였다.

둘째, 백성들의 삶에 대해서 무관심했다는 뜻으로 볼 수 있다. 백성들의 삶이 ‘깨어진’〈쉐베르〉 그릇처럼 되어가도 그들은 자신의 그릇에만 관심이 있고, 백성들의 고혈을 짜면서도 일등품 올리브만 찾고 있는 자다. 요셉은 어린 나이에 형들의 미움을 받아 부모를 잃고 이국의 노

177) Wolff, *Joel and Amos*, 276b.

예가 되고 말았다. 아모스 시대의 이스라엘이 마치 요셉 신세와 같지 않느냐는 뜻이다. 요셉을 그렇게 만든 것은 형들이니, 지도자들이 요셉을 파멸에 빠뜨린 그 형들과 무엇이 다른가? 형들이 앉아 식사하며 꾀를 모으는 동안, 옷이 벗겨진 채, 구덩이 안에서 몸부림치며 생명을 구걸하던 요셉이 생각난다(창 37:23-25a 참조). 요셉의 형제들은 나중에 자신들의 행동을 후회한다.

> 그들이 서로 말하되 우리가 아우의 일로 범죄하였도다 그가 우리에게 애걸할 때에 그 마음의 괴로움을 보고도 듣지 아니하였으므로 이 괴로움이 우리에게 임하였도다(창 42:21)

왜 이스라엘의 지도자들이라고 근심이 없겠는가? 그 면에서는 그 때나 지금이나 다르지 않다. 누구라도 높은 지위의 자리를 얻고 싶겠지만 자리를 잡기도, 잡은 자리를 유지하기도 어렵다. 자리를 잡고, 유지하려면, 높은 사람들과 친분과 연대를 맺어야 하고, 뇌물도 주고 받아야 하고, 정보도 캐내야 하니 이것이 쉬운 일이겠는가? 그러니 그들에게도 근심은 있는 것이다. 그러나 단 한 가지, "요셉의 환난"을 위해서는 근심하지 않는다. 온통 근심이 자기 자신에 관한 것뿐이요, 자신의 행위가 요셉의 환난을 야기 시킨다는 사실에 개의치 않는 것이다. 환경, 경제, 가정, 과거, 미래, 공동체, 교육, 계약이 다 깨어져도 지도자들은 전혀 개의치 않는다. 오히려 그들이 이러한 환난의 원인을 제공하는 자들이다. 이런 지도자들을 어떻게 해야 하나? 하나님은 좋은 안을 가지고 계신다. 그것을 그들이 원하는 방식으로 행하신다.

"그러므로"와 함께 재판장의 판결이 나온다. 내용은 "백성들
6:7 의 머리"(혹은 "열국 중 우승," 1절)〈레쉐트 하고임〉는 사로잡힌 자 중에
"앞서"〈로쉬〉ראש 가는 신세가 된다는 것이다. 잡는 것을 좋아
하니 잡혀가고, 나라들 중 일등을 좋아하니 포로 번호 일번이 된다.

“기지개 켜는 자의 떠드는 소리”는 〈미르자흐 스루힘〉מִרְזַח סְרוּחִים의 번역이다. 〈미르자흐〉מִרְזַח는 ‘떠들다’를 뜻하는 〈라자흐〉רזח에서 나온 명사로 문자적으로는 ‘모여 떠드는 것’을 말한다. 〈스루힘〉은 ‘펼쳐져 있다’를 뜻하는 동사 〈사라흐〉의 수동분사 복수형으로 4절에서도 나온 바 있다. 그러므로 〈미르자흐 스루힘〉은 ‘누운 자들의 떠드는 모임’쯤 될 것이다. 아모스가 말하는 〈미르자흐 스루힘〉은 단순히 지도자들의 게으름이나 술 취한 후 누운 모습을 말하는 것이 아니다. 본문의 〈미르자흐〉는 〈마르제아흐〉מַרְזֵחַ의 연계형이다.[178)]

이 단어는 고대 근동의 여러 나라의 문서에서 발견되며, 로마 시대에 이르기까지 거의 2000년에 걸쳐 나온다. 성경(암 6:7; 렘 16:5)에서는 물론, 우가릿 문서와 트렌스요르단 지역, 페니키아, 이집트의 엘레판틴, 유대인 랍비 문서에 나온다.[179)] 어원과 제도의 성격이 여전히 불분명하긴 하지만 많은 부분이 밝혀진 것도 사실이다. 〈마르제아흐〉는 어떤 사회적-종교적 제도나 결사체의 이름이기도 하고, 그 모임의 회원들이나 그들이 모이는 집회소를 가리키기도 한다.[180)]

〈마르제아흐〉의 분위기는 유쾌한 경우도 있고, 슬픈 분위기인 경우도 있다.[181)] 〈마르제아흐〉 모임은 수일 간 계속되었으며 잔치와 만취

---

178) 〈마르제아흐〉에 대한 자세한 논의를 위해서는 김태훈, “아모스 6:4-7의 〈마르제아흐〉 비판,” 『신학과 사회』 24/2(2011), 9-38을 보라.

179) Theodore J. Lewis, *Cults of the Dead in Ancient Israel and Ugarit*, HSM 39(Atlanta: Scholars Press, 1989), 81.

180) King, *Amos, Hosea, Micah*, 137; P. J. King, “The Marzeah Amos Denounce,” *BAR* 14 (1988), 34-44.

181) 위의 책. 〈마르제아흐〉에는 분명히 잔치와 만취가 포함되어 있다. 그러나 시기와 장소의 구별 없이 모든 〈마르제아흐〉의 일차적인 성격이 죽은 자를 위한 제의라고 단정하기는 어렵다. 특히 아모스 6:1-7의 〈마르제아흐〉에서는 죽은 자와의 연대나 기념, 혹은 장례식 분위기를 볼 수 없다. 앞 뒤 문맥과 아모스 예언이 주어진 주전 8세기 상황에서 본다면,

가 중요한 한 요소였다.[182] 우리의 본문인 아모스 6:4-7에서 알 수 있

아모스의 〈마르제아흐〉 비판은 가난한 백성을 희생시킴으로 얻는 엘리트들의 호화스런 삶과 이스라엘 사회의 정의 없음(failure to justice)에 대한 비판으로 보아야 할 것이다. 그러나 최소한 주전 7세기 유다에서 〈마르제아흐〉는 장례를 치르는 집으로 나타난다.

> [5]여호와께서 이와 같이 말씀하시되 초상집에 들어가지 말라 가서 통곡하지 말며 그들을 위하여 애곡하지 말라 내가 이 백성에게서 나의 평강을 빼앗으며 인자와 사랑을 제함이라 여호와의 말씀이니라 [6]큰 자든지 작은 자든지 이 땅에서 죽으리니 그들이 매장되지 못할 것이며 그들을 위하여 애곡하는 자도 없겠고 자기 몸을 베거나 머리털을 미는 자도 없을 것이며 [7]그 죽은 자로 말미암아 슬퍼하는 자와 떡을 떼며 위로하는 자가 없을 것이며 그들의 아버지나 어머니의 상사를 위하여 위로의 잔을 그들에게 마시게 할 자가 없으리라(렘 16:5-7)

5절의 '초상집'은 〈베트 마르제아흐〉의 번역이다. 물론 위 구절들은 관련된 우가릿 본문들과 함께 성경의 〈마르제아흐〉가 죽은 자에 대한 제의와 관련 있다는 것을 입증하는 본문으로 제시되기도 한다. 5-7절은 분명 '죽은 자'와 관련된 여러 정황을 보여주며, 이어지는 8절은 만취를 의미할 수 있는 '[술] 마심'〈미쉬테〉에 대해 말한다. 그러나 이곳에서 〈마르제아흐〉는 직접적인 거부 대상이 아닌 것처럼 보인다. 아모스가 언급한 엘리트들의 호화스런 삶에 대한 분위기도 보이지 않으며, 우가릿 문서에서 그러하다고 주장되는 바, 죽은 자에 대한 제의에 대한 금지를 말하는 것 같지도 않다. Schmidt, *Israel's Beneficent Dead*, 246-249. 심지어 〈마르제아흐〉 제도 자체를 비난하는 것으로 보이지도 않는다. 다시 말해, 〈마르제아흐〉가 예레미야 당시 사회의 일반적인 현상인 것을 확인할 수 있으나, 그것이 우상과 관련되었다는 것도, 착취적인 엘리트들의 모임이라는 암시도 이 본문에서 읽기는 어렵다. 초상집은 오히려 단순히 일상적인 생활의 한 부분을 말하는 것으로 나타난다. '마심'도 〈마르제아흐〉와 관계되기도 하지만(7절) 일반 결혼식장에서도 볼 수 있다(8-9절). 오히려 본문은 하나님의 심판 말씀을 선포하는 사명을 이루기 위해 하나님은 예레미야에게 결혼식에 참여하고, 죽은 자의 가족을 돌아보는 평범한 삶을 허락하지 않았다는 것을 말한다고 보아야 한다. 이 금지들은 이스라엘의 운명을 상징하는 것이다. 하나님의 심판으로 말미암아 사람이 죽어도 애도하는 자가 없을 것이며, 신랑신부의 행복한 날도, 축하할 사람도 없게

는 것처럼 ① 연한 고기, ② 포도주, ③ 기름 부음, ④ 음악 반주, ⑤ 엎드려 먹기가 포함되어 있었던 것으로 보인다.[183] 이 결사체는 대부분 군사 엘리트인 남성들과 약간의 여성 지배 계층, 대지주, 고관들로 이루어졌으며 왕의 후원을 받았을 것이다.[184] 회원 혹은 참석자들은 '〈마르제아흐〉 사람*mt mrzḥ*=LÚ.MEŠ *mar-zi-i*'이라 불렸다. 모이는 장소는 회원의 집이거나 그 목적을 위해 세워진 특별한 집이었을 것이다.[185] 만취가 포함되었기 때문에 "졸도하는 자들의 친목 단체"로 이해되기도 한다.[186]

아모스의 설교가 사치스런 생활에 초점을 맞추고 있는지, 지도층의 약자에 대한 무관심을 비난한 것인지, 아니면 〈마르제아흐〉라는 제도가 의미하는 사회의 구조악을 고발하는 것인지 분명하지는 않다. 그러나 사치와 약자에 대한 무관심과 〈마르제아흐〉가 서로 연관되어 있는 것은 사실이다. 지도층 인사들은 〈마르제아흐〉에서 연회를 열고 만취했다. 그들은 이곳에서 즐기고, 함께 울고, 웃으며 서로 간의 연대를 강화하며 기득권을 고수하고, 또한 기득권을 확장해 갔다. 그러나 그들은 그 과정에서 백성들을 희생시켰으며, 그 희생으로 몰락해가는 백성을 보면서는 눈 하나 깜박하지 않았다. 그래서 하나님이 심판하신다. 곧 일등 인생들이 일등으로 끌려가고, 연대는 깨어지고 잔치는 사라진다.

될 것이기 때문이다. 그러므로 예레미야의 〈마르제아흐〉는 죽은 자에 대한 제의와 관련되었다기보다는 당시 이스라엘 사회에 익숙했던 단순한 '초상집' 정도로 이해하는 것이 합리적이라고 생각된다. 즉 〈마르제아흐〉는 장소와 시기에 따라 그 기능과 성격이 달랐던 것으로 볼 수 있다.

182) 위의 책; Coote, 37.

183) King, *Amos, Hosea, Micah*, 138.

184) Coote, 37.

185) 위의 책.

186) 위의 책, 38.

<묵상>

많은 사람들이 비싼 곳에서 잘 수 있는 사람, 비싼 음식을 먹을 수 있는 사람, 비싼 술을 마실 수 있는 사람, 비싼 기름을 바를 수 있는 사람, 편안히 자고 여유롭게 즐길 수 있는 사람을 성공한 인생, 일등짜리 인생으로 본다. 그래서 기를 쓰고 그런 것을 얻을 만한 재력과 위치를 획득하고자 한다. 수단 방법은 문제가 되지 않는다. 문제가 되면 몰래 하면 된다. 우리나라는 어떤 종교 지도자가 말했던 것처럼 부패하면서도 발전하고, 발전할수록 더 부패하는 이상한 나라이다. 우리의 지도자들은 여전히 신뢰를 얻지 못하고 있다. 문제는 사람들이 그들을 욕하면서도 여전히 자신들도 그런 삶에 물든다는 것이다.

이스라엘의 지도자들은 참 이상한 사람들이었다. 백성의 안위를 책임진 사람들이 자기 성공에만 관심이 있었다. 그러니 농경 정책, 인사, 법 집행 등이 엉망이 되었다. 그들은 백성의 삶, 즉 요셉의 환난에 관심이 없었다. 이들이 무슨 관심으로 살았는가? 아모스 시대 이스라엘 지도자들은 자신들의 성공 개념을 스스로 정하고 그것을 획득하기 위해 살았다. 기득권을 유지하기 위해 결사체에도 들어갔다. 분명히 부러움의 대상이다. 소유와 연대는 너무 단단하고 확고해서 누구도 깰 수 없었다. 그 과정에서 그들은 백성들을 희생시켰다. 그래서 그들은 나중에 하나님을 만나야 했다.

오늘날 신앙인들의 삶의 모습은 어떻고, 교회는 어떠한 가치관을 갖고 일하는가? 정신, 양심, 윤리, 인간다움, 그분 같음, 이런 것이 일류 인간, 일류 신앙인의 개념이 아닌가? 우리 사회가 병들었다고 하는데 그 원인 중에 〈마르제아흐〉와 같은 엘리트들의 연대가 자리 잡고 있는지도 모른다. 최고의 가치를 출세나 소유에 두고, 그것의 획득이나 유지를 위해 지연, 혈연, 학연, 뇌물, 보장들이 오가고 있다면 아모스 시대의 〈마르제아흐〉와 크게 다르지 않다. 교회에는 그런 것이 들어오지 못하도록 지도자들부터 경성해야 할 것이다. 지도자들은 절제를 미덕으로 삼으며, 신앙인들은 세속적 일등을 위해 기도하는 것이 아니라 주님을 닮고, 요셉과 같이 근심하며 살 수 있는 심령을 갖춘 사람이 되게 해달라고 소원해야 할 것이다.

오늘 어떤 면에서라도 지도자로 부름 받은 사람들은 요셉의 환난 때문에 근심할 수 있어야 한다. 환난에 처하여 있는 사람을 보면서 불쌍히 여기는 우리 주님처럼, 우리도 그러한 사람을 보면서 속이 아프도록 불쌍히 여기는 심령을 갖추어야 한다. 아모스는 지도자들의 무심을 슬퍼했다. 백성의 보다 나은 삶을 위해 지도자들은 봉사하려는 마음을 가져야지 자신이 가진 권세로 부나 특권을 얻으려고 해서는 안 된다. 백성의 아픔을 느낄 수 있는 사람이 참 지도자이다. 내 가족, 내 아들, 내 자신의 소유와 성공을 위해서가 아니라 요셉의 환난을 위해서 근심하는 사람들이 우리에게도 일어났으면 한다.

우리의 본문은 우리에게 도전을 준다. 지도자들의 삶의 방식과 가치관이 한 사회와 기관의 생사를 결정한다는 것을 말하면서 우리에게 경고하는 것이다.

2. 야곱의 영광인가, 야곱의 교만인가?(6:8-14)

여기서도 이스라엘 지도자들에 대한 비난은 계속된다.[187] 비난의

187) 이번 단락에서 6:8-14을 다루는데, 이 절들이 한 구성 단위인지는 불분명하다. 8절부터 새로운 신탁이 시작되어 7절 이전의 절들과는 단절되고 7:1도 새 신탁의 시작이므로 8-14절은 독립적인 신탁으로 보인다.

초점은 그들의 "영광"에 모아진다. 아모스 시대에는 사람들이 "야곱의 영광"(8절)이란 말을 모토로 쓴 것 같다. 실로 그 시대는 여로보암 2세의 치세로 경제적, 정치적 번영을 누리던 때였다. 국가 전체적으로 보아 분명 그랬다. 활발한 국제 무역, 성공적인 영토 확장, 증가하는 세입, 넘치는 제물, 번영하는 사마리아, 견고한 도성들, 참으로 자랑할 만한 것이 많은, 그 모두가 "야곱의 영광"에 걸맞은 것이었다.

그러나 일반 백성들의 삶은 어떠했는가? 공정한 법칙이 적용되고 있었는가? 그들이 사람 대접을 받았는가? 하나님은 이러한 "영광"에 대해 무엇이라 평가하시는가? 국가의 부흥은 강요당한 약자들의 희생에 의해 이루어진 것이며 사회 엘리트들은 동족들을 억압하고 착취하고 있었다. 오직 개인과 가문의 성공에만 관심을 쏟을 뿐 공법과 정의는 찾아볼 수 없는 사회였다(12-13절). 아모스는 그들의 영광을 교만이요, 찬탈이라고 비난한다(13절).

사마리아의 군사, 정치, 경제, 종교 엘리트들은 자신들의 굳건한 성, 백성의 수, 자신들의 우월성을 자랑하지만(8절) 사람들은 진멸되고(9-10절), 성은 깨어지고(11절), 영토는 사라진다(14절). 왜 이런 일이 벌어지는가? 하나님은 공의로운 분이시며, 그 어떤 강한 자보다 강한 분이시다. 그분은 거룩한 전쟁의 사령관이신 "만군의 하나님" 여호와시다(8, 14절). 그분은 염병(9절), 지진(11절), 대적(8, 14절)으로 이스라엘을 공격하신다. 이제 "야곱의 영광"은 국가의 멸망과 함께 옛 이야기로만 남게 될 것이다.

[6:8] **만군의 하나님 여호와의 말씀이니라 주 여호와가 당신을 두고 맹세하셨노라 내가 야곱의 영광을 싫어하며 그 궁궐들을 미워하므로 이 성읍과 거기에 가득한 것을 원수에게 넘기리라 하셨느니라**

주제 면에서도 8-14절은 일관성을 보인다. 8-10절과 14절은 이스라엘의 진멸을 기술하며, 그 중간 12-13절에 지혜적 질문이 나온다. 이 절들을 관통하여 집이 하나의 주제어가 된다.

[9] 한 집에 열 사람이 남는다 하여도 다 죽을 것이라

[10] 죽은 사람의 친척 곧 그 시체를 불사를 자가 그 뼈를 집 밖으로 가져갈 때에 그 집 깊숙한 곳에 있는 자에게 묻기를 아직 더 있느냐 하면 대답하기를 없다 하리니 그가 또 말하기를 잠잠하라 우리가 여호와의 이름을 부르지 못할 것이라 하리라

[11] 보라 여호와께서 명령하시므로 타격을 받아 큰 집은 갈라지고 작은 집은 터지리라

[12] 말들이 어찌 바위 위에서 달리겠으며 소가 어찌 거기서 밭 갈겠느냐 그런데 너희는 정의를 쓸개로 바꾸며 공의의 열매를 쓴 쑥으로 바꾸며

[13] 허무한 것을 기뻐하며 이르기를 우리는 우리의 힘으로 뿔들을 취하지 아니하였느냐 하는도다

[14] 만군의 하나님 여호와의 말씀이니라 이스라엘 족속아 내가 한 나라를 일으켜 너희를 치리니 그들이 하맛 어귀에서부터 아라바 시내까지 너희를 학대하리라 하셨느니라

8절은 6장 전체의 주제절이라 볼 수 있다. 여호와의 진멸
6:8 맹세, 진멸 대상인 야곱의 영광과 궁궐, 진멸 방법이 나온다.

8절은 여호와의 맹세로 시작한다(참고. 4:2). 여기서는 여호와도 맹세를 하시는데, 그분이 하나님이시니 누구를 걸고 맹세할 수 있을까? 여호와는 자신을 걸고 맹세한다.[188] "당신을 두고"는 히브리어 단어 〈브나프쇼〉בְּנַפְשׁוֹ('자신의 〈네페쉬〉로')의 번역인데, 〈네페쉬〉נֶפֶשׁ는 원래 목구멍을 뜻하는 단어로서 숨, 생명, 살아있는 존재, 자기 자신을 뜻한다.[189] 그러므로 〈브나프쇼〉는 여호와 자기 자신, 자신의 신실을

188) Wolff, *Joel and Amos*, 281b.

189) 네페쉬의 뜻 중에서 자신을 뜻하는 재귀적 용법에 대하여는 볼프가 잘

걸고 맹세하신다는 뜻이다. 여호와의 맹세는 아모스서에 모두 세 번 나온다(4:2; 8:7, 8). 불행하게도 어느 경우든지 불순종에 대한 하나님의 징벌 상황을 반영한다.

맹세의 내용은 절대적인 복이 아니라, 절대적인 심판이다. 어떤 일 때문에 여호와는 자신을 걸고 맹세까지 하면서 벌을 주려고 하시는가? 구체적으로는 앞 구절에서 명시되었고 여기서는 몇 개의 단어로 요약된다. "야곱의 영광"〈그온 야아콥〉גְּאוֹן יַעֲקֹב과 "궁궐들"〈아르므노트〉אַרְמְנוֹת 때문이다. 히브리어 단어 〈가온〉גָּאוֹן은 부정적 의미로는 '자랑'을,[190] 긍정적 의미로는 영광을 뜻한다. 긍정적 의미로 사용되는 예는 다음과 같다.

> 47너희 만민들아 손바닥을 치고 즐거운 소리로 하나님께 외칠지어다 지존하신 여호와는 엄위하시고 온 땅에 큰 임금이 되심이로다 여호와께서 만민을 우리에게 열방을 우리 발 아래 복종케 하시며 우리를 위하여 기업을 택하시나니 곧 사랑하신 야곱의 영화〈그온 야아콥〉로다(시 47:4)

이 본문의 〈가온〉은 맥락에서 볼 때 긍정적 의미를 가진다.[191] 나훔도 〈가온〉을 좋은 의미로 사용한다.

> 여호와께서 야곱의 영광〈그온 야아콥〉을 회복하시되 이스라엘의 영광〈그온 이스라엘〉 같게 하시나니(나 2:2)

설명하고 있다. 네페쉬의 용법에 관하여 H. W. Wolff, *Anthropologie des Alten Testaments*. 문희석 옮김, 『구약성서의 인간학』(왜관: 분도출판사, 1993), 28 이하를 보라.

190) 표준새번역과 공동번역 성경은 단어 자체가 가진 복합적 의미보다는 문맥에서 해석하여 각각 "교만"과 "거만한 태도"로 번역하였다. NIV와 NRS는 이중적인 의미를 가진 "the pride"로 번역한다.

191) 비슷한 경우로는 갈대아인의 영광(사 13:19), 모압의 영광(사 16:6; 렘 48:29), 유다의 영광, 예루살렘의 영광(렘 13:9) 등이 있다.

그러나 잠언 16:18에서 〈가온〉은 부정적인 뜻으로 사용된다.

교만(가온)은 패망의 선봉이요 거만한 마음은 넘어짐의 앞잡이니라

우리 본문에 나오는 〈가온〉(영광/교만)은 아모스가 이스라엘의 엘리트들이 쓰던 말을 그대로 사용한 것일지 모른다. "야곱의 영광"이라 표현은 이스라엘의 과거와 현재와 미래에 대한 확신의 고백이나 민족적 자긍심을 나타낸다.

첫째, 과거로부터 이스라엘의 자랑거리는 선택된 특별한 백성이라는 것이다. 아모스의 동 시대, 같은 나라에서 예언한 호세아는 야곱(이스라엘)의 자긍심을 다음과 같이 보여준다.

야곱은 태에서 그 형의 발뒤꿈치를 잡았고 또 장년에 하나님과 힘을 겨루되 천사와 힘을 겨루어 이기고 울며 그에게 간구하였으며 하나님은 벧엘에서 저를 만나셨고 거기서 우리에게 말씀하셨나니(호 10:3-4)

실로 이스라엘은 선택된 백성이고 하나님의 집인 벧엘이 있는 곳이다.

둘째, 당시 이스라엘은 시리아-팔레스타인에서 가장 강한 국가였다. 그들의 성공은 다음과 같이 요약될 수 있다.

여로보암이 이스라엘 지경을 회복하되 하맛 어귀에서부터 아라바 바다까지 하였으니(왕하 14:25)

셋째, 그들의 영광은 사마리아다. 영광과 궁궐이 평행된다는 점에서 사마리아는 이스라엘이 자랑하는 화려하고 견고한 도성이었다. 분명히 사마리아는 이스라엘의 영광이었다.

넷째, 궁궐이 의미하는 것과 같이 이스라엘 지도층의 소유, 직위, 특권 등은 분명히 그들의 영광이었다. 고위직에 오르거나 경제적으로 성공한, 심지어는 이름 난 대학에 들어간 자녀가 부모의 영광이듯.

다섯째, 일반인과 비교하여 사회 지도층 인사들은 이스라엘의 영광에 해당한다고 볼 수 있다. 권력자, 엘리트 상인, 대토지 소유자, 고급 장교, 재판관, 정치인들은 위치나 업적으로 보아 영광의 사람들이다.

이러한 이스라엘의 영광에 대해 최종적 판단권을 가진 분은 어떻게 평가하시는가? 하나님은 그것들을 “싫어하며”〈타아브〉תָּאֲב “미워하신다”〈샤내〉שָׂנֵא. “싫어하다”를 뜻하는 〈타아브〉는 원래 תעב(신 7:26; 암 5:10)인데, 여기에서는 ‘갈망하다’를 뜻하는 유사음 תאב(시 119:174)가 사용된다. 자음 변경은 필사 과정 중 착오가 있었거나, 혹은 특정한 시대의 철자법이거나, 아니면 이스라엘의 ‘갈망’과 여호와의 ‘실망’을 한 단어에 묶은 표현 기법일 것이다.

그들의 영광스런 과거는 아무리 그것이 이스라엘의 교의일지라도 그들이 하나님과 함께 살지 않는 한, 옛 기억 외에는 아무 것도 아니다. 그들의 영광의 실상은 율법을 무시하는 방종, 권력에 의한 정의 왜곡, 하나님의 백성의 희생을 담보한 호화로운 삶, 군사적 자기 확신, 불법적 결탁에 의한 성공이기 때문이다. 그들의 권력과 금력과 연대에서 나오는 난공불락성은 전쟁의 사령관이신(만군의) 여호와에 의해 공격받는다. 성읍(아마 사마리아)이 함락될 때 성읍 안에서는 어떤 일이 일어날 것인가?

6:9 멸망의 주제가 생생한 그림으로 그려진다. 한 집에 열 사람만 남게 될 것이다. 그런데 그마저 차례로 다 죽게 된다. 왜 “열 사람”인가? “열 사람”은 최소수를 나타내는 표현이다. 아모스 5:3도 같은 경우이다.

> 이스라엘 중에서 천명이 나가던 성읍에는 백 명만 남고 백 명이 나가던 성읍에는 열 명만 남으리라

여호와와의 대화에서 아브라함은 다음과 같이 말한다.

> 아브라함이 또 가로되 주는 노하지 마옵소서 내가 이번만 더 말씀하리이다 거기서 십 인을 찾으시면 어찌 하시려나이까(창 18:32)

또한 "열 사람"은 소돔을 상기시키는 표현일 수 있다. 한 집에 의인 열 명이 있어도 다 죽는다는 뜻은 열 명이 있으면 살 수 있었던 소돔보다 이스라엘이 더 악독하다는 뜻으로 해석할 수 있을 것이다. "한 집"은 어떤 집인가? 만일 일반 가정이라면 한 집에 남자 열 명이 남으면 적은 수가 남는 것이 아니어서 여기서 한 집을 대가족이나 가문 단위로 보면 무리가 없을 것이다.

안타까운 것은 지도자의 죄악 때문에 전 백성이 같은 운명을 겪게 되는 것이다. 지도자들의 죄악이 전 백성의 운명을 결정하는 것은 현실적으로도 사실이다. 지도자의 부패의 결과를 국민/백성이 떠맡으니 좋은 지도자들을 만나는 것이 이스라엘이나 다른 나라에게나 복된 일이다.

6:10 "죽은 사람"은 9절에서 죽은 사람들인가? 10절과 9절의 관계는 두 가지로 해석할 수 있다. 하나는 9절의 구체적인 상황이 10절이라는 것, 즉 마지막 남은 열 명마저 죽어 산 사람이라고는 아무도 없고 오직 치울 시체만 남아 있다는 해석이다. 한글개역(개정)은 "그의(혹은 한 사람의) 친척"〈도도〉דּוֹדוֹ을 "죽은 자의 친척"이라 번역함으로써 9절과 10절이 이어지는 것으로 본다. 9절에서는 왜 집안에서 사람이 죽는지 언급이 없었는데, 10절에서 죽은 사람의 시체가 집안에 있는 것으로 보아 어떤 전염병을 암시하는 것 같다.[192]

또 다른 해석 가능성은 10절의 상황이 9절의 연속이 아니라는 것이다. 9절이 이스라엘의 상황을 보여주듯 10절 역시 이스라엘이 맞을 운명을 또 다른 그림으로 보여준다는 것이다.

"시체를 불사르다"의 번역에 대해서 이견이 존재한다. 첫째, 여기

192) Mays, *Amos*, 119.

서 사용되는 히브리어 단어〈므사레프〉가 일반적으로 기대되는 מְשָׂרֵף가 아니라 מְסָרֵף로 표기되기 때문이다. 여기서 〈신〉 대신 〈사멕〉이 쓰인 것이 필사자의 실수인지, 아니면 알려지지 않은 다른 이유가 있는지는 확실하지 않다. 둘째, "시체를 불사를 자"에서 "시체"는 히브리어 문장에는 나오지 않는다. 셋째, "시체를 태우는 일"이 이스라엘 백성에게는 흔치 않은 일이기 때문이다.[193]

그러므로 어떤 학자들은 앞의 "친척"〈도드〉דּוֹד은 아버지 편의 친척, 〈므사레프〉는 "불사르다"가 아니라 어머니 편의 친척이라고 본다.[194] 이렇게 보면 "그의 아버지 쪽 친척과 그의 어머니 쪽 친척이 그 뼈들(시체들)을[195] 집 밖으로 가져갈 때"가 된다.

어느 경우든 본문이 말하고자 하는 바는 동일하다. 한 집안 사람들이 다 죽어 친척들이 와야만 시체를 치울 수 있게 된다는 뜻이다.

"집 깊숙한 곳"〈야르크테 하바이트〉יַרְכְּתֵי הַבַּיִת은 집 내부(왕상 6:16), 근접하기 어려운 곳("네 집 내실에 있는 네 아내," 시 128:3), 숨겨진 곳("요나는 배 밑창에 내려가서," 욘 1:5) 등을 뜻하는 단어이다. "집 깊숙한 곳에 있는 자"는 함께 시체를 치우러 집 안 깊숙한 곳에 들어간 사람이나, 아니면 살아 있을지도 모르는 사람을 가리킨다.

후자의 경우라면, 친척이 집 안 깊숙한 곳에 산 사람이 있느냐고 불러보는 것이다. 아무도 살아있지 않아 대답이 없든지, 한 사람이라도 살아 있으면 '있다'고 대답할 것이다. 그러나 그 대답이 "없다"이므로 시체를 찾는 친척의 대답으로 보아야 한다. 그 집 사람들이 다 죽었으

193) 위의 책.

194) 스튜어트(D. Stuart)는 이런 의미로 해석하여 그의 번역에 반영한다. Stuart, *Hosea-Jonah*, 359. 자세한 논의를 위해서는 Paul, *Amos*, 215를 보라.

195) 히브리어 단어 〈에쳄〉은 원래 "뼈"를 뜻하지만 한 인간이나 죽은 자의 몸을 뜻하기도 한다. 그러므로 꼭 뼈를 가지고 나간다고 볼 필요는 없다. Paul, *Amos*, 216a.

니 친척들이 방마다, 깊은 곳까지 확인해야 한다. 또한 친척들은 산 사람이 있느냐고 묻는 것이 아니라 아직도 치울 시체가 있는지 서로 확인해야 한다.

다음 구절은 난해구절이다. 밖에 있는 사람이 안에 있는 사람으로부터 대답을 듣고 〈하스〉הָס(쉿!, "잠잠하라")라 말하며 응답자의 입을 단속한다(느 8:11; 합 2:20; 암 8:3 참조). 질문한 사람이 왜 갑자기 "쉿!"하라고 하는가? 조용하지 않으면 "여호와의 이름을 부르지 못하게" 되는가? 아니면 입을 닫고 "여호와의 이름을 부르지 말아야" 하는가? 〈로 하즈키르 브쉠 야훼〉לֹא לְהַזְכִּיר בְּשֵׁם יְהוָה를 직역하면 "여호와의 이름은 기억되지 말아야/않아야 한다"이다.

다양한 해석이 가능하다. 첫째, 여호와는 죽일 사람을 찾는다. 그 집 안에 있는 최후의 한 사람까지도. 모든 사람이 죽었는데 아직도 집 안에서 산 사람 소리가 난다. 장사지내는 사람들의 소리다. 그 역시 집 안에 있으니 살해 대상이 될 수 있다. 죽지 않으려면 인기척을 내어서는 안 된다. 그가 생명을 잃으면 더 이상 여호와의 이름을 부르지 못하게 되기 때문에(한글 개역[개정])이다.

둘째, 다 죽었다면 이제 장례를 치러야 하는데, 절차 중 "여호와의 이름"을 부르면서 애곡하는 순서가 있다. 그러나 여호와는 더 이상 위로의 하나님이 아니라 심판의 주이다. 여호와의 임재는 오직 치명적인 위험을 가져오기 때문에 그의 이름을 불러 임재를 요청해서는 안 된다는 뜻이다.[196)]

셋째, 곤란을 당할 때 도움을 구하기 위해 여호와의 이름을 부른다. 여호와는 야곱의 생애를 통하여 도우시는 하나님이었고, 그 이름은 이스라엘이 대대로 기념할 이름이다("기념 칭호"〈야훼 지크로〉יְהוָה זִכְרוֹ, [호 12:6]). 그 분의 이름은 모든 환난 당하는 자에게 주시는 약속이니 재난을 당한

---

196) Wolff, *Joel and Amos*, 283a을 참조하라.

이 때에 약속을 믿고 그분을 부르면 그분이 만나주지 않겠는가 하는 것이 일반적인 신앙이다. 그러나 지금은 그분을 불러서는 안 된다. 만나주시되 적으로 임하시기 때문이다.

넷째, 애곡하는 경우에는 "여호와의 이름"을 부르며 통곡하는데, 자신들마저 죽게 되어 다른 사람들이 그들의 죽음을 위해 "여호와의 이름"을 부르며 곡하는 일이 일어나서는 안 된다는 뜻이다.

다섯째, 여호와가 심판자로 이미 임재했으니 지금은 아무런 소리를 내지 말고 그 앞에서 잠잠해야 한다는 뜻이다.

어느 경우를 말하는 것인지는 확실하지 않다. 그러나 어느 경우든 공통적으로 숨소리를 죽이고, 살아 있다는 표를 내지 말아야 한다는 것에 대한 언급이다. 여호와는 더 이상 위로의 하나님이 아니라는 것이 분명하기 때문이다.

6:11 "보라"는 〈키-힌네〉כִּי־הִנֵּה의 번역이다. 〈힌네〉הִנֵּה는 장면 전환 혹은 관심의 집중을 이끄는 단어이다. 이제 여호와가 하시는 일을 주목하라는 뜻이다. 〈키〉כִּי는 '왜냐하면'(for)이라기보다는 〈힌네〉הִנֵּה를 강조하는 부사로 보인다.

주목해야 하는 것은 여호와의 행동이다. '거룩한 전쟁'에서 여호와는 명령자이시나 인간 대리인(이스라엘 백성)을 통해 싸우신다(참고. 수 11:2). 그러나 여기서는 인간 대리인이 나오지 않는다. 여호와께서 친히 명하시고 권능을 나타낸다. 창조 때처럼 명하시니, 그러나 반대로 파괴가 일어난다. 거룩한 전쟁은 이제 이스라엘과 싸우는 전쟁이 되었고 그 전쟁에서 여호와는 사령관(명하시는 분〈므차웨〉מְצַוֶּה)이시다. "큰 집"과 "작은 집"은 부자, 권력자의 집과 가난하고 억압받는 자의 집을 불문하고, 즉 모든 집이거나, 여름 궁과 겨울 궁(3:15 참고), 혹은 엘리트 권력과 경제의 중심지인 사마리아의 모든 집을 지칭하는 것이다.

"갈라지며"로 번역된 히브리어 단어 〈르시심〉רְסִיסִים은 '조각이 된 상태', 즉 철저한 분쇄를 뜻한다. 지진이나(참고. 3:15; 9:1) 적군들에 의해 성이 파괴하고 건물들이 무너져 돌 조각만 남게 된다는 뜻이다. 죄악으로 세운 영광〈가온〉은 그것이 교만이든 자랑거리든, 최정상의 궁궐이든 난공불락의 요새든, 가문이든 이익 연대든 하나님의 심판에 견뎌낼 수 없다. 치고 깨는 단어가 연속적으로 세 번 사용된다. "타격을 받아"〈나카〉נָכָה "갈라지고"(분쇄되고, 〈라사스〉רסס), 벽들은 "터져 버린다"〈바카〉בָּקַע.

실로 여호와는 이스라엘을 죽이시는 분이며 성을 허무는 분이시다. 이스라엘의 옛 교리가 무엇이든 아모스의 이 선포는 여호와의 말씀이다.

어찌 여호와께서 당신이 선택한 이스라엘과 전쟁을 하게
6:12 되었는가? 아모스 역시 기이하게 생각한다. 어찌 모든 것이 뒤
바뀌어버렸는가? 이는 참으로 이상한 일이 아닌가? 도무지 일어나서는 안 될 일이 일어난 것이다. 아모스는 수사학적인 질문을 던진다. 짐승들의 행동을 통해 인간 삶의 왜곡을 지적하는 것이다.

"소는 그 임자를 알고 나귀는 주인의 구유를 알건마는 이스라엘은 알지 못하고 나의 백성은 깨닫지 못하는도다"(사 1:3)라는 말씀과 "공중의 학은 그 정한 시기를 알고 반구와 제비와 두루미는 그 올 때를 지키거늘 내 백성은 여호와의 규례를 알지 못하도다"(렘 8:7)는 말씀도 짐승의 행동을 통한 가르침이다. "말들"은 그 길을 알고 "소"는 밭갈 곳을 아나 내 백성은 그렇지 않다는 뜻이다. 가파른 바위산이든지, 돌이 많은 산지든지, 어느 경우든 말은 그곳을 달릴 수 없다. 소로 하여금 바다를 갈거나, 돌로 이루어진 비탈을 갈게 하는 사람도 없다. 언덕 경사면은 말이나 소가 아니라 당나귀로 경작한다. 말은 전쟁, 수송, 사냥을 위해 사용되었으나 농사일을 위해 사용되지 않았다.197)

그런데도 이스라엘의 사회 엘리트들은 생각할 수 없는 것을 행하는

---

197) King, *Amos, Hosea, Micah*, 125.

사람들이었다. 건강한 사회를 쓰디쓴 사회로 만들며 법정과 관청에서 행복이 아니라 삶을 악화시켰다. 재판관에게 뇌물을 주고 증인을 위협하고 권력을 남용하였다. 쓸개로 번역된 〈로쉬〉ראשׁ는 맹독이며, "쓴쑥"으로 번역된 〈라아나〉לַעֲנָה는 쓴 맛을 가진 키 작은 식물이다.[198] 일하는 말과 소는 자기 길을 지키는데, 백성을 위해 일하도록 세워진 지도자들이 어찌 백성에게 독과 슬픔을 가져다줄 수 있는가?

타락한 지도자들은 "허무한 것"을 기뻐한다. "허무한 것"은
6:13 히브리어 〈로다바르〉לֹא דָבָר(not-thing)의 번역이고, "뿔"은 〈카르나임〉קַרְנָיִם의 번역이다. 그러나 〈로다바르〉와 〈카르나임〉은 번역하지 않고 읽어도 의미가 통한다. 두 단어가 장소 이름이기도 하기 때문이다. 〈로다바르〉는 길르앗의 국경도시 중 하나이며 그 위치는 얍복 북쪽 오늘날의 '텔-엘-함메'이다.[199] 〈카르나임〉은 야르묵강 북쪽 지류에 있으며 위치상 다메섹의 영향권 내에 있었다.[200] 〈카르나임〉은 〈케렌〉קֶרֶן의 쌍수, 즉 '황소 뿔 두 개'를 뜻하며 정복자의 군사적 우월성을 나타내는 지명이다. 이스라엘 지도자들은 자신들의 군사적 업적을 자랑한다. 곧 〈로다바르〉와 〈카르나임〉을 자신들의 힘("우리의 힘")으로 취했다는 것이다.

아모스와 동시대인인 호세아는 경제적 성공에 대한 그들의 경제 엘리트들의 자만심을 다음과 같이 표현한다.

> 에브라임이 말하기를 나는 실로 부자라 내가 재물을 얻었는데 무릇 나의 수고한 중에서 죄라 할 만한 불의를 발견할 자 없으리라(호 12:7)

---

198) 민간 요법에서 치료약으로서 시나이와 네게브 베두인들은 잎을 말려 차로 사용하였다. 여기서는 슬픔이나 인생의 쓴 맛을 뜻한다.

199) Wolff, *Joel and Amos*, 288b.

200) 위의 책.

이스라엘은 큰 (넓은) 집, 호화스런 궁궐, 견고한 성읍, 많은
6:14 인구수(경제 활동이나 군대 동원 가능 인구), 영토, 전쟁에서의 성공, 경제력,
국제무역, 개인적 성공을 자랑했다. 그러나 포학과, 사취와, 불의와 정의의 왜곡으로 얻은 것에 대하여, 홀로 그리고 변함없이 공의롭고 의로우신 재판장이 계신다. 다시 여호와는 막강한 군대의 하나님("만군의 하나님", 〈엘로헤 츠바오트〉אֱלֹהֵי הַצְּבָאוֹת)으로 이스라엘을 대면하신다.

여로보암 (II) 치세 동안 이스라엘의 영토는 남과 북으로 확장되었다. "하맛 어귀"〈르보 하맛〉לְבוֹא חֲמָת는 이스라엘의 북쪽 경계이며 "아라바 시내"〈나할 아라바〉נַחַל הָעֲרָבָה는 남쪽 경계다.

> 25이스라엘의 하나님 여호와께서 그의 종 가드헤벨 아밋대의 아들 선지자 요나를 통하여 하신 말씀과 같이 여로보암이 이스라엘 영토를 회복하되 하맛 어귀에서부터 아라바 바다까지 하였으니 26이는 여호와께서 이스라엘의 고난이 심하여 매인 자도 없고 놓인 자도 없고 이스라엘을 도울 자도 없음을 보셨고 27여호와께서 또 이스라엘의 이름을 천하에 없이 하겠다고도 아니하였으므로 요아스의 아들 여로보암의 손으로 구원하심이었더라(왕하 14:25-27)

그러나 역사에 대한 해석이 다르다. 열왕기서 기자는 이 역사적 사건을 여호와의 은혜의 역사로 보는데 반하여, 사마리아의 군사 엘리트들은 자신들의 공적으로 돌리고 자랑한다. "우리 힘으로 취하지 아니하였느냐"(13절). 자신들의 힘으로 이룬 것이라면 하나님 앞에서 자신들의 힘을 증명해야 한다. 하나님의 은혜가 거두어질 때, 그들에게 남은 것은 무엇인지 그들은 나중에야 알게 된다.

이스라엘의 운명은 어떤 강대국에 의해 전 영토를 유린당하게 되는 것이다. 한 나라는 앗수르이며, 아마 "학대하는 자"는 티글랏필레셀일 것이다.[201] "학대하다"는 〈라하츠〉לָחַץ의 번역인데, 원래는 '압착

201) 본문에 어느 나라인지는 지적되어 있지 않다. 이 본문은 꼭 앗수르를

하다'를 뜻하며 '사람을 억압하다'는 뜻으로 사용된다(출 3:9; 신 26:7; 삿 2:18, 4:3, 6:9, 10:12; 왕상 22:27; 왕하 13:4; 왕하 13:22; 사 19:20; 렘 30:20 등). 국제 무역에 근거를 두고, "올리브기름"을 넘치도록 생산한 "기름 압착자"들은 그들 자신이 압착된다. 이스라엘의 통치 엘리트들은 정의를 왜곡하고 공의를 버리며 힘없는 백성들을 "학대"했었는데, 그들은 이제 학대 받는 자가 된다. 아모스와 동시대의 사람인 호세아는 북왕국 이스라엘 통치 엘리트들의 타락에 대하여 다음과 같이 선포한다.

> 에브라임은 바람을 먹으며 동풍을 따라가서 종일토록 거짓과 포학을 더하여 앗수르와 계약을 맺고 기름을 애굽에 보내도다. 여호와께서 유다와 논쟁하시고 야곱을 그 행실대로 벌하시며 그의 행위대로 그에게 보응하시리라(호 12:1-2)

<묵상>

이스라엘은 지도자들 때문에 망하고 말았다. 그들은 공법과 정의를 버리고 자신들의 영광만을 위해 살았다. 그래서 어떤 면으로는 크게 성공했다. 지위를 얻고 부를 얻고 질 좋은 삶을 살고 땅을 소유하고 명예를 얻었다. 자긍심도 얻었다. 야곱의 영광의 시대를 그들은 살았다. 그러나 그 이면에는 백성들의 핏물과 눈물이 있었다. 사회 엘리트들은 부정직하고 불의한 사람이었고, 서로 연대하여 불의로 가득 찬 난공불락의 성을 쌓는데 성공했다. 그들의 불의의 왕조를 세우는데 성공한 것이다.

하나님은 의로운 재판장이시다. 백성의 억울함을 듣고 보시는

말하는 것이 아니라 저주 속에 있는 한 요소로서의 적군들의 침략과 그에 따른 고통을(신 28:33 참조) 가리키는 것일 수 있다.

분이다. 하나님은 부정직하고 불의한 그들을 멸하셨다. 백성들의 핏물과 눈물을 외면한 채 부정직하고 불의한 그들이 쌓은 왕조를 무너뜨리셨다. 불의로 얻은 자들은 집도, 집안에 있는 모든 것도, 성도, 궁궐도, 영토도, 생명도 다 잃고 말았다. 아모스의 설교는 오늘 우리에게 주시는 하나님의 말씀이다.

다행스럽게도 우리 교회 안에는 사회의 지도자들이 많다. 교회는 이 분들로 하여금 하나님의 말씀을 존중하여 살 수 있도록 이끌어야 한다. 그래서 교회 지도자들의 역할이 중요하다. 성경공부가 민족의 운명을 고칠 수 있다. 전도하는 방법, 봉사하는 방법, 헌신하는 방법에 더하여, 참된 신앙의 현장이 어디인지를 가르쳐주고 그곳에서 선한 행동을 살아가야 함을 일깨워주는 '아모스 읽기 반'이 있으면 좋을 것이다. 말씀을 맡은 분들은 부와 명예와 권력보다 더 중한 것이 있음을 선포하며 자신들의 삶으로 모범을 보여야 한다. "헛된 욕심"과 "자랑" 때문에 버림받은 이스라엘을 생각하며 우리는 주님의 십자가를 바라본다.

주 달려 죽은 십자가 우리가 생각할 때에
세상에 속한 욕심을 헛된 줄 알고 버리네

죽으신 구주 밖에는 자랑을 말게 하소서
보혈의 공로 힘입어 교만한 맘을 버리네

온 세상 만물 가져도 주 은혜 못 다 갚겠네
놀라운 사랑 받은 나 몸으로 제물 삼겠네

- 찬송가 149장

VII. 이스라엘에 대한 세 심판 환상과 아마샤와의 대면

(7:1-17)

아모스는 말씀을 선포한 예언자이다. 그런데 그는 이 말씀을 묵시〈하자〉로 받았다(1:1). 구체적으로 어떤 말씀을 받은 것인지 우리는 정확하게 알 수 없다. 7:1부터 아모스는 여호와께서 자신에게 보여준 것을 말하며 모두 다섯 개의 환상을 소개한다. 7:1-9에 세 개의 환상, 8:1-3에 네 번째 환상, 9:1-4에 마지막 환상이 나온다. 다섯 개의 환상 모두가 이스라엘의 파멸에 대한 것이다.[202)]

---

202) 네 환상의 시간적인 간격에 대해서 게젤 농사 달력이 힌트가 될지도 모른다. 게젤 달력의 세 번째 달인 *lq*š와 한글 개역성경 7:1의 첫 번째 환상에 나오는 "다시 움틈"(즉 두 번째 움틈)으로 번역된 〈레케쉬〉(늦은 심기)가 관계있고, 게젤 달력의 여덟 번째 달인 *q*ṣ가 8:2의 네 번째 환상에 나오는 〈케츠〉(끝)와 서로 관계있는 것이라면, 네 환상이 한 반년에 걸쳐 일어난 것이라고 볼 수도 있을 것이다. 그러나 환상에서는 시공을 초월하기 때문에 이것을 시간적인 간격을 결정하는 결정적 힌트로 보기 어렵다. Wolff, *Joel and Amos*, 318b을 참조하라.

앞의 네 심판 환상 모두 유사한 구조로 이루어져 있다. 7:7에는 〈아도나이 야훼〉אֲדֹנָי יְהוִה가 생략되어 있지만 처음 네 환상은 모두 '환상 보고 양식소(vision report formula)'인 "주 여호와께서 이렇게 나에게 보여주셨다. 볼지어다"로 시작한다. 다섯 번째 환상은 "내가 주를 보았다"는 보고로 시작한다. 처음 세 환상과 다섯 번째 환상(7:1, 4, 7; 9:1)에서 여호와의 행동은 모두 〈칼〉 능동분사 또는 〈닢알〉 분사형을 취한다. 네 번째 환상은 여호와의 행동을 보지 않고 사물을 본다.

7:1 כֹּה הִרְאַנִי אֲדֹנָי יְהוִה וְהִנֵּה יוֹצֵר

〈코 히르에니 아도나이 야훼 워힌네 요체르〉

주 여호와께서 이렇게 나에게 보여주셨다.

보라 [그는] -을 짓고 계신다.

7:4 כֹּה הִרְאַנִי אֲדֹנָי יְהוִה וְהִנֵּה קֹרֵא

〈코 이르에니 아도나이 야훼 워힌네 코레〉

주 여호와께서 이렇게 나에게 보여주셨다.

보라 [그는] -을 부르고 계신다.

7:7 כֹּה הִרְאַנִי וְהִנֵּה נִצָּב

〈코 히르에니 워힌네 니차브〉

이렇게 나에게 보여주셨다. 보라 [그는] -에 서 계신다.

8:1 כֹּה הִרְאַנִי אֲדֹנָי יְהוִה וְהִנֵּה כְּלוּב קָיִץ

〈코 히르에니 아도나이 야훼 워 힌네 크룹 카이츠〉

주 여호와께서 이렇게 나에게 보여주셨다.

보라 "여름 과일 한 광주리."

9:1 רָאִיתִי אֶת־אֲדֹנָי נִצָּב

〈라이티 에트-아도나이 니차브〉

내가 주를 보았다. [그는] -에 서 계신다.

세 번째와 네 번째 환상 사이에 아모스의 자서전적 이야기가 나오며(7:10-17), 네 번째 환상과 다섯 번째 환상 사이에 아모스의 설교가 나온다(8:4-14). 이것을 요약하면 다음과 같다.

<table>
<tr><th>환상</th><th>주 체</th><th>환상</th><th>심판
도구</th><th colspan="6">대 화</th><th>초 점</th></tr>
<tr><td rowspan="2">첫째
7:1-3</td><td rowspan="2">여호와:
주 여호와께서
내게 보인 것이
이러하니라</td><td rowspan="2">메뚜기</td><td rowspan="2">메뚜기</td><td colspan="3">아모스의 탄원</td><td colspan="3">여호와의 대답</td><td rowspan="9">심판의
임박성</td></tr>
<tr><td colspan="3">용서하소서</td><td colspan="3">이루지
아니하리라</td></tr>
<tr><td rowspan="2">둘째
7:4-6</td><td rowspan="2">여호와:
주 여호와께서
내게 보인 것이
이러하니라</td><td rowspan="2">불</td><td rowspan="2">불</td><td colspan="3">아모스의 탄원</td><td colspan="3">여호와의 대답</td></tr>
<tr><td colspan="3">중지하소서</td><td colspan="3">이루지
아니하리라</td></tr>
<tr><td rowspan="2">셋째
7:7-9</td><td rowspan="2">여호와:
내게 보이신
것이
이러하니라</td><td rowspan="2">다림줄</td><td rowspan="2"></td><td colspan="2">여호와의
질문</td><td colspan="2">아모스의
대답</td><td colspan="2">여호와의
환상 설명</td></tr>
<tr><td colspan="2">무엇을
보느냐</td><td colspan="2">다림줄</td><td colspan="2">총체적
부실</td></tr>
<tr><td>7:10
-17</td><td colspan="9">자서전적 이야기: 아마샤와의 대화</td></tr>
<tr><td rowspan="2">넷째
8:1-3</td><td rowspan="2">여호와:
또 …를
보이시며</td><td rowspan="2">여름
과일
한
광주리</td><td rowspan="2"></td><td colspan="2">여호와의
질문</td><td colspan="2">아모스의
대답</td><td colspan="2">여호와의
환상 설명</td></tr>
<tr><td colspan="2">무엇을
보느냐</td><td colspan="2">여름 과일
한 광주리</td><td colspan="2">임박한
종말</td></tr>
<tr><td>8:4
-14</td><td colspan="10">설교: 이스라엘 패망의 필연성</td></tr>
<tr><td rowspan="2">다섯째
9:1-4</td><td rowspan="2">아모스:
내가 보니</td><td rowspan="2">제단
곁에서
명하시는
주</td><td rowspan="2">파괴와
살해</td><td colspan="6">대화 없음, 설명 없음
(아모스 중재 무용)</td><td rowspan="2">심판
집행</td></tr>
<tr><td colspan="6">여호와의 의지 천명</td></tr>
</table>

환상의 내용은 모두 하나님의 심판으로 인한 이스라엘의 처참한 운명에 관한 것이다. 아모스가 이스라엘의 죄악을 신랄하게 지적하고 그 죄악의 내용이 무엇인지 반복하여 선포했지만, 이스라엘은 그 범죄가 자신의 운명이나 되는 양 돌이키지 않았다. 불행하게도 이스라엘의 지도자들은 요나의 설교에 마음을 돌린 니느웨의 사람들보다 못하였다. 그들은 아모스의 선포를 하나님의 말씀으로 받지 않고 돈에 굶주려 사회를 경사되게 보는 경쟁력 없는 시골 예언자의 넋두리로 취급했다. 하나님의 경고는 무시되고 결국 심판이 준비된다. 메뚜기와 불의 공격, 이스라엘이라는 불량 건축물 파괴, 전쟁으로 말미암은 대살육과 포로 이송이 준비된다.

1. 세 심판 환상(7:1-9)

가. 첫 번째 환상(7:1-3)

[7:1] 주 여호와께서 내게 보이신 것이 이러하니라 왕이 풀을 벤 후 풀이 다시 움돋기 시작할 때에 주께서 메뚜기를 지으시매
[2] 메뚜기가 땅의 풀을 다 먹은지라 내가 이르되 주 여호와여 청하건대 사하소서 야곱이 미약하오니 어떻게 서리이까 하매
[3] 여호와께서 이에 대하여 뜻을 돌이키셨으므로 이것이 이루어지지 아니하리라 여호와께서 말씀하셨느니라

지금까지 "여호와께서 이같이 말씀하셨다"〈코 아마르 야
7:1 웨〉כֹּה אָמַר יְהוָה고 하며 여호와의 말씀이란 권위로 선포했던 아
모스는 이제 "여호와께서 나에게 이같이 보여주셨다"〈코 이르하니 아웨〉כֹּה הִרְאַנִי יְהוִה고 하는 여호와의 환상이란 또 다른 권위로 하

나님의 뜻을 전한다.[203]

아모스의 예언의 권위는 신분적 권위(제사장, 궁전 예언자 등과 같은)에서 나온 것도, 예민한 분석에서 나온 것도, 학문적 탐구에서 나온 것도, 경험과 관심으로 말미암는 세상에 대한 진단에서 나온 것도 아니다. 아모스의 예언은 "주 여호와께서 내게 보이신 것"과 "주 여호와께서 내게 말씀하신 것"이라고 하는 하나님의 권위에 의존한다. 아모스의 자기 확신은 하나님의 종들에게 필요한 권위가 하나님께로부터 "들음"과 "봄"이어야 함을 명백히 보여준다.

아모스가 처음 본 것은 한 해 농사를 완전히 망가뜨리는 메뚜기〈고바이〉גֹּבַי의 공격이다.[204] 메뚜기는 구약성경에서 일반적으로 부정적인 의미, "황폐화"와 관련하여 나온다(출 10장, 욜 1:4-12). 여기서도 같은 의미를 가진다. 메뚜기 출현 자체가 대재난인데, 메뚜기의 출현 시기도 백성들의 생존에 큰 영향을 끼친다. 메뚜기가 나타난 시기는 "왕이 풀을 벤 후 풀이 다시 움돋기 시작할 때"이다. '왕이 왜 풀을 베는가'하고 의문이 생길 수 있다. 왕이 풀을 베는 행위(혹은 왕의 수확)는 왕이 첫 수확의 소유주며, 백성들은 두 번째 수확물에 의존하는 팔레스타인의 농경

---

203) "주 여호와께서 내게 보이신 것이 이러하니라"는 1:1에 나오는 "아모스가 이스라엘에 대하여 묵시 받은 말씀이라"를 상기시킨다. 아모스가 환상을 본 시점이 본문에 지적되어 있지 않기 때문에 성경의 기록 순서대로 6장의 설교 후에 본 환상인지, 아니면 하나님의 말씀을 대언하기 위해 하던 일을 그만두고 유다를 떠나 이스라엘로 가게 한 '소명 환상'인지는 분명치 않다. 이믈라의 아들 미가야(왕상 22:19), 이사야(6장), 예레미야(1장) 에스겔(1-3장)도 '소명 환상'을 보았다.

204) 메뚜기 종류를 나타내는 단어는 〈고바이〉 외에도 최소한 여덟 개가 있다 (King, *Amos, Hosea, Micah*, 135). 시골 생활에 익숙했던 아모스는 메뚜기 종류에 대해 잘 알고 있었을 것이다. 〈고바이〉는 나훔 3:17에도 나오는데(사 33:4에서는 〈게빔〉), 알에서 막 나온 유충 상태의 메뚜기일지도 모른다(Paul, *Amos*, 227a).

생활을 배경으로 한다.[205]

“풀이 다시 움돋기”로 번역된 〈레케쉬〉לֶקֶשׁ는 팔레스타인의 이모작 농사에서 “늦은 심기”(late planting)에 해당하는 단어다. 같은 어근을 가진 〈말코쉬〉מַלְקוֹשׁ(신 11:14)가 3월 말이나 4월 초에 내리는 “봄비” 혹은 “늦은 비”를 뜻하는 것으로 보아, “늦은 심기”는 “늦은 비”의 수분으로 경작하는 농사이다. 이 시기를 이어 ‘메마른 여름’이 시작되기 때문에, 연 중 “늦은 심기”의 시기는 들이나 밭에 있는 식물이 성장하는 마지막 때이다. 일반 백성들의 생존은 이 “늦은 심기”의 곡식이나 열매에 의존한다. 늦작물이 올라오는 때는 이미 왕의 수확이 이루어진 이후이기 때문에 “왕이 풀을 벤 후” 들이닥치는 메뚜기는 왕이나 부자들에게는 결정적인 타격을 입히지 못하고 일반 백성의 생존을 위협하게 된다. 부자들은 하루하루 식량에 의존하는 사람들이 아니다. 그들의 창고에는 곡물이 보관되어 있고 흉년이 들어도 달리 대체할 방법을 가지고 있었다. 그러나 메뚜기가 공격할 경우 가난한 일반 농민들은 살아갈 방법이 없었다. 그들은 언제나 기근의 일차적인 희생자였다.

7:2 아모스가 하나님의 대리인으로 심판 선고를 하기 위해서는 이스라엘 백성과 지도자 쪽으로 얼굴을 돌렸지만, 여기서는 이스라엘 백성의 변호인으로서 하나님 쪽으로 얼굴을 돌린다. 참된 예언자는 잘못을 질책하면서도 사람에 대한 사랑을 가진 자이다. 우리는 여기서 삼각 관계를 본다. 변하지 않는 이스라엘, 하나님의 임박한 심판, 정의의 예언자 아모스가 그 관계이다. 아모스는 막상 구체적인 하나님의 공격을 보자 백성 편에 선다.

그러나 무슨 말로 심판을 막을 수 있단 말인가? 이스라엘의 죄악이 너무 분명한 것이어서 아모스가 ‘그들은 잘못이 없습니다’, ‘하나님

205) King, *Amos, Hosea, Micah*, 110.

께서 하시는 일은 지나친 것입니다', '어찌 의인과 악인을 함께 멸하려 하십니까'라고 말할 수는 없다. 하나님은 "의로운" 심판자이시고, 이스라엘은 분명 반역했으며, 아모스는 하나님의 심판을 선포했다. 그럼에도 불구하고 지금 이스라엘의 멸망 앞에서 아모스는 짧지만 자신의 아픔을 담은 기도로 하나님의 은총을 탄원한다. 돌이키지 않는 죄악 때문에 이스라엘이 살 방법은 없다. 그래서 아모스는 그 가능성을 하나님에게서 찾는다. 이제 남은 것은 오직 하나님의 은총뿐이다.[206]

"주 여호와여 청하건대 사하소서"는 〈아도나이 야훼 슬라흐-나〉 אֲדֹנָי יְהוִה סְלַח־נָא의 번역인데, 직역하면 '주 여호와여 용서하소서, 제발'이다. 〈살라흐〉סָלַח는 언제나 하나님이 주어로서 용서하는 경우나 혹은 하나님을 목적어로 용서를 구하는 경우에 사용되는데, 죄에 대한 전적이며 절대적인 면죄를 뜻한다. 이렇게 아모스는 〈살라흐〉로 용서를 구하여 이것은 이스라엘의 회개나 결심과 관계없는 하나님 자신으로부터의 은혜를 구한다.[207] 모세도 이같이 기도한 바 있다.

> 18여호와는 노하기를 더디하시고 인자가 많아 죄악과 허물을 사하시나 형벌 받을 자는 결단코 사하지 아니하시고 아버지의 죄악을 자식에게 갚아 삼사대까지 이르게 하리라 하셨나이다 19구하옵나니 주의 인자의 광대하심을 따라 이 백성의 죄악을 사하시되 애굽에서부터 지금까지 이 백성을 사하신 것 같이 사하시옵소서(민 14:18-19)

아모스는 증오로 가득 찬 반대자가 아니라 하나님의 심정을 가진 참된 종이다. 예언자는 하나님의 말씀을 대언하는 자이지만, 그 심판의 말씀에 앞서 사랑과, 이해와, 용서와, 불쌍히 여기는 마음을 가진 성숙된 신앙인이다. 우리는 여기서 예언자 본연의 기능과 사역을 본

---

206) 구약성경에서 히브리어 동사 〈살라흐〉(용서하다)의 주어는 언제나 하나님이다.

207) Paul, *Amos*, 229.

다.[208] 곧 백성에게 말씀을 선포하는 자는 그들을 위해 하나님께 탄원하는 자이다.[209]

아모스는 범죄한 자기 백성을 “야곱”이라 부르며 “여호와의 선택된 백성”의 심판 상황을 아파하는 자신의 마음을 드러낸다.[210] 아모스의 변호의 말은 놀랍게도 “야곱은 미약해서 설 수 없습니다”였다. “서다”〈쿰〉קוּם는 여기서 ‘견뎌낼 수 없다’ 혹은 ‘생존할 수 없다’를 뜻한다. 아모스가 야곱을 “미약하다”〈카톤〉קָטֹן고 한 이유를 두 가지로 생각할 수 있다.

---

208) Mays, *Amos*, 130.

209) 예언자의 중보의 기능에 대하여 다음 구절들을 참고하라. “이제 그 사람〈아브라함〉의 아내를 돌려보내라 그는 선지자라 그가 너〈아비멜렉〉를 위하여 기도하리니 네가 살려니와”(창 20:7); “왕이 하나님의 사람에게 말하여 가로되 청컨대 너는 나를 위하여 네 하나님 여호와께 은혜를 구하여 내 손으로 다시 성하게 기도하라 하나님의 사람이 여호와께 은혜를 구하니 왕의 손이 다시 성하여 전과 같이 되니라”(왕상 13:6); “엘리야가 저에게 그 아들을 달라 하여 그를 그 여인의 품에서 취하여 안고 자기의 거처하는 다락에 올라가서 자기 침상에 누이고 여호와께 부르짖어 가로되 나의 하나님 여호와여 원컨대 이 아이의 혼으로 그 몸에 돌아오게 하옵소서 하니 여호와께서 엘리야의 소리를 들으시므로 그 아이의 혼이 몸으로 돌아오고 살아난지라”(왕하 17:19–22); “엘리사가 집에 들어가 보니 아이가 죽었는데 자기의 침상에 눕혔는지라 들어가서는 문을 닫으니 두 사람 뿐이라 엘리사가 여호와께 기도하고”(왕하 4:33); “당신〈이사야〉의 하나님 여호와께서 랍사게의 말을 들으셨을 것이라 그가 그 주 앗수르 왕의 보냄을 받고 사시는 하나님을 훼방하였은즉 당신의 하나님 여호와께서 혹시 그 말에 견책하실까 하노라 그런즉 바라건대 당신은 이 남아 있는 자를 위하여 기도하라 하시더이다”(사 37:4); “그런즉 너는 이 백성을 위하여 기도하지 말라 그들을 위하여 부르짖어 구하지 말라 내게 간구하지 말라 내가 너를 듣지 아니하리라”(렘 7:16).

210) 아모스가 이스라엘을 “야곱”이라 부른 것은 벧엘에서의 은혜로운 선택이나 브니엘에서의 야곱에게 준 승리의 약속을 하나님께서 기억하시기를 바라서였을지도 모른다.

첫째, 이스라엘의 자기기만, 자기 교만, 자기 과시에도 불구하고 예언자는 이스라엘의 "실상"을 보고 있다. 그들은 소망 없이 "작은" 자들이다. 이스라엘 지도층들의 한없이 높은 교만과 한없이 낮은 모습은 마치 바벨탑 사건을 연상시킨다. 인간들은 "하늘에 닿을 만치 높은 탑"이라고 우쭐대었다. 그러나 하나님께서 보시기에는 너무도 작아 하늘에서 땅으로 내려와 보셔야 했다(창 11:5).[211]

둘째, 예언자는 부모의 마음으로 변호하는 것이다. 이스라엘의 생존 가능성은 자신들의 의나 공적이 아니라, 종교 행위에가 아니라 약한 자를 돌아보시는 여호와 하나님의 성품에 있다. 그러므로 아모스는 분명 죄를 지은 자들을 "죄인이 아닙니다"라고 말할 수 없어, "미약하다"고 말한다. 그렇다고 아모스의 탄원이 백성의 회개를 담보로 하는 것도, 이스라엘을 구원하고 지켜주겠다는 하나님의 약속을 상기시키는 것도, 이스라엘의 선택 사상을 들먹여서 하나님을 강박하는 것도, 이스라엘의 죄의 가벼움을 말하는 것도 아니다. 그의 탄원은 야곱의 약함, 즉 연약한 자를 불쌍히 여기는 하나님의 성품에 근거한 무조건적인 용서의 간구이다.[212] 이러한 용서의 탄원을 이스라엘 자신이 했으면 얼마나 좋았을까? 아모스의 간절한 탄원에 대한 대답이 여호와 하나님의 대답이 다음 절에 나온다.

여호와 하나님은 아모스의 탄원에 반응하신다. "대하여 뜻
7:3 을 돌이켜"〈니함 알〉נִחַם עַל는 무엇인가를 깊게 느끼고 생각과
감정의 변화를 수반하여 이전의 결정을 바꿀 경우 사용된

211) 물론 이 본문이 하나님의 전능성을 부정하는 것은 아니다. 창세기 기록자는 인간 교만의 무모함을 드러내기 위해 신인동형론적 표현을 사용한다. 높은 곳에 계시는 하나님과 너무 작은 건축물을 지어 놓고도 무진장 교만한 인간, 곧 인간의 교만은 허물어지고 말 무모함뿐임을 드러내는 것이 바벨탑 사건의 본질이다. Von Rad, *Genesis*, 149을 참조하라.

212) Paul, *Amos*, 229.

다.[213] 그러나 하나님이 주어일 때는 잘못된 행동에 대한 자책이나 가책을 뜻하는 것은 아니다. 오히려 이 단어에서 결정된 것은 어떤 경우에도 기계적으로 밀고 나가는 단호하고 냉혈적인 집행자가 아니라, 인간을 이해하고, 느끼고, 들어주고, 기다려주는 하나님을 본다.[214] 여호와 하나님은 백성을 사랑하는 아모스의 탄원에 결심을 바꾸신다. 그러나 이스라엘이 결코 그 삶의 방식을 바꾸지 않았기 때문에, 아모스의 용서를 위한 탄원은 심판의 연기나 아니면 징벌의 종류를 변화시키는 효력 밖에는 갖지 못한다.

나. 두 번째 환상(7:4-6)

> [7:4] 주 여호와께서 또 내게 보이신 것이 이러하니라 주 여호와께서 명하여 불로 징벌하게 하시니 불이 큰 바다를 삼키고 육지까지 먹으려 하는지라
>
> [5] 이에 내가 가로되 주 여호와여 청컨대 그치소서 야곱이 미약하오니 어떻게 서리이까 하매
>
> [6] 주 여호와께서 이에 대하여 뜻을 돌이켜 가라사대 이것도 이루지 아니하리라 하시니라

아모스가 두 번째로 본 것은 큰 바다와 육지를 먹어버리는
7:4 불이다. 여기의 "불의 징벌"은 불같은 가뭄을 상징하거나 문자
그대로 불 심판을 말할 것이다.[215] "바다"로 번역된 〈트홈〉
תְּהוֹם(창 1:2에서 깊음)은 땅 아래의 물, 원시 대양, 모든 물의 근원, 우주적

---

213) Wolff, *Joel and Amos*, 298b.

214) W. Eichrodt, *Theology of the Old Testament* I, 216 이하; Mays, *Amos*, 130.

215) Wolff, *Joel and Amos*, 296 참고.

바다로 이해된다(창 7:11; 시 36:6). "육지"로 번역된 〈헬레크〉חֵלֶק는 일차적으로 '할당된 땅'을 뜻한다. 경작지, 분배된 땅, 도시 주위의 토지, 혹은 하나님이 할당해 주신 이스라엘을 뜻할 수 있다(미 2:4 참조). 여기서는 이스라엘을 뜻하는 것으로 보인다. 두 번째 재앙도 첫 번째 것처럼 이스라엘 백성 누구나 다 구별 없이 겪게 되는 재앙이다.

7:5-6 아모스는 또 다시 변호인이 되어 탄원한다. 그의 청원, "주 여호와여 청컨대 그치소서"〈하달-나〉חֲדַל־נָא를 직역하면 '주 여호와여 제발 중지하소서'이다. 여기서도 아모스는 같은 말을 한다. "야곱은 작아서 견딜 수 없습니다."

여호와는 아모스의 탄원을 다시 받아들인다. 마치 아브라함의 계속적인 요청에 하나님이 심판을 면하기 위한 최소수를 줄여주는 것처럼.

다. 세 번째 환상(7:7-9)

[7:7] 또 내게 보이신 것이 이러하니라 다림줄을 띄우고 쌓은 담 곁에 주께서 손에 다림줄을 잡고 서셨더니

[8] 내게 이르시되 아모스야 네가 무엇을 보느냐 내가 대답하되 다림줄이니이다 주께서 가라사대 내가 다림줄을 내 백성 이스라엘 가운데 베풀고 다시는 용서치 아니하리니

[9] 이삭의 산당들이 황폐되며 이스라엘 성소들이 훼파될 것이라 내가 일어나 칼로 여호보암의 집을 치리라 하시니라

7:7 아모스는 이번에는 메뚜기나 불이 아니라 담 곁에 서 있는 한 사람의 모습을 본다. 그분은 다림줄을 손에 쥐고 담 곁에 서서 치수를 재고 계시는 주님이시다. "담"으로 번역된 히브리어 단어 〈호마〉חוֹמָה는 가옥이나 성읍을 둘러싸고 있는 담벼락을 말한

다. 비슷한 단어로 〈키르〉קִיר(왕상 6:5; 겔 41:20); 민 35:4)가 있다. 그러나 성읍의 방비 시설과 관련하여 사용되는 경우에 〈키르〉는 담벼락 그 자체만을 지칭하지만, 〈호마〉는 성벽 위에 있는 조망탑 등을 포함한 전체적인 방비 시스템을 지칭한다.216)

그러므로 여기서는 어떤 가정집의 담벼락이라기보다는 돌로 쌓은 방어 성벽을 말하는 것으로 생각된다. 이스라엘의 지도자들은 다림줄을 사용하여 방어 성벽, 혹은 앞에서 보아온 긍지의 〈아르므노트〉(궁궐, 성채, 요새 등)를 정확하고 견고하게 쌓았다.

그러나 하나님이 재시는 것은 물질적인 성벽이 아니라, 하나님의 백성 이스라엘이라고 하는 건축물이다. 이스라엘은 정말 견고한 것인가? 이스라엘은 제대로 지어졌는가? 이스라엘이 적들로부터 보호받을 수 있을 만큼 탄탄한가? 그들이 쌓은 업적은 견고한가? 지도자들의 연대와 특권적인 삶은 그들의 의도만큼이나 난공불락인가?

여호와 하나님은 건축물 준공 검사인이 되어("내가 다림줄을 내 백성 이스라엘 가운데 베풀고") 이스라엘의 견고성 여부와 설계 도면과의 일치 여부를 친히 측정하신다.217) 그러나 측정 결과 북왕국 이스라엘은 부실 건축물로 판명되고 말았다. 부실하게 시공된 건물이나 붕괴 위험

---

216) King, *Amos, Hosea, Micah*, 74.

217) Wolff, *Joel and Amos*, 300a. "다림줄"로 번역된 아나크는 건축가가 담이 수직으로 잘 쌓아졌는지 측정하는데 사용하는 다림줄과 추를 말한다. Mays, *Amos*, 132 참조. 이사야 28:17에서도 다림줄과 다림추가 언급되는데, 다른 단어인 〈카우〉קַו(왕상 7:23; 왕하 21:13)와 〈미쉬켈레트〉מִשְׁקֶלֶת(사 28:17)가 사용된다. 그리하여 본문에서 "다림줄"로 번역된 〈아나크〉אֲנָךְ가 다림줄이 아니라고 보는 학자도 있다. 곧 아나크가 아카드어 *anāku*와 관련 있다고 보면서, 벽의 정확한 각을 얻기 위해 사용하는 주석이나 납으로 만들어진 도구로 생각한다. Klein, *A Comprehensive Etymological Dictionary of the Hebrew Language*, 40 참조. 칠십인역도 아나크를 쇠와 같이 단단한 물질을 뜻하는 〈아다마스〉ἀδαμας로 번역하고 있다.

이 있는 건축물을 미리 파괴해야 죄 없는 사람들의 희생을 막을 수 있다. 부실하게 시공하고, 부실하게 검사하고, 부실하다는 탄원에 귀 막아 건물이 무너지고, 다리가 내려앉고, 둑이 터져 결국은 무고한 사람의 생명을 잃게 만든다. 사마리아와 아합의 집과 예루살렘도 하나님에 의해 측정되고 부실한 것으로 판명된 바 있다.

> 10여호와께서 그 종 모든 선지자들로 말씀하여 이르시되 11유다 왕 므낫
> 세가 이 가증한 일과 악을 행함이 그 전에 있던 아모리 사람의 행위보
> 다 더욱 심하였고 또 그들의 우상으로 유다를 범죄하게 하였도다. 12그
> 러므로 이스라엘 하나님 여호와가 말하노니 내가 이제 예루살렘과 유다
> 에 재앙을 내리리니 듣는 자마다 두 귀가 울리리라 13내가 사마리아를
> 잰 줄〈카우〉과 아합의 집을 다림 보던 추를 예루살렘에 베풀고 또 사람
> 이 그릇을 씻어 엎음 같이 예루살렘을 씻어 버릴지라(왕하 21:10-13)

어떤 사람이나 국가나 종교가 아무리 훌륭한 업적을 쌓았다고, 훌륭한 건축물로 판명된 건축물을 소유했다고, 성공을 이루었다고 주장하거나 믿는 것과 상관없이 정당한 평가는 하나님이 내리신다.

"다림줄"〈아나크〉אֲנָךְ은 소리 효과를 나타내기 위해 특별히 선택했을 수도 있다.[218] 〈아나크〉는 '신음하다'를 뜻하는 〈아나크〉אנק(사 35:10; 렘 51:52; 겔 26:15)나 '탄식하다'를 뜻하는 〈아나흐〉אנח(출 2:23)와 비슷한 소리를 가진다. 민감한 청중들은 "다림줄"〈아나크〉이라는 단어에서 불합격과 파멸의 '신음 소리'를 들을 수 있었을 것이다.

7:8 하나님은 "내 백성 이스라엘"에게 다림줄을 대신다. "내 백성 이스라엘"은 중요한 신학적 개념이다. '여호와는 우리 하나님, 우리는 그의 백성'이라는 언약에 기초한 개념이다. 그러나 이 언약은 은혜인 동시에 명령이기도 하다. 은혜라고 해서 무조건적

218) Stuart, *Hosea-Jonah*, 373.

보장 계약서가 아니다. 하나님은 이스라엘의 부패한 지도자들과는 다르다. "내 백성"이라고 무조건 편을 들거나 "내 백성"끼리 나쁜 짓을 일삼는 악한 권력자가 아니다. 정의와 공의를 요구하는 그분은 정의와 공의를 행하시는 분이다. "내 사람" 편을 드는 악한 재판관을 심판하시는 그분이 어찌 악인들을 "내 백성"이라고 해서 편들겠는가?

오히려 "내 백성"은 심판의 근거가 된다. 하나님의 백성이 어찌 그럴 수 있는가? 하나님의 종이라고 하는 지도자들이 어찌 그럴 수 있단 말인가? 그러므로 이스라엘은 자신들이 내세우는 선택 사상에 근거하여 심판을 받게 된다. "내가 땅의 모든 족속 중에 너희만 알았나니 그러므로 내가 너희 모든 죄악을 너희에게 보응하리라 하셨나니"(3:2). 그러나 "내 백성"은 동시에 주님의 속마음을 드러낸다. 죄악 된 이스라엘을 여전히 "내 백성"이라고 부르는 주님의 아픈 마음 말이다.

여호와는 단호하게 결심을 밝히신다. "다시는 용서치 아니하리니"(직역하면 "더 이상은 넘어가지 아니하리니"). 이스라엘의 죄가 여기서는 명시되어 있지 않지만 "더 이상" 혹은 "다시는"이라는 말은 이스라엘의 죄악의 크기와 지속성과 여호와 하나님의 지금까지의 인내를 암시한다. "더 이상"은 지금까지 용서하고(7:2-3), 지금까지 심판을 연기하고(7:5-6), 지금까지 기다렸지만 이스라엘은 변하지 않고 죄가 한계를 넘었다는 것이다. 이스라엘의 운명은 장자를 잃은 애굽 같이 될 것이다. 그 때에는 죽음이 이스라엘 백성의 집을 넘어가고, 애굽 백성의 집을 지나갔다. 그러나 이제 이스라엘은 "은혜의 넘어감"을 잃게 되었다.

파괴될 부실 건축물은 이스라엘 핵심적 구조인 종교(산당, 성
7:9 소)와 왕조(여로보암의 집)이다.[219] "산당들"〈바모트〉בָּמוֹת은 말 그대
로 "높은 곳"에 있는 예배 처소이다. 가나안 종교에서 기원했으

---

219) Mays, *Amos*, 133.

며 역사적으로는 여호와를 섬기는 곳과 이방신들을 섬기는 곳 모두를 지칭한다. 예배 처소에는 제단, 돌기둥〈마체바〉מַצֵּבָה(창 28:18; 출 23:24; 24:4)과 나무 기둥〈아세라〉אֲשֵׁרָה(예. 신 16:21)이 있었다.

"산당"은 정착 이후 남북 왕국 도처에 있으면서 일반 백성들의 종교적 삶에 있어서 중요한 위치를 차지했다. 솔로몬 성전 건축 이후에는 예루살렘 성전이 중앙 성소였으며, 북왕국에서는 벧엘이 그 역할을 했다. 그러나 그 이후에도 여전히 지방 산당은 존재했다. 처음에는 그 자체가 비난의 대상은 아니었으나 주전 8세기 아모스 시대에 이르러 극렬한 비난의 대상이 되었다. 산당이 혼합종교의 온상이었기 때문이다.

산당의 황폐에 대해 말하면서 왜 "이삭의" 산당이라고 했는지 그 뜻이 분명치 않다.[220] 가능성으로 다음과 같은 의견이 제시된다. ① 바로 뒤에 나오는 "이스라엘" 성소를 가리킨다. ② 이스라엘의 산당은 벧엘을, 이삭의 산당은 브누엘-마하나임 지역의 산당을 말한다. ③ 이삭의 산당은 이삭의 활동 무대의 한 중심지인 남왕국의 브엘세바의 산당을 말한다.[221] ④ 이스라엘의 성소는 요단강 서편 지역을, 이삭의 산당들은 북왕국에 의해 지배되는 요단강 동편 지역의 산당들을 뜻한다. ⑤ 어쩌면, 벧엘 성소에 "이삭"을 기념하는 어떤 장소가 있었는지 모른다.

여호와의 이름으로 예배를 드린 곳이든지 우상을 숭배하던 곳이든지, 이스라엘의 예배 처소들은 파괴된다. 이스라엘의 예배자들의 생각이 어떻든 하나님은 그곳을 범죄의 장소로 보기 때문이다(4:4-5 참조). 거부와 파괴의 이유는 예전의 문제나, 제물의 내용이나, 열정 때문이 아니다(5:21-24 참조). 이기와, 탐욕과, 억압과, 오용 때문이다.

"황폐되며"의 히브리어 동사 〈샤맴〉שׁמם은 "퇴락하다", "버려지다"를 뜻한다. 지금은 그렇게 많은 사람들이 몰려들어 대성공이라 자평할

---

220) 이삭은 전통적인 〈이츠하크〉יִצְחָק 대신 〈이스하크〉יִשְׂחָק로 표기된다.
221) Wolff, *Joel and Amos*, 301b-302a.

지 모르나 얼마 가지 않아 예배자도 예배 인도자도 다 사라져버린 정적만 감도는 무인지경이 된다는 것이다. 사람들이 오지 않으므로 하나님은 그곳에서 외로이 사람들을 기다리고 있을까? 전혀 그렇지 않다. 그 성소들은 하나님이 함께 한 장소가 아니다. '하나님 임재'라고 하는 간판만 가진 사기의 장소이므로 하나님에 의해 고발되고 파괴("훼파")된다. "훼파"의 히브리어 단어 〈하렙〉חָרֵב은 〈샤맴〉과 뜻에 있어서 별 차이가 없다. 그러나 동음이어인 다른 〈하렙〉חָרַב은 "공격하다", "칼로 치다"는 뜻을 가진다. 뒤에 나오는 "칼"의 히브리 단어는 〈헤렙〉חֶרֶב이다. 그러므로 "훼파"는 의미상 앞의 "황폐"와 연결되는 동시에, 소리로 뒤의 "칼"과 연결된다.

여로보암의 집(왕가)은 산당과 성소에 이어 "세 번째" 심판 대상이 아니라 본격적 심판 대상이다. 하나님의 칼은 멀리서부터 중심으로 이동하고 있다. 산당과 성소를 지나 악의 근원인 핵심, 왕궁과 왕가로 이동하는 것이다. '여로보암의 집의 멸망'이 예후 왕조의 멸망을 의미하는지, 아니면 국가 이스라엘의 종말을 의미하는지는 분명치 않다. 이스라엘의 멸망을 이미 알고 있는 현대의 독자들은 어렵지 않게, 이것이 이스라엘의 멸망을 지칭하는 것으로 읽을 것이다. 그렇지만 이미 여러 번의 혁명과 왕가의 몰락에 대해서 알고 있는 아모스 시대의 청중은 문자 그대로의 "여로보암의 집", 즉 예후 왕조의 전복을 뜻하는 것으로 생각했을 수 있다(왕하 15:8-10).

그러나 전체 산당과 성소의 파괴는 왕가의 교체라기보다는 국가의 몰락을 말해준다. 또한 여로보암이란 이름은 공교롭게도 이스라엘의 창시자의 이름과 같다. 그러므로 "여로보암의 집"의 멸망은 예후 왕가의 멸망은 물론, 국가 창건자 여로보암(I)으로 대변되는 국가 이스라엘의 멸망이라는 이중적 의미를 갖는 것으로 보인다.

아모스는 더 이상 중간에 들어서지 않는다. 중보자란 말이 하나님의 뜻을 무시하며 무작정 억지를 부리는 자라는 뜻은 아니다. 참된 종은 하나님의 결정에 순복하는 자다. 아모스가 침묵하는 이유로는 두 가지 가능성이 있다. 하나는 앞의 이스라엘 전 백성에게 고통을 주는 징벌(메뚜기, 불)과는 달리 산당, 성소, 왕가를 정확히 타격하기 때문에 죄의 온상에 대한 징벌을 아모스가 반대할 이유가 없었을 것이다. 다른 가능성으로는 하나님이 다림줄로 상황을 정확히 재어보고 내린 결론이므로 아모스는 다른 변명을 할 수 없었을 것이다. 악인들이 그 마음과 행위를 바꿀 의도가 없는 이상, 악인들에 대한 용서의 탄원이 고통받는 일반 백성에게 무슨 의미가 있겠는가? 아모스의 환상은 8장에서 다시 계속된다.

2. 아마샤인가, 아모스인가?(7:10-17)

성소를 직접 공격하자 그 안에 있는 사람이 아모스 앞에 나타난다. 그는 벧엘의 제사장 아마샤이다. 본 구절들은 시골 사람 아모스와 국가 성소 벧엘의 제사장 아마샤와의 대면과 대화를 기록하고 있다. 아마샤는 아모스의 예언을 막아보려고 애쓴다. 아모스의 자격을 따지고, 출신지를 문제 삼고, 선포 내용을 왜곡하여 정치적 모반으로 몰아붙이고, 떠나라고 위협한다. 그러나 여호와에 의해 선택되고, 여호와의 사자로 보냄 받았으며, 여호와의 말씀으로 충만한 아모스는 자신의 생명의 위협과 거짓 설득에 전혀 흔들리지 않는다.

아마샤의 거짓됨은 개인의 문제를 넘어 국가의 운명을 결정짓는 한 요소다. 거짓 종교는 신앙의 이름으로 하나님의 뜻을 가로막고 방해하고 왜곡한다. 그리하여 사람들을 타락시키고 국가를 몰락시킨다. 국가 성소의 최고위 종교인 아마샤 그는 이스라엘이 심판 받는 날, 그의 종교 행위에 대한 대가를 받는다. 반역자는 아모스가 아니라 아마샤이기 때문이다. 그는 여호와를 반역한 종교인이며 국가를 반역한 국가 성소의 성직자요, 희망을 막은 거짓 지도자이다. 그는 죽임을 당하고 그의 가족은 부끄러움과 몰살을 당하며 추구했던 물질과 권력은 새 주인을 찾는다.

[7:10] 때에 벧엘의 제사장 아마샤가 이스라엘의 왕 여로보암에게 보내어 이르되 이스라엘 족속 중에 아모스가 왕을 모반하나니 그 모든 말을 이 땅이 견딜 수 없나이다
[11] 아모스가 말하기를 여로보암은 칼에 죽겠고 이스라엘은 반드시 사로잡혀 그 땅에서 떠나겠다 하나이다
[12] 아마샤가 또 아모스에게 이르되 선견자야 너는 유다 땅으로 도망하여 가서 거기에서나 떡을 먹으며 거기에서나 예언하고
[13] 다시는 벧엘에서 예언하지 말라 이는 왕의 성소요 나라의 궁궐임이니라
[14] 아모스가 아마샤에게 대답하여 이르되 나는 선지자가 아니며 선지자의 아들도 아니라 나는 목자요 뽕나무를 재배하는 자로서
[15] 양 떼를 따를 때에 여호와께서 나를 데려다가 여호와께서 내게 이르시기를 가서 내 백성 이스라엘에게 예언하라 하셨나니
[16] 이제 너는 여호와의 말씀을 들을지니라 네가 이르기를 이스라엘에 대하여 예언하지 말며 이삭의 집을 향하여 경고하지 말라 하므로
[17] 여호와께서 이와 같이 말씀하시기를 네 아내는 성읍 가운데서 창녀가 될 것이요 네 자녀들은 칼에 엎드러지며 네 땅은 측량하여 나누어질 것이며 너는 더러운 땅에서 죽을 것이요 이스라엘은 반드시 사로잡혀 그의 땅에서 떠나리라 하셨느니라

벧엘은 앞에서 언급한 것처럼 이스라엘의 전통적 성소로 아
7:10 브라함과 야곱이 거한 곳이며(창 13:3; 23:19), 여로보암(I)이 이스
라엘을 창건하면서 예루살렘과 경쟁하기 위해 국가의 중앙 성

소로 정한 곳이다. 여로보암은 벧엘과 단에 성소를 만들고, 전통적인 제사장 가문을 폐하고 자신의 입맛에 드는 새로운 제사장 가문을 만들었다(왕상 12:31, 32). 국가 종교 확립은 종교의 모습을 하고 있지만 예루살렘과의 종교적 단절을 통해 자신의 입지를 강화하려는 계산된 정치 행위였다. 그러므로 벧엘에서의 종교 행위 역시 왕권 강화에 장애가 되지 않는 한도 내에서만 장려되었다고 볼 수 있다.

아모스의 선포를 가로막기 위해 나선 사람은 벧엘의 제사장 아마샤 〈아마츠야〉אֲמַצְיָה이다. 이름의 뜻이 '여호와께서 강하게 하신다'이니 그 부모가 여호와 신앙을 가진 사람이며, 그 역시 여호와를 섬기는 제사장이었다고 생각할 수 있다.

"벧엘의 제사장"은 〈코헨 르벧엘〉כֹּהֵן לְבֵית־אֵל(벧엘에 속한 제사장)이 아니라 〈코헨 벧엘〉כֹּהֵן בֵּית־אֵל(벧엘의 제사장)의 번역이다. 〈케헨 벧엘〉은 아마샤가 벧엘 제사장 중의 한 사람이 아니라, 벧엘을 대표하는 제사장, 즉 대제사장이라는 표현일 가능성이 크다.[222]

아마샤는 아모스를 도시의 한 복판에서 공개적으로 백성들을 선동한 자, 즉 "이스라엘 한 가운데서"(이스라엘 족속 중에) 문제를 일으키는 자로 고발한다. 벧엘의 제사장들은 왕이 임명했고 왕을 바라보고 사는 사람들이었으므로 실제적 주관자는 여로보암(II) 왕이었다. 아마샤가 아모스 건을 왕에게 보고하는 이유를 짐작할 만하다. 벧엘이 국가 성소이니 국가와 왕과 관련된 중요 사안을 왕에게 알려야 할 필요가 있었을 것이다.[223] 그러나 아마샤의 보고는 왜곡되어 있다. 아마샤는 아모스가 왕에 대한 모반을 꾀하고 있다고 보고했다. "모반"의 히브리 단어는 정치 용어인 〈카샤르〉קֶשֶׁר로서 '통치자를 무력으로 전복시키려는 음모'를 뜻한다.[224]

---

222) Stuart, *Hosea-Jonah*, 375을 참조하라.

223) 위의 책.

224) Wolff, *Joel and Amos*, 310a. 열왕기상 15:27; 16:9, 16, 20; 열왕

아모스의 사회 비판과 지도자에 대한 비난은 예언자들의 자극에 의해 혁명을 일으켰던 과거의 경험들을 생각나게 했을 것이다. 북왕국을 세운 여로보암(I)은 실로 사람 아히야에 의해(왕상 11:29), 여로보암(II)의 선조 예후는 엘리사의 지원으로 혁명을 일으켰다(왕하 9:6). 미래의 패망 선포는 다른 권력자들에게 혁명을 일으킬 기회라는 신호가 되곤 했다. 실제 북왕국의 역사는 '하나님의 뜻'을 들고 나온 군사 지도자의 혁명 역사다. 그러므로 여로보암(II)과 주변의 엘리트들이 예언자의 설교 내용에 민감해 한 것은 당연한 일이다.

"이 땅이 견딜 수 없다"는 표현은 땅이 홍수 물을 담을 수 없는 것처럼, 아모스의 비난이 땅이 담을 수 있는 수준을 넘었다는 뜻이다.[225] 아모스의 예언이 지리적으로 폭넓게 전파되었거나, 상당 기간 오랫동안 지속되었거나, 혹은 왕의 통치를 위협할 만큼 백성들에게 영향을 끼치고 있었다는 것을 짐작케 하는 표현이다.[226] 그러나 땅이 담아낼 수 없는 것은 아모스의 말이 아니라 사회·종교·정치·경제 지도자들의 악행이다. 아마샤는 아모스의 선동이 성공할 가능성이 있다고 우려했을 것이다. 아모스가 말한 백성의 억압 받는 삶은 맞는 말이고, 정의의 왜곡 현상을 누구나 알고 있으니(자기들이 한 일이니 엘리트일수록) 쿠데타 혹은 민란이라도 일어날 경우 왕의 살해와 함께 벧엘 제사장들의 죽음을 몰고 오지 않겠는가?

정치색이 짙은 사람들에게 아모스는 정치적 목적을 가진 선동자로 보였을 것이지만, 아모스는 어떤 군사 지도자를 지지한 적이 없으며 오직 부패한 사회에 대한 여호와의 심판을 선고했을 뿐이다. 그러나

기하 12:21[20]; 14:19; 15:10 등을 참조하라. 〈카샤르〉는 원래 '줄'을 뜻하는데, 아마 음모자들이 '서로 줄로 묶여있기' 때문에 "음모"라는 뜻을 갖게 되었을 것이다.

225) Stuart, *Hosea-Jonah*, 375.

226) Mays, *Amos*, 134.

아마샤는 아모스의 신앙, 윤리, 계약, 사회, 경제 상황에 대한 비판을 '음모', '반역의 도모'로 변경시켜 보고했다. 이와 같이 아모스가 신앙과 일상생활이 같은 영역이라고 보는데 반하여, 아마샤는 종교 행위와 삶을 완전히 분리해서 생각한다.

아마샤는 고의로 민감한 단어를 선택한다. 앞의 구절들에
7:11 서 아모스는 "내가[여호와] 칼로 여호보암의 집을 치리라"(9절)
고 말했다. 그러나 이것이 여로보암 자신이 칼에 맞아 죽는다는 말은 아니다. 실지 여로보암은 천수를 다하고 죽었다(왕하 14:29). 아마샤가 편지에 아모스가 백성들 앞에서 여로보암의 살해를 선포했다고 쓴 것은 과장이다. 아마샤가 자극적인 내용을 쓴 것은 본래 예언자들이 신랄한 말을 한다는 것을 역사 공부를 통해 알고 있어 무관심할 수도 있는 여로보암을 자극하기 위해서였을 것이다.

중대한 변조가 또 하나 있다. 아모스는 심판 선고를 하면서 "여호와께서 가라사대"로 말하는데 비해, 아마샤는 "아모스가 말하기를"로 바꿔 보고한다. 아마샤는 여호와의 말씀을 한 사람의 생각, 혹은 한 사람의 사상으로 중화시켜 버린다.[227] 여호와께로부터 오는 국가와 왕에 대한 경고가 비신앙적인 한 제사장에 의해 기껏해야 '어떤 사람이 그러더라'는 말로 바뀌어 버리니 무섭고도 안타까운 일이다.

아마샤는 왕에게서 기별이 오기 전에, 아니면 자신의 편지에 대한 왕의 무관심을 알고 나서 직접 문제 해결에 나선다. 사실 왕은 아모스가 정치범이 아닌 것을 충분히 알만큼 정보를 갖고 있었을 것이며, 실제로 위협받는 것은 왕이 아니라 타락한 벧엘이었기 때문이다.[228]

---

227) Mays, *Amos*, 136는 이것을 '비신학화'("de-theologized")로 본다.

228) 벧엘은 종교 중심지인 동시에 경제 활동이 활발한 곳이었다. 국가 성소로서 수많은 순례자, 수많은 제물, 엘리트들의 행차 등은 이곳이 경제 중심지가 되기에 충분한 요소다. 예수님의 성전 설교에 예루살렘 제사장들

아마샤는 아모스의 출신지를 들먹이며 예언을 중지시키려
7:12 한다. 12절의 "또"는 히브리어 접속사 〈와우〉의 번역으로 아
모스와 아마샤 사이에 전에도 대화가 있었다는 말이 아니라,
왕에게 편지를 보내고 또 아모스에게도 말했다는 뜻이다.

아마샤는 아모스를 "선견자"〈호제〉חֹזֶה로 부른다.229) 아모스는 그

이 참을 수 없었던 것과 크게 다르지 않다. 예루살렘은 종교 중심지에 걸맞는 경제 중심지였다. 자신들의 수입 감소를 염려하던 예루살렘 엘리트들을 자신들의 기득권을 위태롭게 하는 예수님을, 지혜롭게도 '정치범'(모반)으로 몰아 죽인다.

229) 성경에 선지자나 선견자를 나타내는 단어로는 〈나비〉נָבִיא, 〈로에〉רֹאֶה, 〈호제〉חֹזֶה가 있다. 〈나비〉는 예언자 혹은 선지자로 이해된다. 〈로에〉와 〈호제〉는 모두 이상이나 앞날을 '보다'와 관계가 있다. 그래서 선견자 혹은 선지자로 번역된다. 세 단어 사이에 어떤 차이가 있는지 명확히 구분하기는 어렵다. 사무엘상 9:9은 "옛적 이스라엘 사람이 하나님께 가서 물으려 하면 말하기를 선견자〈로에〉에게로 가자하였으니 지금 선지자〈나비〉라 하는 자를 옛적에는 선견자라 일컬었더라"고 말한다. 선지자〈나비〉 갓은 다윗의 선견자〈호제〉였다(삼하 24:11). 이 경우 선견자는 다윗의 참모로서 하나님의 뜻을 묻는 직임을 말하는 것으로 보인다. Wolff, *Joel and Amos*, 310b을 참조하라. 이사야는 〈로에〉와 〈호제〉를 같은 직임으로 보는 것 같다. "그들이 선견자〈로에〉에게 이르기를 선견하지 말라 선지자〈호제〉에게 이르기를 우리에게 정직한 것을 보이지 말라"(사 30:10). 이사야는 또한 선지자와 선견자를 같은 직임으로 본다. "눈은 선지자〈나비〉요 머리는 선견자〈호제〉라"(사 29:10[한글 개역]. 참고 왕하 17:13). 미가 3:6-7에서 〈호제〉는 점쟁이 정도의 의미를 가진다. "그러므로 너희가 밤을 만나리니 이상〈하존〉을 보지 못할 것이요 흑암을 만나리니 점치지 못하리라 하셨나니 이 선지자〈나비〉 위에는 해가 져서 낮이 캄캄할 것이라 선견자〈호제〉가 부끄러워하며."

〈로에〉와 〈호제〉는 긍정적 의미든 부정적 의미든 일반인이 보지 못하는 것을 '보는 것'과 관련 있다. 그러므로 사람들은 개별적인 문제가 생겼을 때 〈로에〉 혹은 〈호제〉를 찾았을 것이다. 〈나비〉는 본 것이나 들은 것을 '말하는' 것에 강조를 둔 단어이다. 그러므로 〈로에〉와 〈호제〉는 머리 속이나 눈, 〈나비〉는 입과 관련되어 〈로에〉와 〈호제〉는 메시지를 받는 방법에, 〈나비〉는 메시지를 전하는 면에 강조를 둔다. 그러므로

의 설교에서 그가 "이상"을 보는 사람이라고 말한 바 있으므로(1:1; 8:1-3), '이상을 보는 사람'을 뜻하는 선견자라는 표현은 아모스에게 적합한 말이다. 그러나 아모스를 〈호제〉라고 부른 것은 아모스의 예언자로서의 권위를 인정하는 것이라기보다는 제도적 자격이나 전문적 교육에서가 아니라 신적 계시에 의해 활동한다고 자평하는 '환상가'에 불과하다는 뜻에서였을 것이다. 만일 비꼬는 표현이 아니라 〈호제〉라는 것을 인정하는 것이라면 이 호칭은 아마샤가 왕권과 여호와의 권위 사이에서 갈등하고 있음을 보여주는 증거가 된다.

"유다 땅으로 가라"는 아마샤가 아모스의 출신에 대해 알고 있었음을 보여준다. 아모스 자신이 유다 사람이라고 소개했고, 아마샤는 뒷조사를 포함하여 아모스에 대해 여러 가지를 알아보았을 것이다. 아모스가 북왕국 예언자 목록에 올라와 있지 않거나, 북왕국 예언자들을 통해서는 이력이 알려지지 않았기 때문에 유다 출신이라고 했을 수도 있다. 아모스가 북왕국 사람이 아니니 북왕국에서 예언할 자격이 없고 북왕국에 대한 멸망 선포라면 남왕국 사람들이 박수를 칠 일이니 거기 가서 하라는 뜻일 것이다. 유다에서 "떡을 먹으라"는 것은 벧엘이나 사마리아에서는 아무리 예언해도 돈이 생기지 않는다는 뜻이다.[230] "거기에서나"의 반복은 아마샤의 의중을 드러내는 것이다. "'여기'는 나의 관할권 하에 있으니 거기 가라! 그러면 너도 좋고 나도 좋지 않은가? 사실 예루살렘도 문제투성이인데 왜 '이곳'만을 고집하여 여기서 활동하려 하는가?"

여기서 "유다"와 "떡"을 함께 언급한 것은 북왕국 사람들의 동요

〈로에〉 혹은 〈호제〉가 〈나비〉일 수도 있는데, 곧 예언자, 선지자, 대언자들은 여호와께서 그들에게 보여준 것을 말하기 때문이다. 〈나비〉, 〈로에〉, 〈호제〉의 관계에 대한 자세한 논의를 위해서는 L. J. Wood, *The Prophets of Israel*, 63-65을 보라.

230) Wolff, *Joel and Amos*, 311a는 후자의 해석을 취한다.

를 막기 위한 아마샤의 계교일 수 있다. 아모스를 남왕국 사람이라고 강조하여 북왕국을 해롭게 하는 사람으로 인식시키고, 동시에 생계유지 문제를 언급함으로 아모스를 삯을 위해 예언하는 사람으로 만들기 위해서이다. 아마샤의 관심은 아모스의 선포 내용이 아니라 자신의 기득권 고수에 있었다. 여호와의 말씀을 경청하기에는 아마샤는 너무도 많은 것을 누리고 있었다.

"도망하여 가서"는 공권력이 곧 개입될 것이므로 아모스의 목숨이 위태롭다는 협박이다. 히브리어의 순서는 '가라', '너를 위해 도망하라'이다.[231] 아마샤의 의도는 아모스에게 미리 알려주어 그를 빨리 쫓아 보내려는 데 있었다. "너를 죽이려는 모종의 조처가 준비되고 있고 왕의 군사들이 곧 들이닥칠 것이니 빨리 국경을 건너라".[232]

아마샤는 왜 아모스를 고발하거나 투옥시키지 않고 도망하라고 권하는가? 아모스는 국가와 왕을 저주한 사람이 아닌가? 아마샤 자신이 아모스를 정치범으로 보고하지 않았는가? 그렇다고 해도 아모스를 살리기 위해서 그렇게 한 것으로는 보이지 않는다. 아마샤 자신이 여로보암에게 보낸 편지의 대답으로 정권 차원의 저지를 확신할 수 없었기 때문에, 위협을 주어 달아나게 할 의도였을 것이다. 정치적 조치 이전이라도 종교 차원에서 해결하라는 지시를 받았을지도 모른다. 아모스가 백성에게 이미 상당히 알려진 상황에서 그를 죽이는 것은 정권에 오히려 부담으로 작용했을 가능성도 있다. 특히 여로보암(II)의 선조인 예후 왕조가 예언자 그룹의 지지를 받고 시작한 정권이었기 때문에 아마샤는 조용한 처리를 택했을 것이다.

"떡을 먹으라"와 거기서 "예언하라"는 표현에서 우리는 성소에 소

---

231) '도망하라' 뒤에 나오는 〈르카〉לְךָ(너를 위해)의 〈르〉는 '이익의 여격'(Dativus Commodi)를 이끌며(Gesenius-Kautsch-Cowley, §119s), '도망하는 것이 신상에 좋을 것'이라는 뜻이다.

232) Wolff, *Joel and Amos*, 311b.

속되어 있는 제사장들처럼 예언자들이 위하여 활동한 개인이나 기관으로부터 삯을 받았다는 것을 알 수 있다. 아래의 구절들은 긍정적적이거나 부정적이거나 예언자들이 먹을 것을 받았다는 것을 보여준다.

> [7]사울이 그 사환에게 이르되 우리가 가면 그 사람에게 무엇을 드리겠느냐 우리 그릇에 식물이 다 하였으니 하나님의 사람에게 드릴 예물이 없도다 무엇이 있느냐 [8]사환이 사울에게 다시 대답하여 이르되 보소서 내 손에 은 한 세겔의 사분 일이 있으니 하나님의 사람에게 드려 우리 길을 가르치게 하겠나이다 하더라(삼상 9:7-8)

> [5]내 백성을 유혹하는 선지자는 이에 물 것이 있으면 평강을 외치나 그 입에 무엇을 채워 주지 아니하는 자에게는 전쟁을 준비하는도다(미 3:5)

아마샤는 다시 한 번 아모스의 활동을 제지하기 위해 설득
7:13 한다. 이번에는 왕의 권위를 내세운다. 벧엘 성소는 "왕의 성소"〈미크다쉬 멜렉〉מִקְדַּשׁ־מֶלֶךְ이며 "나라의 궁궐"이라고 한다. "나라의 궁궐"은 〈벧 맘라카〉בֵּית מַמְלָכָה의 번역인데, 〈맘라카〉는 '나라'보다는 통치, 왕국, '왕'과 관련된 단어이므로 개역성경의 '왕의 궁'이나 혹은 보다 더 정확하게 '왕(王)의 집'이 더 정확한 번역이다.

벧엘을 "왕의 성소"나 "왕의 집"이라고 하는 아마샤의 말은 이스라엘의 통치 가문의 공식적 견해를 보여주는 것이다. 왕가는 벧엘을 '왕을 위한, 왕에 의한, 왕의' 성소로 생각했고 제사장들은 이 생각에서 벗어나지 않는 종교 행위를 했다. 당시 벧엘의 실제 주인은 하나님이 아니라 왕이었으며, 〈벧엘〉(하나님의 집)은 사실상 〈벧 멜렉〉(왕의 집)이었다. 아마샤의 말은 또한 벧엘과 사마리아가 결코 어떤 경우든지 적대 관계일 수 없다는 정치신학, 혹은 신학적 정치를 보여준다.

아마샤는 국가 성소의 책임자로서 현 통치자와 정치-종교적으로 밀접한 관계를 가지고 있었을 것이고 통치자의 안위에 상당한 관심을 가졌

을 것이다. 아모스가 유다 사람이라고 하는 것은 벧엘의 제사장으로서는 더욱 성가신 일이었다. 게다가 예루살렘과 벧엘은 오랫동안 경쟁관계였기 때문에 이스라엘이 정통 국가임을 상징하는 국가 성소 벧엘에 대한 감독자로서 아마샤는 아모스의 입을 틀어막음으로 벧엘에 대한 위협을 해소하려 했을 것이다(렘 20:1-2, 29:26 참조).233)

아마샤는 앞 구절에서는 '그곳에서 예언하라'고 했고, 이 구절에서는 '이곳에서는 예언하지 말라'고 하였다. 예언을 하되 이곳에서는 안 되고, 예언을 하되 그 내용으로는 안 된다는 것이다. 참된 예언은 예언을 해야 할 장소를 정확하게 알고, 들어야 할 사람을 정확하게 가려야 한다. 미가의 예언에 대해 예루살렘의 종교-사회 지도자들은 "너희는 예언하지 말라 이것은 예언할 것이 아니거늘 욕하는 말을 그치지 아니 한다"(미 2:6)고 했다. 아마샤는 벧엘이 왕의 성소이기 때문에 시골 사람이 예언할 장소가 아니며, 왕의 성소이기 때문에 왕을 욕해서는 안 된다고 하며 하나님을 고려하지 않는다.

위에서 본 바대로 아마샤는 아모스를 쫓아버리기 위해 몇 가지 꾀를 부렸다. 역모 죄로 고발했고, 긴급 상황을 암시하며 도망해야 한다는 위협을 주었으며, 박해도 없고 정기적 수입이 보장되는 유다에서의 평안한 삶을 제시했다. 마지막으로는 왕의 권위를 들먹이며 아모스에게 겁을 주었다. 아마샤는 여러 가지를 생각했지만, 단 한 가지 예언의 원 출처가 어디인지, 누구인지에 대해 무심한 결정적인 실수를 범했다.

그렇다면 아모스는 위협과 유혹과 압박에 흔들렸을까? 유감스럽게도 아모스는 아마샤가 생각한 그런 사람이 아니었다. 아모스는 이상을 보는 평범한 예언자가 아니고, 성소에 생계가 달 사람도 아니며, 왕권에 무조건 복종할 사람도 아니었다. 그 예언의 출처는 '참다운 의미에서의 벧엘'〈하나님의 집〉이었다.

233) 위의 책, 310.

아모스는 이 구절에서 참으로 흥미로운 말을 한다. 아마샤
7:14 도 그를 선견자라고 하는데, 아모스 자신은 예언자도 아니고
〈로-나비 아노키〉לֹא־נָבִיא אָנֹכִי 예언자의 아들도 아니라〈로 벤-나
비 아노키〉לֹא בֶן־נָבִיא אָנֹכִי고 한다.[234] 그러므로 이 구절은 아모스 본문
중에서 가장 해석하기 어려운 본문 중의 하나이다.

그의 활동 내용을 볼 때 분명히 아모스는 전형적이 예언자 중의 한 사람이다. 다른 예언자들처럼 이상을 보았고, 하나님과 백성의 중간에 서는 중재자의 역할을 했으며(7:2, 5), 다른 예언자들처럼 소명 받고 파송되었다(7:15). 아모스가 선포한 내용을 보더라도 형식은 대리인 공식(messenger formula)을 취하고 있고, 심판 선고는 초기 예언자의 전형적 스타일을 띤다.[235] 아마샤를 비롯해 그 시대 사람들도 아모스를 선견자로 보았다. 그런데도 그가 예언자가 아니란 말인가?

그렇다면 이렇게 말하는 아모스의 의도는 무엇일까? 몇 가지 가능성이 제시된다. 첫째, 지금은 예언자이지만 원래 직업은 예언자가 아니었다. 이 제안은 '예언자가 아니다'라는 것을 '예언자가 아니었다'는 과거시제로 고쳐 읽는다.[236] 이 제안의 문제점은 왜 아모스가 '전에는 아니었다'는 말을 해야 하는가 하는 것이다. 아마샤가 아모스에게 '언제 예언자가 되었는가?' 물은 것도 아니고, '당신 예언자 아니지?' 라고 말한 것도 아니다. 오히려 아마샤가 예언자를 '밥 벌어먹는 사람'의 수준에서 말했기 때문에, 나는 당신이 말하는 그런 사람이 아니라는 뜻에서 '예언자가 아니다(현재시제)'고 했다고 보아야 한다.

---

234) '선지자의 아들'이란 표현은 스승과 함께 모여 살고 다니는 예언자 무리의 일원이라는 뜻이다. 그러므로 예언자의 제자나 예언자 학교 출신이라는 뜻도 된다(왕상 20:25, 왕하 2:3 이하; 4:1, 38 등 참조). 이들은 벧엘이나 여리고 같은 곳에 본거지를 두고 순회를 했던 것으로 보인다(왕하 2:1–5).

235) Mays, *Amos*, 138.

236) 이 부분의 히브리 문장은 동작 동사가 없는 명사 문장이다. 그러므로 시제를 과거로 볼 수도, 현재로 볼 수도 있다.

둘째, '나는 진정 예언자다'라는 긍정문이다. 〈로 나비 아노키〉אָנֹכִי לֹא־נָבִיא(아니다, 예언자, 나는)의 부사 〈로〉לֹא를 부정 부사로 보지 않고 강조의 부사로 보아, '나는 진정〈루〉לֻא(삼하 18:2; 19:7) 예언자이다'로, 다음에 나오는 〈로〉는 부정 부사로 보아 '나는 예언자의 아들이 아니다'라고 아모스가 말했다는 것이다.[237] 이 주장의 문제점은 두 개의 〈로〉를 하나는 강조로, 하나는 부정으로 보는 것이 너무 작위적이다.

셋째, 앞의 〈로〉는 "나는 예언자가 '아니다'"를 말하는 것이 아니라 앞에서 아마샤가 제안하고 설명한 모든 말에 대해서 '아니야'〈로〉라고 한 후 그 다음 '나는 예언자야 나는 이곳에서 예언해야 해'라는 뜻이다.[238] 이는 단어 사이에 없는 여백을 넣은 억지 해석이라는 느낌을 지울 수 없다. 두 주장 모두 '나는 예언자이지 예언자의 생도가 아니니 명령하지 말라'는 뜻을 내포한다.

가장 가능성 있는 해석은 '나는 전업 예언자나 교육에 의한 예언자가 아니다'라고 보는 것이다. 즉 "나는 예언자가 아니다. 예언자의 생도도 아니다. 소속도 없다. 사람의 지시를 받지 않는다. 당신처럼 벧엘을 관할하거나 아니면 유다의 어떤 성소를 맡고 있는 것이 아니다. 예언을 통해 떡을 먹는 직업적 예언자가 아니다. 내 직업은 따로 있다. 나는 예언자이기 때문에 예언하는 것이 아니라, 하나님이 불러 시키셔서 예언하고 있을 따름이다."

아모스는 이제 자신의 배경을 말한다. 그렇게 전문적이지도 화려하지도 않은 이력을 갖고 있다. 엘리야와 같은 유명한 스승을 둔 것도 아니고 유명한 성소 출신도 아니다. 소와 양을 돌보는 목자며, 뽕나무 열매를 손질하는 사람이다. 여기서의 '목자'는 〈보케르〉בּוֹקֵר이다. 앞에서 아모스는 자신을 드고아의 목자〈노케드〉נֹקֵד라고 소개했는데(1:1),

237) H. Neil Richardson, "A Critical Note on Amos 7:14," *JBL* 85/1 (March 1966), 89.

238) S. Cohen, "Amos Was a Navi," *HUCA* 32(1961), 177.

〈노케드〉가 의미하는 바가 직업으로서의 '목축업자'이라면, 〈보케르〉는 '나는 소 돼지를 먹인다'는 표현과 비슷하다. 농장을 갖고 있는 사람이 자신을 소개하면서, '나는 시골에서 풀이나 베고 산다'고 말하는 것과 같은 표현이다.[239] 아마샤가 아모스를 선견자라고 부르니 아모스는 나는 시골 촌놈이니 그런 말은 하지도 말라는 뜻이다.

뽕나무(시카모 나무)שִׁקְמָה는 유다의 세펠라 지역(낮은 구릉 지대)에 많이 나는 나무다. '재배하는 자'는 히브리어 단어 〈볼레스〉בּוֹלֵס의 번역이다. 동사 〈발라스〉בָּלַס는 손톱이나 금속으로 과일을 긁거나 구멍을 뚫는 것을 말한다.[240] 딱딱하고 초록색이던 열매는 이렇게 함으로써 에틸렌이 증가되고 당도가 높아져 며칠 후에는 먹기 좋게 익는다.[241] 이 일은 과일 하나 하나를 처리해야 하기 때문에 육체적으로 매우 힘든 일이며, 가난한 사람들이 많이 동원되는 작업이다. 그러나 아모스가 가난한 농민이었다고 단정하기는 어렵다. '재배하는 사람'〈볼레스〉은 그 일을 직접 하는 사람일수도 있고, 그 일을 맡은 사람을 감독하는 책임자일 수도 있기 때문이다.

아마샤는 아모스를 제어하기 위해 세 가지 방식을 택했었다. 모략(모반자), 회유(도망하여 거기서), 권위(왕의 성소)가 그것이다. 아모스는 이 절에서 아마샤를 반박하며 세 번의 "나는"〈아노키〉אָנֹכִי을 사용한다. 두 번은 '나는 아니다', 한 번은 '나는 농부에 불과하다'에서다. 이와 같은 아모스의 예언의 출처가 자신(나)에게서가 아니라면 어디에서인가? 아모스는 15-17절에서 '여호와'를 세 번 언급(emphatic repetition, 강조의 반복)하면서

---

239) 〈보케르〉가 '목자들의 감독자'라는 견해도 있다. 학자들의 주장을 위해서는 Paul, *Amos*, 247을 보라.

240) Mays, *Amos*, 138.

241) J. Galil, "An Ancient Technique for Ripening Sycamore Fruit in East-Mediterranean Countries," *Economic Botany* 22 (1968), 179-190; King, *Amos, Hosea, Micah*, 116-117; Wolff, *Joel and Amos*, 314a.

예언의 출처와 권위를 보여준다. 아모스의 권위는 자신에게 있지 않다. 아모스는 양을 따르고 있었을 뿐이다.

그러나 여호와께서 친히 아모스를 ① 데려다가 ② 이르시
7:15 고 ③ 예언하라 하셨다. 아모스는 양 떼를 따라갔을 뿐, 스승
이나 지역 성소를 따라가지 않았는데, 여호와께서 그를 택하셨
다. 직업적 훈련이나 특정한 기관에서 교육을 받은 것이 아닌데, "여
호와"께서 "가서 예언하라"〈레크 힌나베〉לֵךְ הִנָּבֵא고 명하셨으므로 아모
스는 전형적인 예언자가 된 것이다.[242] 파송자는 여호와이시며, 예언
의 권위도 여호와께 있고, 가야할 장소도 아마샤가 정하는 것이 아니
라 여호와께서 정하신다.

이렇게 아모스는 아마샤의 말에 정면 대응한다. 밥벌이(특권), 자리벌이(신분), 힘 벌이(권력)하는 사람과 참 예언자의 차이는 불리한 형편 속에서도 보내신 분의 말씀을 그대로 가서 전하느냐, 전하지 않느냐의 차이이다. 아마샤가 적들에게 재앙을, 약자에게는 권위를, 부와 권력을 소지한 자에게는 샬롬을 외치는 유형이라면,[243] 아모스는 권세는 여로보암에게 속한 것이 아니라 여호와께 있으며, 심판은 왕이 하는 것이 아니라 여호와가 하시는 것이라는 확신에 차 있는 유형이다.

아마샤는 아모스가 모반자라고 여로보암 왕에게 기별했으
7:16 나, 아모스는 하나님이 아마샤를 모반자로 본다고 기별한다.
16-17절은 들으라(16a), 기소(16bc), 메신저 형식(17a), 심판 선고
(17b–e)로 이루어진 전형적인 심판 선고 형태를 가진다.

아마샤의 죄목은 여호와의 뜻과 반대되는 것을 강요한 것이다. 여호와의 대사를 공갈함으로 파송한 여호와를 모독했으며, 여호와의 말

242) Limburg, *Hosea-Micah*, 118.

243) Mays, *Amos*, 139.

씀이라는 아모스의 선포를 아모스 개인의 말로 바꾸어 여로보암에게 전달했고, 아모스에게 불리하도록 심판 내용만 전달할 뿐, 심판 받게 된 이유를 생략(아모스가 훨씬 길게 말한)하여 선포 내용을 심각하게 왜곡했다.[244]

아마샤는 앞에서 자기 권위로 아모스의 예언을 금지했다. 여호와는 아모스에게 "가서 예언하라"〈힌나베〉고 명령했는데(15절), 아마샤는 "너는 예언하지 말라〈로 틴나베〉"고 말했다(16절). "경고하지 말라"〈로 타티프〉לֹא תַטִּיף에서 〈타티프〉는 '물방울이 떨어지다'를 뜻하는 〈나타프〉נָטַף에서 나왔다.[245] 즉 '물방울이 떨어지지 않게 하라'고 아마샤가 말한 것이다. 예언서에서 〈나타프〉의 사역형 '말씀이 떨어지게 하다'가 '예언하다'와 평행을 이룬다(예. 미 2:6, 11). 그러나 미가서와 우리 본문에서 이 표현은 예언자를 경멸하는 뉘앙스를 가진다. 아마 예언자는 단순히 하나님의 백성에 대해 침을 튀기며 말하는 자, 혹은 물을 끼얹는 자라는 인식이 그 배후에 있었을 것이다.[246] 또는 아모스의 설교가 물 흐르듯 유창했거나, 물 떨어지듯 정열적이어서 상당한 영향력을 발휘했음을 시사한 것일 수도 있다.[247]

"이스라엘에 대하여"와 "이삭의 집을 향하여"에서 "대하여"와 "향하여"는 히브리어 전치사 〈알〉עַל의 번역이다. 〈알〉은 자주 '대항하여'를

---

244) Limburg, *Hosea-Micah*, 116.

245) 동사 어근은 구약성경에서 열여덟 번 나타난다. 대부분 시나 예언서에서 물을 떨어뜨리는 구름과 하늘(삿 5:4; 시 68:4)을 묘사한다. 드보라의 노래에서 여호와가 나타나실 때 하늘과 구름은 비를 쏟는다. 마른 광야를 적시는 이는 하나님이심을 찬양하는 것이다. 요엘과 아모스는 여호와로 말미암는 회복의 때에 산이 달콤한 포도주를 흘릴 것이라고 말한다(욜 3:18[히. 4:18]; 암 9:13). 욥기에서 〈나타프〉는 비가 떨어지는 듯 하는 말을(욥 29:21-23), 아가서에서는 꿀이 떨어지는 것과 같은 신부의 입술을(아 4:11; 참고. 잠 5:3) 묘사할 때 사용된다.

246) 물론 경멸의 의미 없이 물처럼 하나님의 말씀을 쏟아놓는다는 의미로 사용되기도 한다(겔 20:46[히 21:2]; 21:2[히. 7]).

247) Wolff, *Joel and Amos*, 315a.

뜻한다. 아마샤의 눈에 아모스는 적군처럼 적대자로 예언하였다. 아모스는 국가 성소와 사마리아에 대한 적대성으로 말미암아 국가 및 종교 권력에 죽을 수도 있었다. 요나의 도망은 여호와의 명령이 자신에게 주는 위협을 감지했기 때문이다. '부름을 받아서 나선' 아모스는 여호와가 명하는 곳이라면 어떤 위험도 무릅써야 하는 운명을 수용했던 것이다.

아마샤와는 달리 아모스는 자신의 말이 아니라 여호와의
7:17 권위로 대답한다("여호와의 말씀을 들을지니라"). 아마샤는 10절에서 땅이
아모스의 예언을 더 받아낼 수가 없다고 했는데, 아마샤는 자기 자신이 받아낼 수 없는 엄청난 말을 듣는다. 여호와 법정의 선고 내용은 벧엘의 멸망과 제사장 가문의 몰락이다. 아마샤는 포로로 잡혀가서 타국에서 죽을 것이다. 그의 아내는 적의 병사들에 의해 부끄러운 일을 당할 것이다. 그의 자녀들은 살해될 것이다. 그의 토지는 남의 소유가 될 것이다. 아마샤는 정복자들이 피정복 국민들에게 행하는 일상적인 일을 당하게 된다.

"네 땅"은 이스라엘 본토(5:2; 7:11b; 9:8)라기 보다는 아마샤가 소유한 경작지를 지칭한 것으로 보인다. 아마샤는 왕으로부터 성직록으로 땅을 분배받았을 것이며,[248] 다른 사회 지도자들처럼 탐욕적인 토지 투자가였을 수도 있다. 성지 이스라엘에서 성결을 외치며 성결의 제사를 집전하던 더러운 제사장은 "더러운 땅"에서 생을 고하게 된다. 너무 가혹한 벌이 아닌가 생각할 수도 있겠으나, 대제사장이 여호와께로부터 받을 몫은 자신이 왕과 백성으로부터 받던 그 몫에 비례한다. 가장 높은 곳까지 올라가서(출세) 가장 높은 것(신학과 신앙)을 다루던 아마샤는 가장 더러운 곳에서 가장 비천한 운명에 처하게 된다. 주님의 종들이 역할이 얼마나 중요한 것인지, 그 책임이 얼마나 중한 것인지에 대해 경고하는 말씀이다.

---

248) 위의 책, 316a.

<묵상>

마침내 아모스는 여호와에 대한 반역의 핵심 인물과 대변하게 된다. 악의 중심지, 악의 신학적 배경, 악의 권력은 유감스럽게도 국가 성소 벧엘이었으며 그 중심에는 대제사장 아마샤가 있었다. 아마샤는 여호와를 신앙하는 제사장이었다. 그러나 그는 여호와를 가장 반대하는 자였다. 아모스를 통해 주시는 여호와의 말씀을 금지하고 왜곡하고 무시하며 오직 자신의 영화와 부와 권력을 추구했다.

이 구절들은 예언자 아모스의 용기, 사역이 직면하는 어려움, 예언자의 권위 등을 생각나게 한다. 아모스는 여호와의 권위를 가지고, 자신을 투신하며 고난을 겪은 여호와의 신실한 종이었다. 오늘 우리는 어디에 속해 있는가? 아마샤인가 아모스인가?

자신의 불이익 가능성에도 불구하고 예언하는 아모스와 자신의 기득권에 손상을 입을까하여 예언하지 말라는 아마샤, 여호와의 권위의 아모스와 세속적, 제도적, 특권적 권위의 벧엘의 아마샤, 백성을 염려하는 아모스와 왕과 왕의 성소를 염려하는 아마샤, 자신의 운명을 개의치 않는 아모스와 자신의 이익만 생각하는 아마샤, 여호와를 수차례 언급하는 아모스와 왕을 반복하여 언급하는 아마샤, 여호와의 명령을 대변하고 복종하는 아모스와 왕을 대변하고 왕의 명령을 받는 아마샤, 이 두 사람은 여호와를 믿는 종교 지도자들이 얼마나 변질될 수 있는가를, 그리고 얼마나 다를 수 있는가를 보여주는 명백한 예이다. 여호와께서 가서 전하라고 한 것을, 여호와께서 정해준 장소에서, 여호와께서 정한 대상에게, 바로, 가감 없이 전하는 우리가 면, 우리는 여호와의 종이며, 예언자 아모스의 아들(제자)이 될 것이다.

VIII.

아모스의 네 번째 환상과 여호와의 날

(8:1-14)

8장은 아모스의 네 번째 환상(1-3절)과 아모스서가 이스라엘 회중 앞에서 한 마지막 설교(4-14절), 곧 육체의 소욕이 부른 여호와의 날 선포를 담고 있다. **1-3**절에서 하나님은 아모스가 본 여름 과일 환상을 통해 종말이 임박했음을 확언한다. 이어 아모스는 이스라엘의 죄를 지적하면서 **4-8**절에서 이스라엘이 왜 종말을 맞을 수밖에 없는지를 설명한 후, **9-14**절에서 다시 비참한 심판의 날을 선포한다.

1. 네 번째 환상(8:1-3)

네 번째 환상은 "말놀이 환상"이라고 불린다.[249] 여름 과일과 종말이 동음이어이기 때문이다 이번 환상에서 아모스는 "여름 과일 한 광주리"를 보았고, 하나님은 그 말을 이어 "종말"을 선포하신다.

> [8:1] 주 여호와께서 내게 이와 같이 보이셨느니라 보라 여름 과일 한 광주리이니라
> [2] 그가 말씀하시되 아모스야 네가 무엇을 보느냐 내가 이르되 여름 과일 한 광주리니이다 하매 여호와께서 내게 이르시되 내 백성 이스라엘의 끝이 이르렀은즉 내가 다시는 그를 용서하지 아니하리니
> [3] 그 날에 궁전의 노래가 애곡으로 변할 것이며 곳곳에 시체가 많아서 사람이 잠잠히 그 시체들을 내어버리리라 주 여호와의 말씀이니라

아모스는 자신의 예언뿐 아니라 환상도 여호와께로부터
8:1 나온 것임을 밝힌다. 그가 본 것은 광주리 안에 담긴 "여름
과일"〈카이츠〉קַיִץ이다(참고. 암 3:15의 여름 궁〈베트 하카이츠〉). 여름 과일은 여름에 익어 8, 9월에 수확하는 무화과나 감람과 같은 과일을 말한다.[250] 아모스가 본 "여름 과일 한 광주리"는 아모스 자신의 고향에서 본 것일 수도 있는데, 만일 벧엘에서 본 것이라면 이스라엘 백성들이 하나님과의 언약을 갱신하고 계속적인 복과 번영을 구하기

---

249) Paul, *Amos*, 253a.

250) Wolff, *Joel and Amos*, 319a.

위해 벧엘 성소로 가져온 예물일 것이다(신 26:10 참고).

여호와 하나님은 아모스에게 무엇을 보았느냐고 물었고
8:2 "여름 과일"〈카이츠〉이라는 아모스의 대답이 나오자마자 여
호와께서는 "끝"〈케츠〉קֵץ이라고 말씀했다.[251] 아모스 시대에
북왕국 이스라엘에서 복모음 '아이(ai)'가 단모음 '에(e)'로 읽혀졌다면,
"여름 과일"과 "끝"은 모두 〈케츠〉가 된다.[252]

이와 같이 유사음을 통한 생생한 선포는 이사야와 예레미야의 선포에서도 발견된다. 이사야는 유사음의 대조를 통해 의미를 강화한다.

> וַיְקַו לְמִשְׁפָּט וְהִנֵּה מִשְׂפָּח לִצְדָקָה וְהִנֵּה צְעָקָה
> 〈와여카우 르미쉬파트 워힌네 미쉬파흐 르츠다카 워힌네 츠아카〉
> 그리고 내가 소망했다. 정의를, 그런데 보라 포학이요,
> 공의를, 그런데 보라 부르짖음이라(사 5:7)

예레미야의 환상과 그 후 이어지는 하나님과의 대화(렘 1:11-12)에서도 말놀이가 발견된다. 하나님은 예레미야에게 무엇을 보느냐고 질문한다. 예레미야는 "살구[샤카드]나무 가지"〈마켈 샤케드〉מַקֵּל שָׁקֵד를 보았다고 말한다. 하나님은 그의 말에 대한 응답으로 "나는 내 말이 이루어지고 있는지 '관찰하고 있다'〈쇼케드〉שֹׁקֵד고 말씀한다. 하얗게 꽃핀 〈샤카드〉나무 가지를 보는 예레미야에게 하나님이 파수꾼이 되어 이스라엘의 몰락을 "깨어 지켜볼 것"이라고 한 것이다. 아마 예레미야나 이 구절을 읽던 이스라엘의 옛 신앙인들은 하얗게 핀 〈샤카드〉나무 들판을 볼 때마다 '깨어 지켜보는' 하나님을 생각했을 것이다.

---

251) 히브리어 성경에서 〈케츠〉는 어떤 특정한 시간의 끝을 뜻한다. 인생의 끝이 될 수도 있고, 시간의 끝인 심판의 때일 수도 있다(예. 시 39:5; 애 4:18; 겔 7:2 등).

252) Stuart, *Hosea-Jonah*, 379.

2절 마지막 부분의 "다시는 그를 용서하지 아니하리라"는 하나님의 인내의 한계를 말하고 있지만, 실제는 이스라엘의 죄악이 가득 차 멸하지 않고 놔두면 안 될 정도로 심각한 것임을 강조한다. "다시는 … 아니하리라"〈로-오시프 오드〉לֹא־אוֹסִיף עוֹד에서 〈오시프〉는 '추수'를 뜻하는 〈아시프〉אָסִיף와 유사음이다. "더 이상 용서하지 않으리라"는 말 속에서 '더 이상 추수가 없을 것이라'는 단언을 함께 듣도록 아모스가 의도했을지도 모른다.[253]

하나님의 용서가 중단된 날들이 어떤 모습을 갖는지 이
8:3 절에서 설명된다. 그 날은 한 마디로 대학살로 말미암은 "애곡"의 날이다. "궁전"으로 번역된 히브리어 단어 〈헤칼〉הֵיכָל은 수메르어 〈에갈〉É.GAL에서 나온 명사로서, 원래는 '큰 집'을 뜻한다.[254] 그러므로 본문의 〈헤칼〉은 "궁전"(왕상 21:1; 왕하 20:18) 혹은 "성전"(삼상 1:9; 왕하 18:16; 사 44:28)으로 번역될 수 있다(예. 한글 번역본들이 대체로 "궁전"; KJV, NIV, NRS는 temple; NAU, NJB는 palace). "궁전"을 지칭하는 〈벧 하멜렉〉בֵּית הַמֶּלֶךְ(왕의 집) 대신 두 가지 뜻이 다 가능한 〈헤칼〉을 사용함으로써 아모스는 왕궁과 성전 모두의 몰락을 의도했을 것이다.

만일 아모스가 의도한 것이 "궁전"의 멸망이라면, 여기서 "궁전의 노래"는 궁중 음악가들에 의해 연주되고 불리는 음악을 가리킨다. 예루살렘의 전도자는 자신의 성공을 다음과 같이 기술한다.

> 은금과 왕들의 보배와 여러 도의 보배를 쌓고 또 노래하는 남녀와 인생들의 기뻐하는 처와 첩들을 많이 두었노라(전 2:8)

만일 궁중 음악가들이 "애곡"하는 일이 있다면, 왕이 죽었을 경우일 것이다. 요시야가 죽었을 때 궁중 음악인들도 애가를 불렀다.

---

253) Coote, 15-16.

254) CAD, "ekallu"를 참고하라.

> [24]그 부하들이 그를 병거에서 내리게 하고 그의 버금 병거에 태워 예
> 루살렘에 이른 후에 그가 죽으니 그의 조상들의 묘실에 장사되니라
> 온 유다와 예루살렘 사람들이 요시야를 슬퍼하고 [25]예레미야는 그를
> 위하여 애가를 지었으며 모든 노래하는 남자들과 여자들은 요시야를
> 슬피 노래하니 이스라엘에 규례가 되어 오늘까지 이르렀으며 그 가사
> 는 애가 중에 기록되었더라(대하 35:24-25)

아모스가 "성전"의 멸망을 의도한 것이라면, 노래가 애곡으로 변한다는 것은 이스라엘 초창기부터 "원죄"가 되어온 벧엘 성소의 파괴와 우상숭배자나 거짓 여호와 신앙인들의 종말로 인해 애곡하게 될 것이라는 말이 된다. 성전 찬양대의 노래는 중지되고 그들 역시 비참한 학살의 모습에 울음을 터트릴 것이다.

"궁전/성전의 노래"에서 "노래"〈쉬로트〉שִׁירוֹת는 '형태상'으로는 노래를 뜻하는 여성명사 〈쉬라〉שִׁירָה(출 15:1; 민 21:17; 신 31:19, 21, 22, 30; 32:44; 삼하 22:1; 시 18:1[히]; 사 5:1)의 복수형("노래들")이다. 구약성경에서는 이곳에서만 나온다. 다른 곳에서는 남성복수형 〈쉬림〉שִׁרִים만 사용된다 (예. 창 31:27; 잠 25:20; 암 5:23 8:10; 겔 26:13). 대표적인 예는 아가서 1:1이다.

שִׁיר הַשִּׁירִים אֲשֶׁר לִשְׁלֹמֹה
〈쉬르 하쉬림 아쉐르 리쉬로모〉
솔로몬에게 속한 노래들 중의 노래

וְהֵילִילוּ שִׁירוֹת הֵיכָל에서 〈쉬로트 헤칼〉이 주어이고, 〈헬리루〉הֵילִילוּ(〈얄랄〉יָלַל, 애곡하다)는 동사이다. 그런데 '궁전의 노래들이 애곡하다'는 것은 말이 되지 않으므로 많은 영역본과 한글 번역본은 본문에 나타나지 않는 "변하여"(turn)를 넣고 〈헬리루〉를 명사로 의역하여 "변하여 애곡이 되다"로 번역한다.

KJV the songs of the temple shall be howlings.

NAU The songs of the palace will turn to wailing.
NIV the songs in the temple will turn to wailing.
NJB the palace songs will turn to howls.
NRS The songs of the temple shall become wailings.

폴(S. Paul)은 〈쉬로트〉를 "노래 부르는 여인들"로 번역한다.[255] 히브리어 문장은 폴의 이해를 지지하는 것으로 보인다. 〈쉬로트〉를 '궁전 여가수들'로 이해하면 이 문장을 그대로 읽을 수 있다. TNK가 그 예이다. "And the singing women of the palace shall howl."

"애곡"의 이유는 도처에 쌓인 시체들 때문이다. 전쟁 패배로 인한 전멸과 대학살로 말미암은 많은 사람들이 죽었다. 본문은 너무 많은 사람이 죽어서 매장할 자리가 없거나, 주검조차 거둘 자가 없는 상황을 묘사한다(암 5:3; 6:8-10 참고). 주검이 매장되지 못하고 버려지는 상황은 극한 저주의 상태를 나타낸다. 그 시체가 이스르엘 토지에서 거름같이 밭에 버려진 아합의 아내 이세벨의 죽음이 그 예이다(왕하 9:30-37). 이스라엘의 원죄인 벧엘 성소를 창건한 여로보암(I) 가문도 같은 저주를 받았다.

> 10그러므로 내가 여로보암의 집에 재앙을 내려 여로보암에게 속한 사내는 이스라엘 가운데 매인 자나 놓인 자나 다 끊어 버리되 거름 더미를 쓸어 버림 같이 여로보암의 집을 말갛게 쓸어 버릴지라 11여로보암에게 속한 자가 성읍에서 죽은즉 개가 먹고 들에서 죽은즉 공중의 새가 먹으리니 이는 여호와가 말하였음이니라 하셨나니(왕상 14:10-11)

예레미야는 유다에 임한 재앙의 날을 매장되지 못하는 날로 표현한다.

---

255) Paul, *Amos*, 254b.

그들은 독한 병으로 죽어도 아무도 슬퍼하지 않을 것이며 묻어주지 않아 지면의 분토와 같을 것이며 칼과 기근에 망하고 그 시체는 공중의 새와 땅의 짐승의 밥이 되리라(렘 16:4)

"잠잠히 그 시체들을 내어버리리라"〈브콜-마콤 히쉴리크 하스〉 בְּכָל־מָקוֹם הִשְׁלִיךְ הָס를 직역하면 "곳곳에 내어 버리리라, '쉿'〈하스〉"이다. 시체를 버리는 사람들은 자신이 살아 있다는 사실을 여호와 앞에서 드러내서는 안 된다. 그마저 죽을 수 있기 때문이다(암 6:10 참조). 이와 같이 시체들을 보며 살아남은 사람들이 통곡하는 비참한 장면을 아모스가 그려주는데, 이것은 얼마가지 않아 현실이 된다.

아모스의 환상 보고는 "이는 주 여호와의 말이니라"로 끝난다. 실로 아모스의 자기 확신은 부패 엘리트들에 대한 자신의 감정에 의한 것이 아니며, 사회 진단, 자신의 열심, 혹은 약자들 편에 서려는 정의심도 아니라 절대적으로 "여호와의 말씀"에 근거한다.

2. 육체의 소욕이 부른 여호와의 날(8:4-14)

아모스는 이 단락에서 다시 이스라엘의 죄를 지적한다. 아모스가 지적하는 죄는 크게 두 가지다. 하나는 탐심으로 말미암는 경제 정의의 파괴와 희생자의 양산(8:4-7)이며, 다른 하나는 이런 일들의 바탕에 깔려있는 우상숭배적 신앙이다(8:14). 이 두 가지 죄에 대한 고발 사이에 여호와의 맹세와 맹세의 결과가 기록되어 있다(8:7-13). 여호와의 맹세 내용은 이스라엘의 소위를 잊지 않겠다는 것이다. 그 결과로 이스라엘은 애곡과 애통과 기갈의 세상이 된다. 땅이 떨고(8절), 땅에 흑암이 덮이고(9절), 죽음이 땅을 지배하여 땅이 애통하게 된다(10절).

구체적 현실은 땅에 닥친 기근이다(11절). 그 기근은 여호와의 말씀을 듣지 못하는 것이다. 사람들이 비틀거리며 말씀을 찾아다니나 얻지 못하고(12절), 갈하여 기진하며(13절), 결국은 엎드러져 죽게 된다(14절).

[8:4] 가난한 자를 삼키며 땅의 힘없는 자를 망하게 하려는 자들아
이 말을 들으라
[5] 너희가 이르기를 월삭이 언제 지나서 우리가 곡식을 팔며 안
식일이 언제 지나서 우리가 밀을 내게 할고 에바를 작게 하고
세겔을 크게 하여 거짓 저울로 속이며
[6] 은으로 힘없는 자를 사며 신 한 켤레로 가난한 자를 사며 찌
꺼기 밀을 팔자 하는도다
[7] 여호와께서 야곱의 영광을 두고 맹세하시되 내가 그들의 모든
행위를 절대로 잊지 아니하리라 하셨나니
[8] 이로 말미암아 땅이 떨지 않겠으며 그 가운데 모든 주민이
애통하지 않겠느냐 온 땅이 강의 넘침 같이 솟아오르며 애굽
강 같이 뛰놀다가 낮아지리라
[9] 주 여호와의 말씀이니라 그 날에 내가 해를 대낮에 지게 하
여 백주에 땅을 캄캄하게 하며
[10] 너희 절기를 애통으로, 너희 모든 노래를 애곡으로 변하게
하며 모든 사람에게 굵은 베로 허리를 동이게 하며 모든 머리
를 대머리가 되게 하며 독자의 죽음으로 말미암아 애통하듯 하
게 하며 결국은 곤고한 날과 같게 하리라
[11] 주 여호와의 말씀이니라 보라 날이 이를지라 내가 기근을 땅
에 보내리니 양식이 없어 주림이 아니며 물이 없어 갈함이 아
니요 여호와의 말씀을 듣지 못한 기갈이라
[12] 사람이 이 바다에서 저 바다까지, 북쪽에서 동쪽까지 비틀거
리며 여호와의 말씀을 구하려고 돌아다녀도 얻지 못하리니
[13] 그 날에 아름다운 처녀와 젊은 남자가 다 갈하여 쓰러지리라
[14] 사마리아의 죄된 우상을 두고 맹세하여 이르기를 단아 네 신들
이 살아 있음을 두고 맹세하노라 하거나 브엘세바가 위하는 것이
살아 있음을 두고 맹세하노라 하는 사람은 엎드러지고 다시 일어
나지 못하리라

8:4 이 구절은 한글 번역의 순서와는 달리 "들으라 이것을" 〈쉬므우-조트〉שִׁמְעוּ־זֹאת로 시작한다. 이 문학 양식은 '주의 환기 양식'(genre of call to attention)이다.256) 아모스의 선포를 들어야하는 사람은 "가난한 자를 삼키며 힘없는 자를 망하게 하려는 자들"이다. 앞에서도 말한 것처럼 "가난한 자"로 번역된 〈엡욘〉אֶבְיוֹן은 결핍 상태에 있는 "궁핍한 자"를 말한다(암 2:6 참고). 〈엡욘〉은 가진 것이 아무것도 없는 형편이라 하루하루를 걱정하면서 연명하는 사람들이다. 하나님은 부요한 사람들이 가난한 백성들에게 특별한 관심을 가지며 넉넉한 마음으로 그들을 도와주라고 명령하셨다.

> 7네 하나님 여호와께서 네게 주신 땅 어느 성읍에서든지 가난한 형제
> 〈엡욘〉가 너와 함께 거주하거든 그 가난한 형제〈엡욘〉에게 네 마음을
> 완악하게 하지 말며 네 손을 움켜쥐지 말고 8반드시 네 손을 그에게
> 펴서 그에게 필요한 대로 쓸 것을 넉넉히 꾸어주라 9삼가 너는 마음에
> 악한 생각을 품지 말라 곧 이르기를 일곱째 해 면제년이 가까이 왔다
> 하고 네 궁핍한〈엡욘〉 형제를 악한 눈으로 바라보며 아무것도 주지 아
> 니하면 그가 너를 여호와께 호소하리니 그것이 네게 죄가 되리라 10너
> 는 반드시 그에게 줄 것이요, 줄 때에는 아끼는 마음을 품지 말 것이
> 니라 이로 말미암아 네 하나님 여호와께서 네가 하는 모든 일과 네 손
> 이 닿는 모든 일에 네게 복을 주시리라 11땅에는 언제든지 가난한 자가
> 그치지 아니하겠으므로 내가 네게 명령하여 이르노니 너는 반드시 네
> 땅 안에 네 형제 중 곤란한 자〈아니〉와 궁핍한 자〈엡욘〉에게 네 손을
> 펼지니라(신 15:7-11)257)

---

256) Wolff, *Joel and Amos*, 175b. 비슷한 형식은 아모스 3:1, 4:1, 5:1; 호세아 5:1; 요엘 1:1; 미가 3:9에서도 나온다.

257) 또한 시편 14:6; 140:12; 사무엘상 2:8; 이사야 61:1; 출애굽기 23:6; 레위기 19:10, 13, 15; 25:25-53; 신명기 15:7-11; 24:12-22을 보라.

"힘없는 자"는 〈아나윔〉עֲנָוִים의 번역으로 "낮은 위치에 처한 사람들"(신앙-윤리적으로 쓰일 때 "겸손한 자"나 "경건한 자"를 뜻한다), 즉 사회적으로 밑바닥 위치에 있는 사람들을 가리킨다. 그들은 비천하고 힘없는 민초들이다. "삼키며"는 〈쇼아핌〉הַשֹּׁאֲפִים의 번역으로 '탐하다(개역),' 혹은 '짓밟다(개역개정, NIV, NRS)'[258]를 뜻한다. 개역개정은 2:7에서는 "짓밟다"로, 여기서는 '탐하다'에 가까운 "삼키며"(KJV, TNK)로 번역한다.

"망하게 하려는 자들"은 '중지시키다'를 뜻하는 〈샤바트〉שָׁבַת의 힙필(사역형) 부정사이다. 이 단어의 확장 의미는 '사라지게 하다', '제거하다'이다.[259] 하나님의 사랑어린 관심을 받던 사람들이 그들의 동족에 의해 맷돌 갈림을 당하고 생의 종말을 고하게 되는 경우가 허다한 것이 당시의 현실이었다. 가난하고 힘없는 사람들은 중노동으로, 영양부족으로, 병으로, 굶주림으로 죽음에 이르게 되거나 자신이나 가족 구성원이 노예로 넘겨지게 되어 가정의 파괴를 맛보아야 했다. 이러한 것은 하나님의 언약 백성 이스라엘에게는 결코 일어나서는 안 될 일이었다. 아모스와 거의 같은 시대를 살았던 이사야와 미가는 힘없는 백성들의 고난을 다음과 같이 기록한다.

> 13여호와께서 변론하러 일어나시며 백성들을 심판하려고 서시도다 14여
> 호와께서 자기 백성의 장로들과 고관들을 심문하러 오시리니 포도원을
> 삼킨 자는 너희이며 가난한 자에게서 탈취한 물건이 너희의 집에 있도

---

258) 칠십인역은 '갈아 문대는 자들'〈호이 엑트리본테스〉οἱ ἐκτρίβοντες로 번역한다.

259) 호세아 1:4과 에스겔 7:24은 같은 동사를 사용하고 있지만 백성의 제거가 아니라 지도층의 제거를 말하는 본문도 있다. "여호와께서 호세아에게 이르시되 그 이름을 이스르엘이라 하라 조금 후에 내가 이스르엘의 피를 예후의 집에 갚으며 이스라엘 족속의 나라를 폐하리라〈히슈바티〉"(호 1:4); "내가 극히 악한 이방인으로 이르러 그 집들을 점령하게 하고 악한 자의 교만을 그치게 하리니〈히슈바티〉 그 성소가 더럽힘을 당하리라"(겔 7:24).

다 [15]어찌하여 너희가 내 백성을 짓밟으며 가난한 자의 얼굴에 맷돌질
하느냐 주 만군의 여호와 내가 말하였느니라 하시도다(사 3:13-15)

[1]내가 또 이르노니 야곱의 두령들과 이스라엘 족속의 치리자들아 청컨
대 들으라 공의는 너희의 알 것이 아니냐 [2]너희가 선을 미워하고 악을
좋아하여 내 백성의 가죽을 벗기고 그 뼈에서 살을 뜯어 [3]그들의 살을
먹으며 그 가죽을 벗기고 그 뼈를 꺾어 다지기를 냄비와 솥 가운데 담
을 고기처럼 하는도다(미 3:1-3)

8:5 하나님의 말씀을 경홀히 여기며 악행을 일삼는 사람들은 어떤 사람들일까? 그들이 말하고 생각하는 것이 직접 인용된다. 이들은 "월삭"과 "안식일"에 대해 알고 있으며, 형식적으로는 그 날들을 엄격히 지키는 자들이다. "월삭"〈호데쉬〉חֹדֶשׁ은 월초일로서 하루 쉬는 날이며(민 10:10; 28:11: 삼상 20:24-25; 왕하 4:23; 사 1:13; 호 2:11), "안식일"은 노동(렘 17:21-27)이나 상거래(출 20:8; 23:12; 34:21; 신 5:12-15; 느 13:15-22)가 금지되는 날이다. 그 날들은 결과적으로 쉼으로부터 오는 기쁨을 누리는 날이었다(호 2:11).

특히 안식일에는 월삭 때보다 일상적인 일이 더욱 엄격히 중지됨으로써, 가장 비천한 사람들이 과도한 일에서 해방되어 새 힘을 얻고, 조용한 시간을 가지며 하나님께 나아가고, 온 가족이 기쁨을 나누는 즐겁고 기쁜 날이었다. 이스라엘은 애굽에서 하루도 쉴 수 없는 노예생활을 했다. 여호와 하나님은 그들을 해방시키고 안식일을 선물로 주셨다. 그러므로 안식일은 은혜에 대한 회고의 날이며, 하나님의 은혜를 경험하는 날이며, 자신들처럼 현재 고통 받고 있는 사람들을 고려하는 날이기도 했다(신 14-15 참조). 본문에서 보듯 상인들이 월삭과 안식일에 상거래를 중지하고 있었다는 사실은 월삭과 안식일 계명이 사회의 발전과 더불어 최소한 표면상으로는 '일의 중지'와 '쉼'이라는 원뜻

에 맞게 적용되고 있었다는 증거가 된다.

그러나 하층민들은 안식일에 쉼을 갈망하고, 곡물 생산자(혹은 상인)들은 안식일이 빨리 지나가기를 갈망했다. 흥미롭게도 앞 절의 "망하게 하려는"〈하쉬비트〉לְשַׁבִּית과 본 절의 "안식일"〈샵바트〉שַׁבָּת은 같은 어근에서 나온 단어이다. 경제 엘리트들은 쉼을 주는 안식일〈샵바트〉이 끝나기를 바라며 궁핍한 자의 삶을 중단시키는(망하게 하는)〈하쉬비트〉 사람들이다. 상인들은 안식을 누리지 못했다. 그들의 마음에는 "언제 지나서"〈마타이 야아보르〉מָתַי יַעֲבֹר로 가득 차 있었기 때문이다. 이는 의문부사 〈마타이〉מָתַי가 항상 미래의 어느 시점을 가리키기 때문에 '왜 이렇게 시간이 가지 않지?'라는 뜻으로 볼 수 있다.[260] 그들에게 안식일은 은혜로 얻은 날이 아니라 돈을 벌지 못하는 상실의 날이었다.

안식일 다음 날을 기다리는 사람들이 하고 싶어 했던 사업은 곡식〈쉐베르〉שֶׁבֶר과 밀〈바르〉בַּר을 시장에 내다 파는 것이다. 〈쉐베르〉와 〈바르〉는 특정한 곡물 이름이 아니라 거래되는 곡물들의 총칭이다. 애굽인들은 대흉년기에 〈쉐베르〉와 〈바르〉를 대량 확보하고 다른 소유물들과 교환했다.

> 1그 때에 야곱이 애굽에 곡식〈쉐베르〉이 있음을 보고 아들들에게 이르되
> 너희는 어찌하여 서로 바라보고만 있느냐 2야곱이 또 이르되 내가 들은
> 즉 저 애굽에 곡식〈쉐베르〉이 있다 하니 너희는 그리로 가서 거기서 우

---

260) 〈마타이〉 '시간이 너무 길다'는 뜻에서 사용되는 다른 예는 다음과 같은 구절이 있다. "나의 영혼도 심히 떨리나이다 여호와여 어느 때까지니이까〈마타이〉"(시 6:3); "내 영혼이 하나님 곧 생존하시는 하나님을 갈망하나니 내가 어느 때에〈마타이〉 나아가서 하나님 앞에 뵈올꼬"(시 42:2); "하나님이여 대적이 언제까지〈마타이〉 훼방하겠으며 원수가 주의 이름을 영원히 능욕하리이까"(시 74:10); "여호와여 돌아오소서 언제까지니이까〈마타이〉 주의 종들을 긍휼히 여기소서"(시 90:13); "주의 종의 날이 얼마나 되나이까 나를 핍박하는 자를 주께서 언제나〈마타이〉 국문하시리이까"(시 119:84) 그 외 시편 80:5; 82:2; 90:13 등이 있다.

리를 위하여 사오라 그러면 우리가 살고 죽지 아니하리라 하매 3요셉의 형 열 사람이 애굽에서 곡식〈바르〉을 사려고 내려갔으나(창 42:1-3)

구약성경에서 가장 자주 나오는 곡물과 관련된 단어들은 〈다간〉, 〈바르〉, 〈쉐베르〉이다. 〈다간〉דָּגָן은 '밀'로 번역되기도 하지만 곡물의 상태, 즉 '잘 익어 꽉 찬 상태의 곡식'을 가리킨다. 〈바르〉בַּר는 '들판'을 뜻하는 단어이지만, '들판에서 자라는 곡물'〈바르〉בַּר을 나타내기도 한다. 〈쉐베르〉는 타작된 곡물이다. 일반적으로 구약성경에서 나오는 '곡식' 혹은 '곡물'은 밀과 보리를 말한다. 그러나 밀과 보리는 각각 〈히타〉חִטָּה와 〈스오라〉שְׂעֹרָה로 구체적으로 언급되기도 한다(예. 신 8:8).[261]

"밀을 내게"에서 "내게"는 '열다'〈파타흐〉פָּתַח의 번역인데, 곡식 자루를 열거나 아니면 곡간 문을 여는 모습을 상기시킨다. 혹은 사일로의 문을 여는 것을 지칭한 것일 수도 있다.

이들은 성일에도 돈 벌 궁리나 하는 속물성을 넘어, 돈을 벌기 위해 불법적인 상거래를 하는 사람들이다. 이들의 불법적인 곡식 거래 방식은 세 가지로 나타난다. 세 가지 모두 기준을 왜곡하고 사람을 속이는 것이다.

먼저 이들은 〈에바〉אֵיפָה를 작게 만들어 곡물 매입자에게 양을 적게 줌으로써 부당 이익을 취했다.[262] 〈에바〉는 가루나 곡물 등 마른 것의 양을 재는 용기로서 약 22리터를 담을 수 있고 사람이 들어가 앉을 수도 있는 정도의 크기를 가진 용기이다.[263]

둘째, 이들은 〈세겔〉שֶׁקֶל을 크게 만듦으로써 상대방으로부터 표준

---

261) *IBD* 2, 590-91.

262) 올바른 부피의 용기를 '정당한 에바'〈에파트 체데〉(레 19:36)라 하고, 속인 부피의 용기를 '분개의 굽은 에바'〈에파트 라존 즈우마〉(미 6:10; 참고. 신 25:14-15)라 한다.

263) King, *Amos, Hosea, Micah*, 23. 예언자 스가랴는 한 여인이 에바 한 가운데 앉은 환상을 보았다(슥 5:6-10).

보다 무거운 금이나 은을 받았다. 세겔은 주로 석회석으로 만들어진 공 모양의 측량 도구이다.[264)]

셋째, 저울을 속인다. 저울은 오늘날의 스프링 저울이 아니라 평행 저울이다. 크게 두 가지 방식이 있다. 한 가지 방식은 비교적 가벼운 것을 재는 것으로, 가로대 중간에 위에서부터 줄이 묶이고 가로대 양편에 그릇이나 주머니가 매어져 측정 대상 물건과 표준 추를 놓는 방식이다. 다른 방식은 원리는 같지만 줄 대신 땅에 붙은 지지대 중간에 가로대를 놓고 양끝에 줄을 달아 용기를 매는 방식이다. 추는 주로 돌로 만들며, 거북, 오리, 사자 모양이고, 바닥은 평편했다.[265)] 상인들은 자신들의 추를 가방에 넣어 가지고 다니면서 상거래시 사용했다(신 25:13; 미 6:11; 잠 16:11). "거짓 저울로 속이며"에서 "거짓 저울"은 〈모즈네 미르마〉מאזְנֵי מִרְמָה의 번역이다. 〈미르마〉는 '속임수'라는 뜻이며, 〈모즈나임〉מאזְנַיִם은 어미 〈아임〉이 보여주듯, 양쪽에 물건을 달고 재는 저울이다. 〈모즈나임〉 저울은 상거래시 은을 다는 경우 사용되었다(렘 32:10). "속이며"는 '구부리다'를 뜻하는 〈아와트〉עָוַת의 피엘 부정사 〈아웨트〉עַוֵּת의 번역이다. 이는 가로대를 교묘하게 '구부려' 비정상적인 결과가 나오게 만든 저울이다(속이는 저울에 대하여 잠 11:1, 16:11, 20:10, 23; 호 12:7을 보라). 이스라엘 백성은 하나님의 선택된 백성으로서 정직한 도량형을 쓰라는 명령을 받았다.

> 10악인의 집에 아직도 불의한 재물이 있느냐 축소시킨 가증한 에바가
> 있느냐 11내가 만일 부정한 저울을 썼거나 주머니에 거짓 저울추를 두
> 었으면 깨끗하겠느냐 12그 부자들은 강포가 가득하였고 그 거민들은

---

264) 세겔은 세 가지 표준이 있다. 약 13그램의 왕실 세겔(삼하 14:26), 은금과 같은 금속 물질, 즉 지불 수단의 무게를 재는데 사용된 약 11.38그램의 일반 세겔(삼상 17:5), 약 10그램 정도의 성전 세겔(출 30:13).

265) 공평한 추는 〈아브네 체덱〉(정의의 돌, 레 19:36), 부정한 추는 〈아브네 미르마〉(사기의 돌, 미 6:11; 참고. 신 25:13, 15)라 부른다.

거짓을 말하니 그 혀가 입에서 거짓되도다(미 6:10-12)

35 너희는 재판할 때나 길이나 무게나 양을 잴 때 불의를 행하지 말고 36 공평한 저울과 공평한 추와 공평한 에바와 공평한 힌을 사용하라 나는 너희를 인도하여 애굽 땅에서 나오게 한 너희 하나님 여호와니라(레 19:35-36)[266]

8:6 가난한 사람들을 삼키고 망하게 하는(4절) 이들의 죄는 탐욕과 사기적인 경제 활동에서 그치지 않는다. 2:6에서 정치가나 법조인들은 뇌물을 받고 사람들을 팔아넘겼는데, 여기서 상인들은 식량을 도구로 하여 그들을 헐값에 샀다. 사람의 가격은 신 한 켤레 값에 불과했다. 상인들의 상술과 힘은 대단하여 팔 수 없는 상품도 팔았다. 심지어 그들은 "잿밀"〈마팔 바르〉מַפַּל בַּר(곡식의 쓰레기)도 팔았다. 〈바르〉는 곡물이며 〈마팔〉은 〈나팔〉된 것, 즉 땅에 떨어진 것으로 땅에 버려진 쓰레기나, 버려야 할 저질품을 뜻한다. 〈마팔〉이 곡식과 관련해서 사용되는 경우는 겨나 또는 키질하고 남은 잔존물이거나,[267] 땅에 떨어져 더럽혀지고 밟힌 저품질의 곡식을 가리킨다.[268]

본문의 상인들은 이렇게 상품가치가 없는 "찌꺼기"까지 팔았는데, 누가 이런 것들을 사겠는가? 잡것이 섞여 있거나 더럽혀졌거나 간에 어느 경우라도 속여서 팔수는 없다. 열어보면 금방 들통이 나기 때문이다. 그런데 이런 곡식이라도 사 먹을 수밖에 없는 사람들

---

266) 정직한 척도와 측정에 대한 명령에 대해 율법서 레위기 19:35-36; 신명기 25:13-15; 예언서 미가 6:10; 에스겔 45:9-12; 성문서 잠언 11:1; 16:11; 20:23; 욥기 31:6을 보라.

267) King, *Amos, Hosea, Micah*, 114.

268) Wolff, *Joel and Amos*, 327a.

은 가난한 사람들이다. 가난한 사람들은 짐승처럼 저질의 식량을 그것도 정당하지 않은 값에라도 사먹어야만 하는 신세가 된 것이다. 이 구절은 찌꺼기 밀, 즉 추수 중 땅에 떨어진 것마저 다 쓸어다 팔음으로써 가난한 사람들이 돈이 없더라도 먹을 수 있는 기회마저 빼앗아 버렸다는 뜻일 수도 있다(참고. 레 19:9–10; 신 24:19–21의 이삭줍기 규례).

이스라엘 사회는 한쪽에서는 탐욕과 사기와 착취로 배와 재산을 불리고, 다른 쪽에서는 속고, 빼앗겼다. 한쪽에서는 안식일에도 일하기를 갈망하고, 다른 쪽에서는 거지가 되고 종이 되어 저질의 음식이라도 먹을 것을 갈망했다. 힘 있는 사람들이 죄를 범하는 세상에서 누가 있어 이런 현실을 바로 잡을 수 있는가? 오직 하나님이 계신다. 하나님은 목석이 아니라 살아계셔서 악한 자의 소위를 살피시고, 갚으시며 약한 자의 눈물을 씻어 위로해 주는 분이시다.

8:7 여호와 하나님은 맹세하시되 "야곱의 영광을 두고 맹세"하신다. 어떤 의미에서 "야곱의 영광"을 가리키는지 다양한 해석이 가능하다. ① 6:8에서 본 것처럼 야곱의 영광은 야곱이 영광으로 생각하는 번영, 영토, 혹은 사마리아이다. 이스라엘의 자랑거리를 걸고 맹세하신다는 뜻이다. ② 야곱의 영광은 이스라엘이 영광스럽게 생각하는 분(야곱의 영광)인 여호와, 즉 하나님 자신이다. 하나님은 그들이 기대하는 그런 하나님이 아니라 적으로 나타나실 것이라는 말이다. ③ 이스라엘의 교만(야곱의 영광)이 구제불능으로 변하지 않는 것처럼, 여호와의 심판이 불변하리라는 뜻이다.[269] ④ 야곱의 영광은 이스라엘 자체이다. 이스라엘의 운명을 걸고 맹세하신다는 뜻이다.[270]

269) Wolff, *Joel and Amos*, 328b.

270) Stuart, *Hosea-Jonah*, 385.

“내가 절대로 잊지 아니하리라”는 히브리어 문장 〈임 에쉬카흐 라네차흐〉אִם־אֶשְׁכַּח לָנֶצַח를 번역한 것이다. 직역하면 “내가 영원토록 잊는다면”이다. 이는 가정법에서 조건절만 있는 문장으로 돈절법(頓絶法, aposiopesis)이라는 문학 표현인데, 이야기를 하다가 감정이 고양되어 뒷말을 다 못하고 중간에서 갑자기 하던 이야기를 그만두는 방식의 표현법이다. 이 구절은 구약성경의 전형적인 ‘맹세 공식’으로서[271] 절대적으로 이행하겠다는 의지를 표현하는 문장이다.

맹세의 내용은 “모든 행위”를 잊지 않는다는 것이다. “모든 행위”는 종교적 행위와 경제·사회적 행실을 포함한다. 마음에 탐욕을 담고서 하는 절기 준수와 예배 참석과 속이고 빼앗고 멸시하는 일상적인 삶이 그 행위이다. 종교 생활을 하면서 악한 행동을 저지르는 것은 외식을 넘어 사술과 다름 아니다. 앞에서는 신의 복을 구하고 뒤에서는 자신의 방식으로 이득을 취하며, 한 손으로는 신에게서 받고 다른 한 손으로는 악행을 통하여 벌어들이는 극단적인 이기심이 그 행위이다. 하나님은 이들의 행위를 계산하기 위해서 임하신다.

8:8 그 결과(“이로 말미암아”) 세상이 흔들리고 뒤집힌다. 땅의 흔들림은 1:1, 2:13, 9:1에도 나온다. ‘땅의 떪’이 하수〈여오르〉יְאֹר, 즉 나일 강에 비유된 것이 흥미롭다. 아모스 당시 이스라엘의 지도층들은 나일 강(“애굽 강”)의 넓음, 홍수기의 범람(“솟아오르며”), 갈수기의 수계 하락(“낮아지리라”) 등을 인상 깊게 생각했을 것이다. 땅이 마치 강물이나 된 것처럼 솟아오르고, 파도처럼 흔들리고 내려가니 굉장한 지진이다. 그러나 이 구절이 문자적인 지진을 뜻하는 것은 아니다. 지진이 일어날 때 건물들이 무너져 내리는 것처럼 악행으로 쌓은 모든 권력과 부의 기초와 기존 질서가 뒤집어질 것이라는 것을 지진 언어로 생생하게 표현한 것이다.

---

271) 위의 책, 382.

낮에 태양이 떠 있는 것은 영구불변의 진리이다. 권력과
8:9 부를 쥔 악인들은 자신들의 삶이 태양의 항구성처럼 견고할
것이라고 생각했다. 그러나 낮에 태양이 사라지는 일이 생길
것이라고 아모스는 선포한다. 주전 784년과 763년에 일어난 일식은 그 당시 사람들에게 당혹스런 사건이었을 것이며, 그 사건에 각종 해석이 붙었을 것이다. 아모스는 그 때의 두려움을 상기시키면서 이스라엘이 당할 운명이 그와 같다고 선포한다. 곧 견고한 것이라도 흔들리며, 찬란한 것이라도 어둡게 되고, 영구적이라고 생각하던 것이 사라지게 된다.

그 날에 하나님은 이스라엘의 모든 것을 뒤집으신다. 절
8:10 기를 지키고 노래를 부르고, 값비싼 옷으로 치장하고, 머리에
화관을 썼던 사람들은 모든 것이 뒤집히는("변하게 하여, 〈하파크〉 הָפַךְ)
운명을 맞는다. 절기는 애통의 날이 되고, 찬양은 애곡이 되며, 많은 장식으로 치장된 화려한 긴 옷 대신 겨우 엉덩이나 덮을 수 있는 단색의 거친 베를 걸치게 된다(창 37:34; 욜 1:8, 13; 사 3:24 참고). "머리를 대머리 되게"한다는 표현은 죽은 자를 애곡하는 한 방식이다.

> [6]큰 자든지 작은 자든지 이 땅에서 죽으리니 그들이 매장되지 못할 것이며 그들을 위하여 애곡하는 자도 없겠고 자기 몸을 베거나 대머리 되게 하는 자도 없을 것이며 슬플 때에 떡을 떼며 [7]그 죽은 자를 인하여 그들을 위로하는 자가 없을 것이며 그들의 아비나 어미의 상사를 위하여 위로의 잔을 그들에게 마시울 자가 없으리라(렘 16:6-7)

머리를 밀고 애곡하게 된 원인은 "독자의 죽음"이다. "독자의 죽음"은 후손을 남기지 못한다는 것을 뜻하는데, 이는 결국 이스라엘의 멸망을 나타낸다. 이 일은 살다보면 일어날 수도 있는 어떤 일이 아니라, 여호와께서 친히 뒤집으신 일로 반드시 일어날 일이다. 이제 흔들

리고 캄캄한 세상 속에서 남겨진 사람들의 삶이 클로즈업된다.

이 구절들은 절대적 빈곤 상황을 보여줄 뿐 아니라 몸부
8:11 림쳐도 구할 수 없는 좌절의 극한 상황을 보여준다. 어떤 특
정한 때가 이르면 여호와는 기근을 보내신다. "보내리니"〈샬
라흐〉שָׁלַח의 사역형〈히쉴라흐〉הִשְׁלַח는 구약성경에서 모두 다섯 번 나
오는데(출 8:21; 레 26:22; 왕하 15:37; 겔 14:13; 암 8:11), 주어는 언제나 여호
와이며, 목적어는 질병이나 재난, 전쟁 등 불행스러운 것들이다.[272]

11절의 "기근"은 앞 절에 나오는 상인들의 탐욕과 대비된다. 많은 것을 추구했는데 그 종착역은 "기근"이다. 어떤 기근인가? 양식과 물의 기근을 넘어가는 것이다. 그것은 "여호와의 말씀을 듣지 못한 기근"이다. 여기서 "말씀"이란 귀로 들리는 말뿐 아니라 여호와의 말씀이 가지는 지시와 인도와 은혜와 능력을 뜻하는 것으로 보아야 한다. 이스라엘은 양식과 물보다 더 귀한 것, 여호와 하나님을 잃어버린 것이다. 여호와는 더 이상 그들의 하나님이 아니라는 선포이다.

"이 바다에서 저 바다까지, 북쪽 끝에서 남쪽 끝까지"는
8:12 이스라엘 영토의 동서 경계와 남북 경계를 말하는 것일 수 있
으나 지구 경계를 뜻하는 것일 수도 있다(시 72:8; 슥 9:10). "비
틀거리며"의 히브리어 단어 〈누아으〉נוּעַ는 "비틀거리다" 외에 "흔들리
다"는 뜻을 가진다. 탐욕적으로 이리저리 돌아다니는 것(렘 14:10), 취한
사람의 갈지자걸음(사 24:20), 시각 장애인의 더듬거림(애 4:14-15) 등을 나
타내는데 쓰인다. 본 절에서는 몸이 흔들리는 것은 물론, 그네가 앞뒤
로 흔들리듯 동에서 서로, 서에서 동으로, 북에서 남으로, 남에서 북
으로 여호와의 말씀을 찾아다닌다는 뜻이다. 음식과 물이 없는 것도

---

272) Wolff, *Joel and Amos*, 330a.

치명적인 것이지만, 여호와께서 그 은혜를 거둠으로써 그들이 결코 은혜를 가질 수 없는 가장 최악의 상황에 이르게 될 것이라는 심판의 말씀이다.

"구하여도 찾지 못한다"는 말씀은 다른 단어를 사용해서 계속된다. "구하려고"〈르바케쉬〉לְבַקֵּשׁ의 〈비케쉬〉בִּקֵּשׁ는 꼭 필요한 어떤 것을 잃어버렸거나 가지고 있지 않을 때, 간절한 마음으로 찾아 나서는 행동을 뜻한다(예. 겔 34:6).273) 신앙인의 삶에서 사용될 때는 하나님의 개입이나 만남을 갈망하는 것이고(신 4:29; 사 51:1), 예배 상황에서는 하나님의 현현을 간절히 원하는 것이다(시 24:6; 105:3; 대상 16:10).

"돌아다녀도"〈여쇼테트〉יְשׁוֹטְטוּ는 〈슈트〉שׁוּט의 폴렐 미완료형으로 "열심을 가지고 앞뒤로 부지런히 왕래한다"는 뜻이다(민 11:8; 삼하 24:8 참고). 이스라엘이 가장 귀중한 잃고나서야 비로소 여호와의 말씀을 적극적으로 찾아 나선다. 그러나 그들이 아무리 애쓰고 먼 곳에까지 이르러도 그것을 얻지 못한다. 하나님의 말씀은 은혜로 주어지는 것이지 인간의 노력으로 얻을 수 있는 것이 아니기 때문이다.

8:13 "아름다운 처녀와 젊은 남자"는 젊음, 용기, 힘, 건강, 미래를 상징한다. 그들이 굶주리고 쓰러진다는 것은 국가의 미래가 없다는 뜻을 나타낸다. "쓰러지리라"로 번역된 〈티트알레프〉תִּתְעַלֵּף는 원래 무엇인가로 '몸을 감싸다'를 뜻하는 말이다. 다말이 유다를 만날 때 자신이 누구인지 감추기 위해 자신의 너울로 '몸을 가린 것'이 그 예이다(창 38:14). 만일 얼굴을 무엇인가로 덮으면 앞이 보이지 않아 비틀거리며 걷게 되고 곧 쓰러지게 된다. 그러므로 이 단어는 "어질어질하여 쓰러진다"는 뜻으로도 사용된다(욘 4:8의 "혼미하여" 참고)를 뜻한다.

그들이 쓰러지는 이유는 "갈증"〈차마〉צָמָא 때문이다. "갈증"은 이

---

273) 위의 책, 331a.

스라엘 사람들에게는 더욱 피부에 와 닿는 경험이다. 이스라엘은 메마른 여름과 광야를 가진 나라이다. 여름에 광야를 여행하는 사람은 누구라도 타는 목마름을 경험하게 되며, 이로 인해 죽는 사람들도 많다. 그러므로 〈차마〉는 '극심한 곤란'의 대명사로 사용된다.

그러나 이스라엘의 신앙인들은 그 어떤 목마름보다도 하나님에 대한 목마름이 더 고통스럽고 극심한 곤란이라는 것을 알고 있다(암 8:11; 시 42:2 [히 3]; 시 63:1 [히 2]). 형벌의 날이 절망의 날인 것은 형벌 자체보다 절망의 시기에 부를 이름이 없어지고, 그 이름을 불렀을 때조차 대답할 분이 계시지 않는다는 사실에 있다.[274] 그러므로 하나님의 말씀이 앞에 놓여 있고, 그 말씀이 귀에 들리는 것은 명령인 동시에 은혜이다(신 8:3; 30:15–16 32:47).

8:14 14절의 히브리어 문장은 한글 개역(개정)판(또한 TNK)의 이해와는 달리 아래와 같이 번역될 수 있다(NIV, NRS, 표준새번역, 주교회의 성경 [2005] 참고).

사마리아의 죄악을 가리켜 맹세하는 자들,
"단아, 너의 신〈엘로힘〉이 살아 있다", "브엘세바의 길이 살아있다"
고 말하는 자들,

---

274) 하나님이 은혜의 시간을 마감하면 이후 다시는 은혜 안으로 들어갈 기회가 없다. 방주의 문을 닫은 것은 노아가 아니라 하나님이시다. "여호와께서 그를 닫아 넣으시니라"(창 7:16). 이사야 55:6은 "너희는 여호와를 만날 만한 때에 찾으라 가까이 계실 때에 그를 부르라"고 말한다. "만날 만한 때에"〈브힘마츠오〉בְּהִמָּצְאוֹ는 전치사 〈브〉와 〈마차〉 동사의 닢알형 부정사가 붙은 형태인데, 이때의 닢알은 수동형이나 재귀를 뜻하기보다는 "허용의 닢알"(닢알 tolerativum [Gesenius–Cowley–Kautzsch, § 51c])이다. 다시 번역하면, "너희는 여호와를 찾으라 그가 '찾아지도록 허용된 때에', 그를 부르라 그가 가까이 계실 때에."이다. 여호와를 구할 수 있는 것도 허용된 때에만 가능하다는 뜻이다.

그들은 엎드러지고 다시 일어나지 못하리라

여기에는 세 개의 지명이 나온다. 사마리아, 단, 브엘세바로 세 장소 모두 이스라엘의 주요 도시이다. 이 장소들이 언급되는 것은 북단(단)에서 남단(브엘세바)까지, 그리고 변방(단, 브엘세바)에서 중앙(사마리아)까지 하나님에 대한 반역으로 가득 차 있음을 보여준다.

"사마리아의 죄된 우상"은 〈아스마트 쇼므론〉אַשְׁמַת שֹׁמְרוֹן의 번역이다. 직역하면 "사마리아의 〈아쉬마〉"인데, 〈아쉬마〉אַשְׁמָה가 무엇을 말하는 것인지에 대해 다양한 견해가 존재한다.

첫째, 한글 개역(개정)판에서 보듯 사마리아의 "죄"와 관련된 것이다(참고. 레 4:3; 22:16; 대상 21:3; 대하 24:18; 28:10, 13; 33:23; 스 9:6–7, 13, 15; 10:10, 19). 이스라엘의 자부심, 즉 그들이 영광스럽게 생각하는 경제적 부흥, 사치스런 삶, 권력과 부의 집중, 특권적인 삶의 안정성 등이 자신들에게는 "야곱의 영광"(7절)이겠으나, 그것이 죄악으로 이루어진 것이기 때문에 하나님이 그런 삶의 방식을 "사마리아의 죄악"이라고 표현했을 것이다. 둘째, 표준새번역의 "부끄러운 우상"과 NIV의 "shame"에서 보듯 〈아스마〉는 "부끄러움"과 관련된다. 셋째, NRS의 "Ashimah of Samaria"와 공동번역의 "사마리아 여신 아시마"에서 보듯 여신의 이름이다. 실제로 비슷한 자음의 아시마אֲשִׁימָא는 하맛 사람의 신이기도 하다(왕하 17:30). 넷째, 〈아스마〉는 벧엘에 있는 왕실 성소를 지칭한다.[275] 그러나 벧엘에 있는 성소를 왜 "사마리아"의 〈아스마〉라고 했는지 설명이 필요하다.

"단아 네 신들〈엘로힘〉이"는 단에 있는 송아지 우상을 말하는 것으로 보인다. "브엘세바가 위하는 것이 살아 있음"은 〈헤 데렉 브엘세바〉חֵי דֶּרֶךְ בְּאֵר־שָׁבַע의 번역으로 직역하면 "브엘세바 길의 살아 있음"이다. "길"을 언급한 것으로 볼 때 브엘세바로의 순례를 지칭하

275) King, *Amos, Hosea, Micah*, 100-101.

는 것으로 보인다. 그러나 스투어트는 〈데레크〉דֶּרֶךְ를 동근(同根)의 우가릿어로 보고 "권능"(power)으로 번역한다.[276] 만일 그렇다면 "브엘세바의 권능"은 '사마리아의 죄악 된 우상'이나 '단의 신'처럼 어떤 우상을 지칭하는 것이 되면서, 본 절은 여호와의 성소인 사마리아(의 중앙 성소 벧엘), 단, 브엘세바에 우상적 요소가 혼합되어 있는 사실을 비난하는 것이 된다.

사마리아에서 범죄하고, 단에서 여호와 신앙을 탐욕의 우상으로 바꾸고, 죄악 된 마음을 가지고서 브엘세바로 순례를 하는 사람들은 굶주리고 목마르고 기진하여 결국은 쓰러지고 일어나지 못하게 된다. 사람들은 단과 브엘세바에서 "생명"〈하이〉을 구하고 부르고 확신했으나 결과는 죽음이다.

<묵상>

이스라엘은 자랑이 많은 나라였다. 이스라엘의 지도층 사람들은 영광스런 삶을 살았다. 그러나 그들은 여호와를 경외하지 않았다. 절기를 지키고 성소에 참석하면서도 마음에는 하나님이 없었다. 그들은 일주일 내내, 그리고 안식일에도 돈을 생각했다. 자신의 소위를 돌아보지 않고, 가난한 동족의 안식에 무심하고 성일이 빨리 지나가기만을 조급해하는 그런 사람들이었다. 저울 속이기, 물건 덜 담기, 추 줄이기 등의 사기적인 경제 행위에 더하여 동족 형제를 희생시켰다.

그들은 성소를 부지런히 찾아다녔으나, 사실은 자신들이 만든

276) Stuart, *Hosea-Jonah*, 382, 387; 참고. M. Dahood, "Ugaritic-Hebrew Lexicography IX," *Bib* 52 (1971), 278-279.

신을 섬기고 있었다. 여호와 하나님은 욕심쟁이들의 기도와 요청에 순응하는 분이 아니다. 여호와는 욕심쟁이에 의해 만들어진 돌이나 나무에 매어 있는 분도 아니다. 누가 주인인가? 여호와가 주인인가? 아니면 사람이 여호와를 부리는 주인인가? 우리의 열심은 단의 성소를 찾아가고 브엘세바의 길을 가면서도 사실은 여호와로부터 멀어져 간 그 때 그 사람들의 열심과는 달라야 한다.

이스라엘이 말씀을 멸시하였기 때문에, 그들에게서 말씀이 거두어지고 그들은 결국 말씀의 약속대로 심판을 받고 말았다. 아모스서의 말씀은 우리의 삶의 방식과 소원의 전환을 요구한다. '말씀 공부'를 넘어 '말씀 살기'의 결단이 필요한 때다. '행위를 기억하시는 하나님'이 우리에게 두려움이 될지, 아니면 평안이 될지는 우리의 결단에 달려 있다. 우리의 교회에서 하나님의 말씀이 늘 승리하기를, 우리의 감성과 심성과 이성과 양심과 행실이 하나님의 말씀에 복종하기를 기원한다.

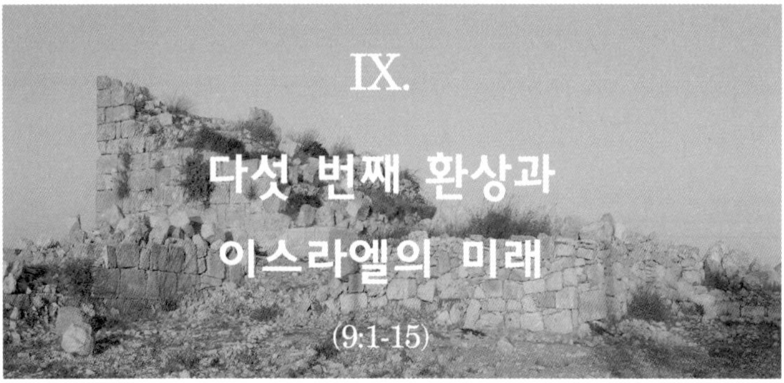

IX.

다섯 번째 환상과 이스라엘의 미래

(9:1-15)

이 단락은 아모스 예언의 마지막 부분이다. 아모스는 지금까지 이스라엘의 문제를 지적하고 그에 대한 하나님의 심판을 선포했다. 그러나 이스라엘은 여전히 반역을 중지하지 않았다. 아모스는 네 번에 걸친 환상으로도 경고했다. 그러나 이스라엘은 여전했고, 아모스는 환상을 또 보아야 했다. 물론 마지막 다섯 번째 환상도 심판의 환상이다.

아모스가 본 것은 "주님"〈아도나이〉이었다. 그분은 제단 곁에 서서(9:1-4) 이스라엘에 대한 심판을 명령했다. 결국 1:2에서 아모스가 선포한 "여호와께서 시온에서부터 부르짖으시며 예루살렘에서부터 음성을 발하시리니"의 예언은 9:9-10에서 실현되고 만다. 아모스서는 다음과 같이 요약될 수 있다.

<table>
<tr><td colspan="6">아모스가 이스라엘에 대해 받은 묵시 (1:1)</td></tr>
<tr><td>예고</td><td colspan="2">죄악 고발과
심판 환상</td><td colspan="3">실 행</td></tr>
<tr><td rowspan="2">여호와의
부르짖음
(1:2)</td><td>고발,
권고,
경고
(2:6-6:14)</td><td>환상
1, 2, 3, 4
(7:1-8:14)</td><td>환상 5
심판자
출현과
심판 명령
(9:1-4)</td><td rowspan="2">찬양
심판자의
정체
(9:5-6)</td><td rowspan="2">여호와의
심판 명령
(9:9-10)</td></tr>
<tr><td colspan="3">→ 고발에서 심판자 출현까지 →</td></tr>
<tr><td colspan="6">→ 심판을 향하여 →</td></tr>
</table>

그러나 아모스서는 심판 선고로 끝나지 않는다. 죄악을 심판하시는 그 하나님은 실로 은혜로운 하나님이시기 때문이다. 그리하여 "그 날"이 여호와에 의해 마련된다(9:11-15). 그 날은 여호와의 은혜의 날이며, 이스라엘의 회복의 날이다. 그 날이 여호와에 의해 친히 주어지므로 "그 날"을 소망하는 사람들은 결국 "여호와"를 소망하는 사람들이다.

1. 다섯 번째 환상과 심판(9:1-10)

아모스 9:1-10은 세 부분, 즉 다섯 번째 환상(9:1-4), 여호와 찬양(9:5-6), 여호와의 집행 명령(9:7-10)으로 나누어 읽을 수 있다.[277]

가. 다섯 번째 환상(9:1-4)

9:1-4의 환상 보고는 '보는 것'으로 시작하고, '여호와의 의지 천명'으로 끝나는 점에서 앞의 네 환상 보고와 같다. 그렇지만 다섯 번째 환상은 앞의 것들과 다른 점도 있다.

<table>
<tr><td rowspan="2">다섯째
(9:1-4)</td><td rowspan="2">아모스:
"내가 보니"</td><td rowspan="2">제단 곁에서
명하시는 주</td><td rowspan="2">파괴와
살해</td><td>대화 없음,
설명 없음
(아모스 중재 무용)</td><td rowspan="2">심판
집행</td></tr>
<tr><td>여호와의 의지 천명</td></tr>
</table>

277) 9:1-10이 통일성 있는 문학 단위인지에 대해 다양한 견해가 있다. 1-4절은 환상 보고로서 여호와가 일인칭이고, 5-6절은 송영으로 여호와가 삼인칭이며, 7-10절은 1-6절의 시 형식과는 달리 산문 형식으로 여호와가 다시 일인칭이다. 7-10절을 두 단락으로 나누는 학자도 있다. 이들은 7-8절에 '남은 자'의 구원이 언급되기 때문에 선석 심판을 말하는 9-10절과는 다르다고 본다. 그러나 1-4절, 5-6절, 7-10절 세 부분이 하나의 단락에 속한다고 볼 수 있는 충분한 근거가 있다. ① 동음이어의 단어인 1절의 "기둥머리"와 7절의 "갑돌"은 같은 단어 〈카토르〉כַּפְתּוֹר로서 같은 사람에 의해 의도적으로 사용된 것으로 보인다. ② 1절(쳐서, 떨어지게 하라)과 9절(내가 명령하여)은 모두 명령 구조로 이루어져 있다. ③ 5절과 7절의 애굽과 구스(누비아/애굽)는 서로 연결된다. ④ 7-10절이 이스라엘이 만국의 일원으로 여호와의 권능 아래에 있음을 강조함으로써 5-6절의 송영의 요점을 완성한다. ⑤ 4절과 10절 모두에 '칼에 의한 살육'이 나온다. ⑥ 1-6절의 심판 주제가 7-10절에서도 계속된다. 그러므로 7-10절은 1-6절과 연속적일 뿐 아니라 1-6절의 심판 언어를 더욱 공교히 한다고 볼 수 있다. Stuart, *Hosea-Jonah*, 390을 참조하라.

위의 표에서 보는 것처럼 첫째, 여호와가 주어인 다른 환상과 달리 다섯 번째 환상은 "내가 보니"로 시작한다. 둘째, 환상 내용은 '단 곁에 서 계시는 여호와의 말씀'인데, 앞의 환상들과 달리 아모스의 보고는 시각적이라기보다 청각적이다. 환상에서 본 어떤 형상에 대한 설명 대신, 여호와의 직접적인 말씀이 선포된다. 셋째, 다섯 번째 환상에는 아모스와 여호와와의 대화가 없다. 아모스의 역할이 앞의 환상에서보다 현저히 감소되는 것이다. 이런 현상은 아마 심판이 최종 결정되었으므로 어떤 중재도 더 이상 효력이 없을 것이기 때문이다.[278] 넷째, 환상의 내용은 여호와의 판결에 대한 것이 아니라 집행에 대한 것이다.[279]

[9:1] 내가 보니 주께서 제단 곁에 서서 이르시되 기둥 머리를 쳐서 문지방이 움직이게 하며 그것으로 부서져서 무리의 머리에 떨어지게 하라 내가 그 남은 자를 칼로 죽이리니 그 중에서 한 사람도 도망하지 못하며 그 중에서 한 사람도 피하지 못하리라
[2] 그들이 파고 스올로 들어갈지라도 내 손이 거기에서 붙잡아 낼 것이요 하늘로 올라갈지라도 내가 거기에서 붙잡아 내릴 것이며
[3] 갈멜 산 꼭대기에 숨을지라도 내가 거기에서 찾아낼 것이요 내 눈을 피하여 바다 밑에 숨을지라도 내가 거기에서 뱀을 명령하여 물게 할 것이요
[4] 그 원수 앞에 사로잡혀 갈지라도 내가 거기에서 칼을 명령하여 죽이게 할 것이라 내가 그들에게 주목하여 화를 내리고 복을 내리지 아니하리라 하시니라

278) 위의 책, 390-91.

279) Mays, *Amos*, 153.

아모스는 단 곁에 계신 분을 ‘여호와’ 대신 “주”〈아도나
9:1 이〉אֲדֹנָי라 부른다. 5, 7절에서 다시 “여호와”로 부르는 것으로
보아, 여기서 〈아도나이〉를 선택한 것은 특별한 이유가 있을 것이다. 아마 “내[아모스]가 보니”로 시작하기 때문에 ‘여호와를 볼 수 없다’는 이스라엘의 신학을 반영하여 일부러 “주”를 선택했을 것이다.[280]

주님은 제단 곁에 서 계셨다. 이 제단은 어느 성소의 제단인가? 어떤 지방의 성소나 예루살렘이나 혹은 벧엘의 제단 중 하나일 것이나 가능성이 가장 높은 곳은 벧엘 성소의 제단이다. 아모스가 북왕국의 정치·경제·사법 지도자들의 부패와 종교 지도자들의 타락에 관해 예언했으므로, 이 제단 역시 북왕국의 중앙 성소인 벧엘의 제단일 것이다. 아모스를 쫓아내려했던 아마샤 역시 벧엘 성소의 제사장이었다.

벧엘의 제단은 이스라엘 전체 역사를 통해 문젯거리였으며, 원죄와 같은 곳이었다. 여로보암 이후 벧엘은 하나님에 대한 배반과 이스라엘 분열의 상징적인 장소가 되었고, 열왕기서 기자는 이스라엘의 왕들을 평가하면서 그들이 ‘여로보암의 죄’(즉 벧엘에서의 우상숭배)를 따라갔다고 악평했다. 벧엘은 722년 북왕국 멸망 후 앗수르 땅이 된 이후에도, 친앗수르 토후들의 정치·종교·경제 중심지 역할을 했다.

> 24앗수르 왕이 바벨론과 구다와 아와와 하맛과 스발와임에서 사람을 옮겨다가 이스라엘 자손을 대신하여 사마리아 여러 성읍에 두매 그들이 사마리아를 차지하고 그 여러 성읍에 거주하니라 25그들이 처음으로 거기 거주할 때에 여호와를 경외하지 아니하므로 여호와께서 사자들을 그들 가운데에 보내시매 몇 사람을 죽인지라 26그러므로 어떤 사람이 앗수르 왕에게 말하여 이르되 왕께서 사마리아 여러 성읍에 옮겨 거주하게 하신 민족들이 그 땅 신의 법을 알지 못하므로 그들의

280) Stuart, *Hosea-Jonah*, 391.

신이 사자들을 그들 가운데에 보내매 그들을 죽였사오니 이는 그들이 그 땅 신의 법을 알지 못함이니이다 하니라 [27]앗수르 왕이 명령하여 이르되 너희는 그 곳에서 사로잡아 온 제사장 한 사람을 그 곳으로 데려가되 그가 그 곳에 가서 거주하며 그 땅 신의 법을 무리에게 가르치게 하라 하니 [28]이에 사마리아에서 사로잡혀 간 제사장 중 한 사람이 와서 벧엘에 살며 백성에게 어떻게 여호와 경외할지를 가르쳤더라(왕하 17:24-28)

벧엘의 완전한 파괴만이 이스라엘과 유다 백성의 정신적, 신앙적 통일을 가능하게 할 것이다. 벧엘의 파괴는 분열 이전의 왕국 상태를 의미하기 때문이다. 분열 왕국의 초대 왕 여로보암에 의해 세워진 벧엘, 즉 분열이란 원죄는 이미 예언된 대로 621년 남왕국 요시야 왕에 의해 최종 파괴되었다.

[1]보라 그 때에 하나님의 사람이 여호와의 말씀으로 말미암아 유다에서부터 벧엘에 이르니 마침 여로보암이 제단 곁에 서서 분향하는지라 [2]하나님의 사람이 제단을 향하여 여호와의 말씀으로 외쳐 이르되 제단아 제단아 여호와께서 이와 같이 말씀하시기를 다윗의 집에 요시야라 이름하는 아들을 낳으리니 그가 네 위에 분향하는 산당 제사장을 네 위에서 제물로 바칠 것이요 또 사람의 뼈를 네 위에서 사르리라 하셨느니라 하고(왕상 13:1-2)

[15]이스라엘로 범죄하게 한 느밧의 아들 여로보암이 벧엘에 세운 제단과 산당을 왕이 헐고 또 그 산당을 불사르고 빻아서 가루를 만들며 또 아세라 목상을 불살랐더라 [16]요시야가 몸을 돌이켜 산에 있는 무덤들을 보고 보내어 그 무덤에서 해골을 가져다가 제단 위에서 불살라 그 제단을 더럽게 하니라 이 일을 하나님의 사람이 전하였더니 그 전한 여호와의 말씀대로 되었더라 [17]요시야가 이르되 내게 보이는 저것은 무슨 비석이냐 하니 성읍 사람들이 말하되 왕이 벧엘의 제단에 향

하여 행하신 이 일을 전하러 유다에서 왔던 하나님의 사람의 묘실이니이다 하더라(왕하 23:15-17)

벧엘이 북왕국의 중앙 성소로 확정된 시절에 하나님의 사람이 유다에서 올라 왔고, 여로보암은 단 곁에 서서 분향하고 있었다(왕상 13:11). 하나님의 사람 아모스가 유다에서 벧엘로 올라온 지금, 주께서 단 곁에 서 계셨다. 여로보암은 하나님의 이름을 위해 단을 세운다고 거짓말을 하며(사실은 정치 행위) 그곳에서 분향하며 서 있었으나, 주님은 그 단의 거짓됨과 악함을 드러내며 파괴하는 자로 서 계신다.

"주께서 단 곁에 서" 계신다는 선포는 예배 참석자들이 늘 듣던 소리였다. 주께서 함께 하는 제단이라는 것이 벧엘에 대한 제사장들의 주장이 아니었던가? 그러나 아모스는 반복하여 이스라엘의 확신 중 하나가 잘못된 것임을 보여준다. 청중들은 임마누엘 신앙을 갖고 있었고, 성소는 임마누엘의 장소다. 그들은 여호와가 우리와 함께 하시니 어떤 해도 없을 것이라고 설교했고, 또 그렇게 믿었다(5:14). 그러나 그 말은 일부만 진실이다. 그들의 확신대로 여호와는 살아계신 하나님이요, 역사의 주관자이시지만, 그들의 기대와는 달리 그분은 악인을 그 악행과 함께 일소하시는 분이다(9:10 참조). 지금 주님은 단 곁에 서 계시되 보호자가 아니라 파괴의 주, 심판의 주로 서 계신 것이다.

파괴의 일차 타깃은 성소이다. 성소가 복의 근원이기도 하지만, 자주 악의 근원이 되기 때문이다. 성소가 범죄하고 타락한 사람들을 일깨우는 대신 무통무감의 약을 제공하고, 그들로부터 이익을 얻고자 한다면, 또한 성소의 지도자들 자체가 범죄하고 타락한 사람들의 일원이라면 그곳은 파괴되어야 한다.

여호와의 파괴 명령은 두 가지, "그 기둥머리를 쳐서", "부수라"는 것이다.[281] "기둥머리"〈캅토르〉כַּפְתּוֹר는 건물의 지주 역할을 하며 지붕

281) 아모스에게 기둥머리를 치고 파괴하라고 한 것은 아니기 때문에, 누구

을 받치는 동시에 성소의 미장 기능을 하는 기둥의 윗부분이다.[282] 그러므로 기둥머리가 부서지면 전 건축물의 붕괴가 일어날 수밖에 없다. "문지방"〈시핌〉סִפִּים은 그 위에 문기둥이 고정되도록 커다란 돌을 깎아 만든 평판이다(사 6:4). 일반인의 가옥(사 19:27), 왕궁(왕상 14:17), 성전(대하 3:7) 모두에 이 평판이 있었다. "기둥머리"와 "문지방"이 함께 나오는 것은 기둥에 출입문이 붙어 있었다는 것을 말해준다. 예루살렘 성전의 문지방의 폭이 '한 갈대 길이'(약 260–310cm)였던 것으로 본다면(겔 40:6),[283] 벧엘 성소의 문지방도 상당히 컸을 것이다.

"문지방이 움직이게"에서 "움직이게"는 히브리어 단어 〈라아쉬〉רָעַשׁ의 번역이다. 〈라아쉬〉는 자연 현상으로서의 지진(삿 5:4, 암 1:1), 전쟁의 소란(사 9:4), 군마나 전차달리는 소리(욥 39:24, 렘 47:3), 우주적 격변(욜 2:10)을 나타내는데 사용되는 단어이다. 곧 큰 진동을 동반하는 소리를 가리킨다. 문지방이 크게 진동할 정도면 건물 붕괴가 필연적으로 일어날 것이다. 하나님의 명령에 따라 성소가 위에서부터(기둥머리) 아래까지(문지방) 모두 붕괴된다.[284]

파괴된 기둥머리는 예배에 참석한 자들(무리)의 머리(위)로 떨어진다.[285] "떨어진다"는 '부수다'를 뜻하는 히브리어 단어는 〈바차〉בָּצַע이

에게 명령한 것인지 생각해 볼만하다. 창세기 1장에서처럼 사물에게 직접 준 권위의 명령이거나(암 3:9, 사 13:2; 렘 5:10 참조), 천상의 초자연적 존재들에게 한 명령(사 6:2 참조), 혹은 앞으로 일어날 일을 극적으로 표현한 예언적 상징어일 것이다. Mays, *Amos*, 153.

282) Aharoni, *IDB*, 534-680. 우리 본문에서 단수로 쓰인 것은 중앙의 지지 기둥이 하나라는 것을 의미하기보다는 집합적 단수로 사용되었기 때문일 것이다. 스바냐 2:14는 복수형을 사용한다.

283) *IBD* 3, 1638.

284) Stuart, *Hosea-Jonah*, 391.

285) 히브리어 성경 문장에는 "떨어져서"가 없다. 〈우브차암 브로쉬 쿨람〉וּבְצַעַם בְּרֹאשׁ כֻּלָּם을 직역하면 "그들 모두의 머리에서 그들을 부수어라"이다.

다. 〈바차〉는 원래 직조 전문용어로서 직공이 베를 짠 후 '베틀에서 베를 잘라 걷어내는 것'을 뜻한다.[286] 히스기야가 병에서 회복된 후 드린 찬양에도 나온다.

> 직공이 베를 걷어 말음 같이 내가 내 생명을 말았도다 주께서 나를 틀에서 끊으시리니〈바차〉 조석 간에 나를 끝내시리라(사 38:12)

우리의 본문에서 〈바차〉는 파괴된 기둥머리가 사람 머리에 부딪혀 조각조각 깨어지는 것을 말한다. 흥미롭게도 명사형 〈베차〉בֶּצַע는 '자기 소유가 아닌 것을 잘라내는 것', 즉 불의한 소득, 탐심, 갈취를 뜻한다.[287] 지도자들이 자주 불의한 소득을 취하는 것에 대한 유혹을 받았기 때문에, 하나님은 불의한 이익을 탐하지 않는 자를 백성의 재판관으로 세우라고 모세에게 명하셨다.

> 너는 또 온 백성 가운데서 능력 있는 사람들 곧 하나님을 두려워하며 진실하며 불의한 이익〈베차〉을 미워하는 자를 살펴서 백성 위에 세워 천부장과 백부장과 오십부장과 십부장을 삼아(출 18:21)

에스겔은 예언자와 제사장을 비롯한 이스라엘의 지도자들의 죄악을 지적하는 가운데, 방백들의 죄악을 다음과 같이 지적한다.

> 그 가운데서 그 고관들은 음식물을 삼키는 이리 같아서 불의한 이익〈베차〉을 얻으려고 피를 흘려 영혼을 멸하거늘(겔 22:27)

즉 기둥머리들이 무리의 머리에서 부수어져〈바차〉 많은 희생자를 내는데,[288] 그 희생자들은 가난하고 힘없는 사람들을 희생시키며 불

---

286) *TDNT* VI, 269 이하; *TDOT* II, 205-208.

287) 사무엘상 8:3; 시편 10:3; 119:36; 잠언 1:19; 15:27; 이사야 33:15; 56:11; 예레미야 8:10; 22:17; 에스겔 33:31; 하박국 2:9을 참조하라.

288) 땅의 진동으로 인해 많은 희생자를 내었다면, 이스라엘의 벧엘 성소에

의한 이익〈베차〉을 취하던 사람들이다.

성소가 붕괴된 가운데서 살아남은 자가 있어도 그는 아직 안심하기에는 이르다. 여호와의 칼이 그를 추적할 것이기 때문이다. 다음 절에는 다섯 번의 살아남는 경우의 가정법이 나온다. 그러나 살아남을 가능성이 하나씩 지워져 사라진다.

이 단락에는 세 번의 가정이 나온다. 첫 번째 가정은 '음부
9:2 로 들어간다면'이다. 음부〈스올〉שְׁאוֹל는 죽은 사람들만이 갈 수
있는 곳으로 무덤 속이든, 사후에 가는 어떤 세계든 파고 들어갈 수만 있다면 남의 눈을 피할 수 있는 최적지다. 그러나 여호와에게서 피할 수는 없다. 여호와는 스올에서도 그들을 찾아 뽑아낼 것이다.

두 번째 가정은 '하늘로 올라간다면'이다. 하늘이 우리가 보는 하늘이든 아니면 신의 처소를 언급하는 것이든, 아무도 추적할 수 없는 자연적 피신처 혹은 초자연적 피신처다. 그러나 여호와에게서 피할 수는 없다. 여호와는 그들을 끌어 내리신다. 그들이 찬양하고 믿는 것처럼, 음부도 하늘도 여호와의 손 안에 있지 않은가? 이러한 하늘과 땅의 통치는 고대 근동에서 찬양의 대상에게 널리 사용되던 표현이다. 팔레스타인의 한 군주는 바로를 다음과 같이 찬양한다. "우리가 하늘에 올라가든지, 지하 세계로 내려가든지 우리의 머리는 당신의 손에 있나이다"(Amarna Letter 264:1).[289] 이스라엘은 하나님의 전지전능하심을 알고 있으며 다음과 같이 찬양한다.

서는 이스라엘의 전통적인 형식인 마당에서 예배하지 않고, 가나안 신전 형식을 따라 건물 안에서 분향하거나 예배했다는 것을 짐작하게 한다. R. de Vaux, *Ancient Israel* (New York: McGraw-Hill Co., 1965), 438-456; 283; 사사기 9:27, 46, 49을 참조하라.

289) H-J. Kraus, *Psalms*, 919.

> [7]내가 주의 영을 떠나 어디로 가며 주의 앞에서 어디로 피하리이까 [8]내가
> 하늘에 올라갈지라도 거기 계시며 스올에 내 자리를 펼지라도 거기 계시
> 니이다 [9]내가 새벽 날개를 치며 바다 끝에 가서 거주할지라도 [10]거기서도
> 주의 손이 나를 인도하시며 주의 오른손이 나를 붙드시리이다(시 139:7-8)

하나님은 당신을 신뢰하는 사람을 음부에서도, 하늘에서도, 바다 끝에서도 인도하시는 분이지만(롬 8:38-39 참고), 반역하고 죄를 범한 사람들을 음부에서도, 하늘에서도, 바다 끝에서라도 끌어내시는 분이시다.

세 번째 가정은 '갈멜산 꼭대기에 숨는다면'이다. 갈멜산은
9:3 해발 약 500m의 산으로 울창한 숲이 있기 때문에 숨어들기
좋은 장소였다. 그러나 어찌 여호와의 눈이 숲의 방해를 받겠는가? 네 번째 가정은 '바다 밑바닥에 내려가서 여호와의 눈을 피한다면'이다. 깊은 바다 속을 볼 수 있는 사람도, 깊은 바다 밑바닥에 붙어 생명을 유지할 사람도 없으니 최적지다. 그러나 여기 바다 밑에는 뱀이 있다. 뱀은 이스라엘인에게는 기분 나쁜 존재다. 여호와는 뱀으로 반역한 사람들을 죽인다(암 5:19; 렘 8:17 참조). 그러니 바다 밑바닥도 안전한 곳이 아니다.

"물게 할 것이요"는 히브리어 단어 〈나샤크〉נָשַׁךְ의 번역이다. 〈나샤크〉의 주어는 언제나 뱀인데, 한 예외는 거짓 예언자다. 그들은 뱀처럼 '물어뜯는 사람'이다. 거짓 예언자들은 입 안에 먹을 무엇인가 있어서 그것을 물어뜯고 있는 동안에는 평강을 외쳤다(미 3:5). 〈나샤크〉는 동시에 고리(高利)를 받거나 혹은 고리를 받을 목적으로 돈이나 물건을 빌려주는 것을 뜻하기도 하는데, 이자를 받는 것이 자신의 몫을 물어뜯는 것과 같다는 의미에서 그러하다. 그리하여 명사 〈네쉐크〉נֶשֶׁךְ는 '고리'를 나타낸다.

여호와는 자기 백성에게서 이자를 받는 것을 엄금하였다. 다음 본문에는 동사형이 두 번, 명사형이 세 번 나온다.

네가 형제에게 꾸어주거든 '이자를 받지 말지니'〈로 타시크〉לֹא־תַשִּׁיךְ 곧 '돈의 이자'〈네쉐크 케세프〉נֶשֶׁךְ כֶּסֶף, '[음]식물의 이자'〈네쉐크 오켈〉נֶשֶׁךְ אֹכֶל, '이자를 낼 만한 [모든] 것'〈아쉐르 이샤크〉אֲשֶׁר יִשָּׁךְ의 이자를 받지 말 것이라(신 23:19)

사실 고리를 받는 것은 착취라는 면에서 '물어뜯는 것'과 다름 아니다.[290] 여호와는 흥미롭게도 백성을 〈나샤크〉한(고리를 물리던) 사람들을 〈나샤크〉하라고(물어뜯으라고) 뱀에게 명하신 것이다.

9:4 다섯 번째 가정이 나온다. 잡혀가서 남의 나라에 숨어 있으면 어떻게 되는가? 여호와는 이스라엘의 신이 아니던가? 그러나 여호와의 추적은 여기서도 끝나지 않고 우주와 자연을 넘어 이방 나라에서까지 계속된다. 거기서 그들은 칼에 맞아죽고 화를 당한다. 아모스는 다음 절에서 이스라엘의 찬양으로 그분이 누구신지 밝힌다.

나. 송영(9:5-6)

> [9:5] 주 만군의 여호와는 땅을 만져 녹게 하사 거기 거주하는 자가 애통하게 하시며 그 온 땅이 강의 넘침 같이 솟아오르며 애굽 강 같이 낮아지게 하시는 이요
> [6] 그의 궁전을 하늘에 세우시며 그 궁창의 기초를 땅에 두시며 바닷물을 불러 지면에 쏟으시는 이니 그 이름은 여호와시니라

290) 하박국 2:7에는 〈나샤크〉 동사의 분사형인 〈노쉐크〉가 나오는데, 현대 번역성경들은 두 의미 중 하나를 택하였다. 예를 들어, 개역성경은 "너를 물 자들"로, 개역개정은 원어의 뜻을 의역하여 "너를 억누를 자들"로, KJV은 "that shall bit thee"(너를 물 자)로 번역한다. 공동번역은 "빚장이들"로, 주교회의 성경과 표준새번역은 "빚쟁이들"로, NKJV는 "your creditors"(너의 빚쟁이들)로, NRS는 "your own creditors"로, NIV는 "your debtors"로 번역한다.

이 송영에는 “그분은… 하시는 분”이라는 서술적 분사가 세 번 나온다. 곧 그분은 “땅을 만지시는 분”〈하노게아으 바아레츠〉הַנּוֹגֵעַ בָּאָרֶץ이며, 또한 “하늘에 전을 세우시는 분”〈하보네 바샤마임 마알로트〉הַבּוֹנֶה בַשָּׁמַיִם מַעֲלוֹת이며, “바닷물을 부르시는 분”〈하코레 르메 하얌〉הַקֹּרֵא לְמֵי־הַיָּם이시다. 그는 권능자(땅을 녹이고 강물처럼 움직이는)시며, 하늘에 거하는 건축자(전을 하늘에 세우고, 궁창의 기초를 땅에 두시는)시며, 물의 주관자시다.[291)]

예배 현장에서 참석자들은 땅과 하늘과 바닷물과 관계된 고백 각각에 ‘주 만군의 여호와’와 뒤의 ‘여호와는 그의 이름’을 붙여 찬양했을 것이다.

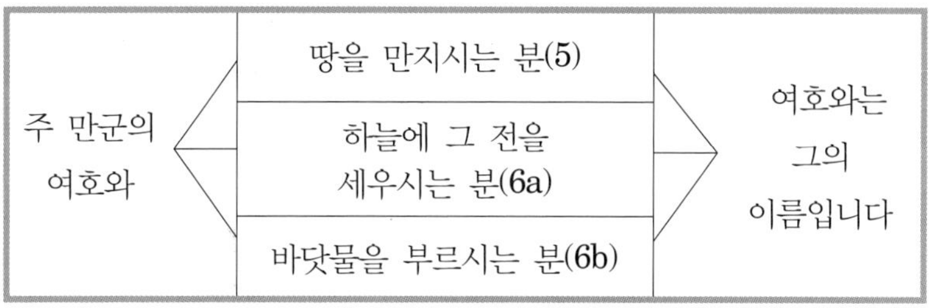

이 송영은 이스라엘 사람들이 성소에서 불렀을 것이며, 여호와가 어떤 분이신가에 대한 제사장들의 가르침을 나타내기도 했을 것이다.[292)] 그러나 같은 찬양의 고백이 기쁘심을 입은 자들에게는 구원

---

291) 6절의 “전”은 일반적으로 사용되는 〈헤칼〉(성전, 궁전)이나 〈바이트〉(집)가 아니다. 여기의 “전”은 “계단”〈마알라〉מַעֲלָה의 복수 〈마알로트〉מַעֲלוֹת의 번역이다. 그러므로 〈마알로트〉는 하나님의 보좌에 이르는 계단을 이르는 것으로 보인다. “궁창”은 일반적으로 사용되는 〈라키아〉רָקִיעַ가 아니라 ‘띠’, 혹은 ‘묶음’을 뜻하는 〈아구다〉אֲגֻדָּה이다. 하나님께서 건축자처럼 재료를 서로 연결하고 결합하여 궁창을 지었다는 뜻을 내포하는 것으로 보인다.

292) 참고. 아모스 5:8; 8:8b; 시편 46:6; 104:32; 144:5; 미가 1:3 이하; 나훔 1:4-5.

의 확신이지만 이스라엘의 적들에게는 피할 수 없는 위험이었다. 여호와는 모든 능력 위에 뛰어난 분으로 세상의 약한 자를 구하시는 분이시며, 모든 능력으로 악한 자를 심판하시는 홀로 참되신 재판장이 아니신가? 유감스럽게도 이제 여호와가 이스라엘의 적으로 행동하신다. 여호와 하나님은 이스라엘 백성이나 특정인들만의 신이 아니라 만군의 주시며, 세계와 우주와 역사의 주인이시다.

다. 여호와의 집행 명령(9:7-10)

> [9:7] 여호와의 말씀이니라 이스라엘 자손들아 너희는 내게 구스 족속 같지 아니하냐 내가 이스라엘을 애굽 땅에서, 블레셋 사람을 갑돌에서, 아람 사람을 기르에서 올라오게 하지 아니하였느냐
> [8] 보라 주 여호와의 눈이 범죄한 나라를 주목하노니 내가 그것을 지면에서 멸하리라 그러나 야곱의 집은 온전히 멸하지는 아니하리라 여호와의 말씀이니라
> [9] 보라 내가 명령하여 이스라엘 족속을 만국 중에서 체질하기를 체로 체질함 같이 하려니와 그 한 알갱이도 땅에 떨어지지 아니하리라
> [10] 내 백성 중에서 말하기를 화가 우리에게 미치지 아니하며 이르지 아니하리라 하는 모든 죄인은 칼에 죽으리라

이스라엘의 차별성은 여호와와의 언약 관계에 있다. 그들
9:7 이 언약으로부터 철회한다면, 그들은 주변의 다른 국가와 다
를 것이 없게 된다. 구스〈쿠쉬〉כוש는 예루살렘에서 1200km 이상 떨어져 있는 곳으로, 현재의 아스완에서부터 남쪽의 제6폭포 근처 카르툼(Khartum)에 이르는 지역을 가리킨다. 에디오피아와 누비아가 구스에 해당한다. “구스인이 그의 피부를 표범이 그의 반점을 변

하게 할 수 있느냐"(렘 13:23)에서 보듯, 구스 사람은 검은색 피부를 가진 사람의 대명사이다. 아론과 미리암은 모세가 구스 여인을 아내로 얻은 것에 대해 불평했다(민 12:1). 구스 사람들은 이스라엘 내에서 종(삼하 18:21)이나 왕궁의 내시로 살기도 했다(렘 38:7).

"구스 족속 같지 아니하냐"는 표현은 이스라엘 사람에게 먼 곳의 구스 사람이 관심의 대상이 아닌 것처럼, 하나님에게도 이스라엘은 관심의 대상이 아닌 무관심한 존재라는 뜻이다. 혹은 구스 사람이 멸시 받는 것처럼, 하나님에게 이스라엘은 하찮은 백성이라는 뜻이다.[293]

블레셋은 에게 해를 무대로 활동하던 해양 민족의 일원으로 갑돌(=크레테)로부터 1180년 경 지중해 동쪽 팔레스타인 서부 연안에 상륙했다.[294] 아람 사람들은 메소포타미아 지역의 엘람 근처에 위치한 것으로 생각되는 "기르"〈키르〉קִיר에서 이주해 왔다.[295] 이스라엘은 남쪽에서, 블레셋은 서쪽에서, 아람은 동쪽에서(창 10장 참고) 이주해 들어온 사람이므로 이스라엘이 특별 대우를 받을 이유가 없다는 것이다. 이스라엘이 출애굽을 기억해야 하는 이유는 자신의 뿌리를 자랑하기 위한 것이 아니라 하나님의 은혜를 기억하고 그분을 따르기 위한 것이다.

이 절은 "보라"〈힌네〉הִנֵּה로 시작한다. 여호와는 세계의 주
9:8 관자시며, 심판자이시니 그분이 범죄한 나라에 주목하는 것
은 당연하다. 그렇다면 "범죄한 나라"〈하핫타아〉הַחַטָּאָה는 어느 나라인가? 앞에 정관사 〈하〉가 붙어 있으므로 더 정확하게 읽으면 "그 범죄한 나라"가 된다. "범죄한 나라"와 "야곱의 집"이 접속사 "그

---

293) Mays, *Amos*, 157.

294) King, *Amos, Hosea, Micah*, 51. 팔레스타인이란 말은 블레셋 후손들에 대한 헬라식 이름 *palaistinoi*에서 나온 이름으로 1차 대전 후 이 지역에 대한 공식명이 되었다.

295) Mays, *Amos*, 159.

러나"로 이어지기 때문에 "범죄한 나라"는 "야곱의 집"을 말하는 것이 아니라고 생각할 수 있다.

그런데 여기의 정관사를 '범주의 정관사'로 보아 '범죄한 나라는 어떤 나라라도'(every sinful kingdom)로 읽는다면,[296] "범죄한 나라"는 아모스가 앞에서 언급한 바 있는 나라들일 수 있다. 곧 다메섹, 블레셋의 도시 국가들, 두로, 에돔, 암몬, 모압, 유다, 이스라엘이다(암 1:3-2:6 이하). 이스라엘은 분명히 선택된 백성이고 특은을 입은 나라이긴 하지만, 이스라엘도 "범죄한 나라" 중 하나이다. 그러므로 다른 나라와 같이 행한 죄에 대하여 평등한 대접을 받아 지면에서 멸절될 것이다. 하나님의 선택과 은혜는 그것을 받은 자의 극악무도함에도 불구하고 여전히 베풀어야 하는 의무적 은혜는 아니기 때문이다. 이스라엘의 전통적 선택 사상인 언약 사상은 순종 여부에 따른 복과 저주를 포함한다.

"온전히 멸하지는 아니하리라"는 여호와의 징계가 근절이 아니라 정결의 성격을 띠고 있다는 사실을 보여준다. 이스라엘의 일부는 보존된다.[297] 이스라엘 전 백성을 죽이는 것은 하나님의 뜻이 아니다. 아

296) 위의 책.

297) 어떤 학자들은 전적 파멸이 아니라는 예언이 지금까지의 아모스 예언과 맞지 않는다고 판단하여 후대의 첨가로 본다. 어떤 학자들은 문장을 고쳐 읽는다. 예를 들어, 메이즈는 부정사 〈로〉 앞에 의문소 〈하〉를 넣어 "내가 진정 야곱의 집을 멸하지 않겠는가?"로 읽는다. Mays, *Amos*, 160. 이 독법에는 두 가지 문제점이 있다. 〈하〉를 첨가하는 사본적 증거가 없고, 앞에 나오는 부사 "그렇지만"〈에페스 키〉אֶפֶס כִּי과 문맥상 연결되지 않는다. 〈에페스 키〉 뒤에서는 앞의 분위기가 달라지기 때문이다(예. 신 15:4; 삿 4:9; 삼하 12:14). 헙바드(D. Hubbard)는 이 본문을 정치적 실체로(political existence)서의 이스라엘은 넘어지지만, 사회적 실체(social existence)로서의 이스라엘은 남을 것이라는 예언으로 본다. 즉 백성들 중에 생존자가 있을 것이라는 약속으로 이해한다. D. Hubbard, *Joel and Amos: An Introduction and Commentary*, Leicester, England: Downers Grove, III, 234.

모스 전체를 통틀어 억압하는 자와 억압받는 자가 구별되므로 심판 대상도 구별된다. 실지 중앙 성소인 벧엘 예배에 참여하거나, 전쟁으로 말미암아 타격을 입는 사람들은 통치자들이나 부자들이다.[298] 남은 자의 구원의 주제는 다른 주전 8세기 예언자들에게서 나타나며(호 1:10–11; 미 2:12–12; 사 11:10–11), 실제로 여호와 하나님은 왕국 체제로서의 이스라엘이 아닐 때에도 여호와는 여전히 이스라엘의 하나님이셨다.

여호와의 심판 집행 명령(“명령하여”)은 계속된다. 명령의 내용
9:9 은 체질하여 돌을 모두 가려내는 것이다. 고대 이스라엘에서
곡식은 대개 탈곡, 키질, 체질의 세 단계를 거쳐 얻어졌다. 먼저 곡식 단을 바람이 잘 부는 높은 곳으로 가져가서, 평편하고 단단한 표면을 가진 바위나 다져진 흙바닥 위에 놓고, 치거나 훑어서 낟알을 분리해 낸다. 다음 단계는 탈곡된 곡식을 키질하여 가벼운 겨나 먼지를 날려 보내고 무거운 곡식은 땅에 떨어지게 한다. 그 다음 단계는 체질이다. 비교적 큰 그물눈을 가진 체를 아래위로 흔들어 남아 있는 불순물을 제거한다. 흔드는 중에 곡식알은 밑으로 떨어지고, 돌이나 지푸라기 등은 체 안에 그대로 남는다.[299] 체 안에 남아 있는 것들은 버려진다.

체질을 이스라엘과 관련시킬 때 두 가지 해석이 가능하다. 번서 ‘만국이라는 곡식’ 중에서(“만국 중에”) ‘이스라엘이라는 돌 알갱이’〈츠로르〉 צְרוֹר를 걸러내는 것으로 보면, 이스라엘은 체질 가운데 남은 돌 알갱이가 되어 버림받는다는 뜻이 된다.[300] 이와 달리 만국의 하나인

298) B. K. Smith and F. S. Page, *Amos Obadiah Jonah*, NAC 19B (Nashville: Broadman & Holman Publishers, 1995), 162.

299) King, *Amos, Hosea, Micah*, 112.

300) 만일 본문을 ‘만국이 보는 가운데서 이스라엘을 체질하여’로 이해한다면, 이스라엘 중 신실한 자는 보존될 것이라는 뜻이 된다. King, *Amos,*

'이스라엘이라는 곡식 자체'를 체질하여 곡식과 돌 알갱이를 가려낸다는 것으로 보면, 이스라엘 사람 중에서 선인과 악인을 가려 선인은 다 빠져 나가고 악인은 걸러진다는 뜻이 된다.

9:10 1절에서 '건물 붕괴로 죽고 살아남은 자가 칼로 죽을 것이라' 한 것처럼, 이스라엘 백성의 종착점은 칼에 의해 살해되는 것이다. 이 구절을 히브리어 순서로 읽으면 뜻이 더욱 뚜렷해진다. "칼로, 죽으리라, 내 백성의 모든 죄인들." 칼이 제일 먼저 나오는 것은 이 선포의 핵심이 어디에 있는가를 말해준다.[301] 이스라엘이 받을 운명은 결국 "칼", 곧 죽음이라는 말이다.

죽는 자들은 누구인가? 그들은 "'화가 우리에게 미치지 아니하며 임하지 아니하리라고' 말하는 자들"이다. 그들은 여호와 보시기에 악한 일을 행하면서도, 이스라엘 불멸이라는 신학과 사상과 교리와 전통을 말하는 자들이다. 그들은 출애굽 전승을 볼모삼아 선민이라는 자기 정체성을 갖고 자기 정당화를 일삼는다. 결정적인 것은 이론이 아니라 삶의 방식이 아닌가? 어떤 위치의 사람이든 무슨 확신을 갖던 간에, 그들이 죄인이라면 그들의 신학적 교리적 주장도 보호 장구가 되지 못한다. 선택하신 여호와의 은혜에 감격하며 선택 백성에 합당한 삶을 살든지, 아니면 죽을 죄인임을 깨닫고 '화가 우리에게 미치며 임하게 되었으니 어찌 할꼬'라고 말해야 하지 않는가? 하나님은 결국 "내 백성"에 대해 정밀외과 수술을 감행하신다.

Hosea, Micah, 112을 참조하라.

301) 아모스서에는 "칼"이 모두 여덟 번, 9장에서만 세 번 나온다(1:11; 4:10; 7:9, 11, 17; 9:1, 4, 10).

<묵상>

이전의 환상은 경고의 성격이 짙었다. 그러나 다섯 번째 환상은 여호와의 파괴 명령이 하달된 것을 보여준다. 성소의 파괴와 죄악 백성 이스라엘인에 대한 살해 명령이다. 성소의 파괴는 수도 사마리아의 붕괴보다 더 충격적인 것이다. 하나님과의 단절을 의미하기 때문이다. 누가 성소를 무너뜨렸는가? 놀랍게도 이스라엘이 지금까지 경험한 바와 같은 이방인들이나 이방 종교인들이 아니다. 여호와께서 무너뜨리셨다.

회개는 없고 형식만 웅장한 예배, 정의 없는 삶, 거짓으로 가득 찬 지도자들, 교만과 과신과 탐욕으로 가득한 참석자들 등의 이스라엘의 (우두)머리들이, 성소의 기둥머리의 파괴로 인한 붕괴를 자신들의 머리에 받게 된다. 그들은 거짓을 가르친 종교 지도자들이며, 권력을 악용한 정치 지도자들이고, 부정한 방법으로 축재한 경제인이며, 정의를 왜곡한 법조인들이었다.

그들은 예배 참석자였고, 찬양을 부르는 사람들이었고, 과거의 전승을 즐기는 자들로 여전히 신앙적 확신을 갖고 있었다. 그들에게 무엇이 부족했는가? 그들은 6일 동안 잘못 살았다. 가난한 사람을 착취하고, 약한 사람들을 억압하고, 죄 없는 사람들을 희생시켜 자신의 욕망을 채웠다. 재판관들은 눈을 닫아 감고 제사장들은 그들의 악행을 무마해 주었다.

그러나 일차적인 책임은 벧엘과 제사장들에게 있다. 그들은 가르치지 않았고, 가난한 자들을 착취하고 억압하는 자들과 결탁했으며, 성소를 이용했다. 하나님은 성소를 파괴하심으로 이스라엘과의 단교를 선언하신다. 이제는 어떠한 혜택도 없다. 구스나 블레셋이나 아람 같은 한 나라에 불과하다. 하나님을 무시하고 원대로 살았으니, 하나님 없는 삶을 살아야 한다.

성소에서의 신의 현현, 하나님의 편재성, 하나님의 위대성, 출애굽, 선택, 땅의 선물, 다윗 왕조, 야곱 가문 등은 이스라엘이나 오늘을 사는 우리의 신학적 주제다. 이것들은 교회에서나 학교에서 우리가 열심히 가르치고, 배우고, 논하는 주제다. 그러나 한 가지, 우리의 "삶"은 어떠한가? 하나님의 은혜를 하나님의 의무로 생각하며 즐기고 사는가? 아니면 하나님의 은혜에 감격하여 기쁘시게 하는 삶을 사는가? 아니면 연약하여 용서를 구하는가?

"화가 우리에게 미치지 아니하며 임하지 아니하리라"하는 사람은 죽는다(10절). 죄를 범하면서도, 곧 돈을 받고, 뇌물을 주고, 억울한 사람을 만들어내고, 투기를 일삼고, 부정한 경제 행위를 하고, 사소하거나 큰 범법을 하고서도 교리를 내세우며 "화가 우리에게 미치지 않는다고" 생각하면 양심이 화인 맞았거나 그리스도의 피를 오용하는 것이다.

아모스서는 그때의 말씀이나, 오늘 우리에게 주신 말씀이기도 하므로 너 같은 (정도의 덜한) 죄인이 아니라 나 같은 (악독한) 죄인 살리신 주의 은혜를 잊지 말고 주님을 기쁘게 하며 사는 우리가 되어야 할 것이다.

그러므로 너희가 그리스도 예수를 주로 받았으니 그 안에서 행하되 그 안에 뿌리를 박으며 세움을 입어 교훈을 받은 대로 믿음에 굳게 서서 감사함을 넘치게 하라(골 2:6, 7)

2. 아모스의 마지막 설교: "그러나 그 날에는"(9:11-15)

본 단락은 아모스서의 마지막 부분이다. 아모스는 지금까지 여덟 나라의 심판에 대한 설교, 이스라엘에 대한 세 번의 심판 설교와 이어지는 다섯 번의 심판 환상을 보고했다. 그러나 아모스를 통한 여호와의 경고의 말씀은 최종적으로 무시되었다. 이스라엘은 결국 멸망을 택하고 말았다.

아모스가 예언 활동을 한지 얼마 되지 않아 이스라엘은 멸망당하고, 그 백성들은 유프라테스 강 건너 먼 곳으로 붙들려 간다. 종 되었던 애굽에서 해방되어 가나안 땅에 정착하였으나, 은혜를 거부한 결과 종이 되어 땅을 잃는다. 더 멀리 보아 강 건너 갈대아 우르에서 출발하여 가나안 땅으로 들어온 조상의 이야기는 다시 조상들이 살던 땅으로 들어가는 후손의 이야기가 되고 말았다.

그러나 아직 아모스의 예언이 남아 있다. 그것은 이스라엘의 죄악에 대한 것이 아니라 자비로우신 하나님에 대한 것이다. 역사를 심판하시는 여호와는 은혜와 자비의 하나님이시기도 하다. 일반 고대 국가의 경우에 멸망과 함께 그들이 믿던 신들도 함께 사라지지만, 여호와는 이스라엘이 만들어 낸 신이 아니다. 여호와는 이스라엘의 운명과 관계없이 천지창조 전에 계셨고 역사 후에도 계시는 분이시다. 그분이 이스라엘에게 남은 마지막 희망이다. 언제인지는 알 수 없으나 "그 날"이 되면 여호와 하나님은 그들을 다시 본토에 심으실 것이다(15절).302)

---

302) 1892년 벨하우젠이 아모스 9:13-15의 선포가 앞부분의 분위기와 너무 다르다는 이유를 들어 이 단락의 선포가 아모스의 선포 내용이 아니라고 주장(J. Wellhausen, *Die Kleinen Propheten*, 4th ed. [Berlin: W. de Gruyter, 1963], 96)한 이래, 많은 학자들은 이 선포를 아모스 이후의 편집자에게 돌린다(예. R. Coote, H. Wolff). 그러나 아모스 것이 아니라고 생각하는 학자들도 어느 시대에, 어떤 그룹에서 나온 것인가에 대해서는 서로 일치하지 않는다. 이에 대하여는 Hasel, *Understanding the Book of Amos*, 116-120을 보라. 대개는 이 부분이 포로기나 포로기 후시대의 산물로서 최종 편집자가 바벨론에 살던 사람들을 위로하기 위해 붙인 것이라고 주장한다.

이런 주장들은 세 가지 전제에 근거한다. 첫째, 앞부분과 언어와 이념에 있어서 차이가 있다는 전제이다. 〈와우〉와 〈요드〉의 완전 표기(scriptio plena)가 후기 히브리어 필기법이라는 것이다. 곧 "다윗" 표기에 들어 있

본 단락은 두 부분, 다윗의 무너진 장막이 회복될 것(11-12절)과 새

는 〈요드〉הָוִיד 〈힌네 야밈 바임〉הִנֵּה יָמִים בָּאִים(볼지어다, 그날이 오도다, 13절)의 〈야밈〉과 〈바임〉에 있는 순장모음 〈요드〉, 〈키메 올람〉כִּימֵי עוֹלָם("옛적과 같이", 11절)의 〈올람〉에 들어있는 순장모음 〈와우〉, 〈쉬부트〉שְׁבוּת(되집힌 것, 14절)의 〈와우〉 등이 후기 히브리어 필기법이다. 그러나 완전 표기는 아모스 자신의 것으로 받아들여지는 6:5에도 나오며, 〈힌네 얍밈 바임〉은 4:2에, 〈키메 올람〉은 미가 7:14-15에도 나온다. 〈슈브 쉬부트〉란 표현도 세피레(Sefire)에서 발견된 주전 8세기 중엽의 아람어 조약문서(Aramaic treaty)에서 나온다. 그러므로 아모스 9:13-15가 후대 히브리어를 반영한다는 주장이 설득력을 얻기 위해서는 다른 증거가 요구된다. 둘째, 이념에 차이가 있다는 전제이다. 곧 멸망 선포에서 갑자기 회복의 주제로 바뀌는 것은 아모스의 태도의 변화가 아니라 멸망을 이미 경험한 후대의 사람들을 위함이라는 것이다. 그러나 이러한 생각은 아모스는 '심판만 선고하는 사람'이라는 전제에서 나온 것으로 예언자는 근본적으로는 벌을 위한 벌을 선포하는 것이 아니라, 회복과 구원을 위한 심판을 표명하고 있다고 보아야 한다. 또한 아모스가 유다 사람이기 때문에 자신의 나라의 회복을 소망했을 가능성이 없는 것도 아니다(참고. 호 2:2; 3:5). 회복의 주제는 당연히 포로기 후시대에 만연했지만, 그 뿌리는 훨씬 이른 시기에 있다고 볼 수 있다. 다윗 왕국의 회복에 대한 소망과 기대는 강대국의 억압 속에 살던 신앙인들의 소망이었을 것이다. 셋째, 후대의 역사가 반영되어 있다는 전제이다. 다윗의 무너진 천막과 왕조의 회복은 예루살렘 멸망 후에나 말할 수 있다는 것이다. 그러나 남북 분열 이후 정치 경제적으로 약화된 다윗의 집을 말한 것일 수도 있다. 북왕국이 떨어져 나가고 아람을 비롯한 주변 국가들에 대한 영향력을 완전히 상실했다면, 이 역시 다윗 왕조는 "무너진 천막"이라고 볼 수 있다. 어떤 이들은 에돔에 대한 언급이 예루살렘 파괴와 그 사건을 이은 포로기를 반영하는 것이라고 주장한다(옵 1:9 이하 참조). 그러나 아모스의 열방에 대한 신탁 중에 에돔의 멸망에 대한 선포가 이미 나온다(암 1:11-12). 여기서 에돔에 대한 적개심은 역사의 한 특정한 부분에 대한 것이라기보다, 오랜 라이벌 관계의 반영이라고 볼 수도 있다(예. 정복 시대[민 20], 사울[삼상 14:47], 다윗[삼하 8:11-14], 아모스[1:11-12]). 그러므로 에돔에 대한 언급은 특정한 시대의 것이라는 증거로 사용되기 어렵다. 본문에 나오는 "에돔의 남은 자"는 에돔의 일부가 유다나 이스라엘에 의해 이미 점령된 상황을 반영한 것일 수도 있다. 예를

로운 시대의 복된 생활(13-15절)로 나눌 수 있다. 각 부분은 "여호와의 말씀"(그러나 히브리어로는 각각 〈느움 야훼〉와 〈아마르 야훼〉)으로 끝난다.

[9:11] 그 날에 내가 다윗의 무너진 장막을 일으키고 그것들의 틈을 막으며 그 허물어진 것을 일으켜서 옛적과 같이 세우고

[12] 그들이 에돔의 남은 자와 내 이름으로 일컫는 만국을 기업으로 얻게 하리라 이 일을 행하시는 여호와의 말씀이니라

[13] 여호와의 말씀이니라 보라 날이 이를지라 그 때에 파종하는 자가 곡식 추수하는 자의 뒤를 이으며 포도를 밟는 자가 씨 뿌리는 자의 뒤를 이으며 산들은 단 포도주를 흘리며 작은 산들은 녹으리라

[14] 내가 내 백성 이스라엘이 사로잡힌 것을 돌이키리니 그들이 황폐한 성읍을 건축하여 거주하며 포도원들을 가꾸고 그 포도주를 마시며 과원들을 만들고 그 열매를 먹으리라

[15] 내가 그들을 그들의 땅에 심으리니 그들이 내가 준 땅에서 다시 뽑히지 아니하리라 네 하나님 여호와의 말씀이니라

들어, 남왕국은 웃시야 시대에 엘랏을 점령했으나(왕하 14:22; 대하 26:2), 아하스 시대에는 에돔에게 다시 빼앗겼다(왕하 16:6). 그러므로 이 구절은 오히려 역사적 아모스의 선포라는 증거가 될 수도 있다. 사실 포로기에는 오히려 에돔이 유다를 일부 점유하고 있었다. S. Paul, *Amos*, 290-291. 넷째, 성서에 기록된 예언들은 실상은 '일이 이루어진 뒤에 기록된 것'(vaticinium ex eventu: predictions after the event)이라는 전제이다. 그러나 그것은 '합리성'을 판단의 제일 근거로 삼는 학자들의 생각일 뿐이다. 여호와는 하시고자 하는 일을 그 종들에게 미리 알려주시는 분이며, 또한 이스라엘의 예언자들이 일어날 일에 대하여 선포한다는 것이 성서에 나오는 일관된 신앙이다. 이는 여호와의 종 아모스가 얼마든지 멸망 후의 회복에 대해 선포할 수 있다는 것이다. 아모스서의 회복에 대한 선포가 멸망 이전인 당시에는 말이 안 되는 이야기로 들렸겠으나, 후대 포로 생활을 하는 사람들에게 큰 위로가 되었을 수는 있다.

이 단락에서 제일 먼저 나오는 단어는 "그 날에"〈바욤 하
9:11 후〉בַּיּוֹם הַהוּא이다. 이 날은 하나님이 임하시는 미래의 어느 날
로 심판의 날일 수도(암 8:3, 9, 13), 구원의 날일 수도 있다(사 11:10, 11; 12:1; 27:2; 습 3:16). 지금까지 아모스서를 읽던(혹은 아모스 예언을 듣던) 사람들은 "그 날"을 심판의 날이라고 생각했을 것이다. 그러나 11절은 또 한 번의 반전이다. 아모스의 선포 내용은 절망 가운데서도 여전히 남아있는 희망이다. "그 날"은 예전처럼 다시 번영하는 날이다. 하나님이 직접 마련하시고, 하나님이 영광 받으시는 날이며, 새로운 세계가 시작되는 날이다.

그 날에 하나님이 하실 일이 열거된다. 먼저 하나님은 다윗의 무너진 장막을 재건하신다(미래 다윗[집안]의 통치를 예언하는 구절들: 사 9:7; 55:3; 렘 23:5; 30:9; 33:15; 겔 34:23, 24; 37:24, 25; 호 3:5 참조). "다윗의 장막"에서 "다윗"은 하나님이 사랑하고 택하신 왕이며, 동시에 다윗 왕가나 이스라엘을 뜻한다. "장막"은 〈수카트〉סֻכַּת의 번역이다.

〈수카트〉가 여기서 무엇을 상징하는지에 대해 의견이 나뉜다. 먼저, "장막"은 보호를 상징하는 것일 수 있다. 건조하고 뜨거운 광야에서 사는 사람들은 장막이 얼마나 귀중한 것임을 잘 안다. 장막이 뜨거운 햇볕을 막아주듯 하나님이 이스라엘(다윗)을 환난에서 보호하신다는 것이다. 하나님이 그늘이 되신다는 것은 히브리인들의 신앙고백이다(시 121:5). 다음으로는 현 상태의 연약함을 강조한 것일 수 있다. 흙벽돌이나 돌로 지어지는 집과는 달리 천막이나 초막은 간단한 지지대와 덮개로 이루어진다. 그러므로 연약한 장막에 불과한 이스라엘을 하나님이 일으켜 주신다는 의미일 수 있다.

또 다른 의견은 "장막"이 아니라 "숙곳"이라 읽어야 한다는 주장이다. 크로스와 프리드만에 따르면 완전장모음 〈와우〉 '생략하기(defective reading)'가 주전 700년경부터 주전 6세기까지 사용되었는데, 후대의 사람들이 〈와우〉가 생략된 줄 모르고 〈수코트〉סֻכֹּת를 〈수카트〉סֻכַּת로 잘

못 읽고 표기했다는 것이다.[303]

숙곳〈수코트〉은 요단강 동쪽에 위치하며, 이스라엘의 역사의 중요한 사건들이 있었던 곳이다. 야곱이 에서와 화해한 후 머문 곳이며(창 33:17), 기드온이 미디안 군과 전투 중 식량을 요청했으나 거부당한 곳이다(삿 8:5-16). 다윗 시대에는 전방 사령부가 있던 곳으로, 이곳을 중심지로 하여 요단 동쪽과 남쪽의 국가들을 성공적으로 지배했다.[304] 이곳은 아모스가 활동하던 시기 직전에 아람(시리아)의 하사엘의 공격에 의해 파괴되었고(왕하 10:32-33), 730년 경 다시 티글랏필레셀에게 함락되어 그 후 다시는 이스라엘 혹은 유다 땅으로 회복되지 못한다.[305] 그러므로 숙곳의 재건은 이스라엘의 국력 확장과 그 이웃에 대한 영향력 회복을 뜻하는 것이 된다.

하나님은 '건축가'처럼 무너진 터전을 재건하신다. 이곳에는 하나님을 일인칭 주어로 건축과 관련된 네 번의 동사가 나온다. "장막"과 "허물어진 것"을 일으키고〈아킴〉אָקִים, 터진 벽을 막으며〈가다르티〉גָּדַרְתִּי, 옛적과 같이 세우신다〈바니티〉בְּנִיתִי.

"옛적과 같이"〈키메 올람〉כִּימֵי עוֹלָם(오래전의 날들처럼)에서 "옛적"은 다윗-솔로몬 통치의 영화스런 시대를 말한다. 다윗 시대는 이스라엘 역사상 가장 위대한 시기였다. 지리적으로는 북쪽의 유프라테스 강변에서 남쪽의 항구 엘랏에 이르는 하나의 소제국을 이루었다. 경제적으로는 주변의 많은 국가들을 점령하여 주요 국제 도로와 항구들을 장악

303) F. M. Cross·D. N. Freedman, *Early Hebrew Orthography* (New Haven: American Oriental Society, 1951), 54-57. 더 후대의 사람들은 이런 현상을 깨닫지 못하고 생략된 것을 원래부터 없는 것으로 생각하고 단모음 a를 붙여 〈수카트〉로 읽었다는 것이다. Stuart, *Hosea-Jonah*, 398 참조.

304) 위의 책.

305) 위의 책.

함으로써 관세와 무역, 조공에 의존하는 지중해 연안의 가장 중요한 국가가 되었다. 이스라엘 백성들의 자부심은 극에 달했고, 여호와 하나님께서 주시는 복을 만끽하였으며, 외침도 남북 간의 군사적 경쟁도 없던 평화의 시기였다. 종교적으로도 예루살렘을 중심으로 오직 한 하나님 여호와만 바라던 이상적인 시대였다. 그러므로 "다윗 시대", 즉 "옛적"은 예언자들과 이스라엘 백성이 그리워하던 시대요, 또 기다리는 미래의 "그날"이다.

9:12 "기업으로 얻게 하리라"는 하나님의 이전 약속을 상기시키는 표현이다. 하나님은 아브라함에게 그 후손이 땅을 기업으로 얻고 그곳에서 번성하게 될 것을 약속하셨으며(창 15:8; 출 6:8), 이스라엘은 그 약속대로 땅을 기업으로 받았다. 그러나 죄악으로 말미암아 패망이 기정사실화된 지금, 아모스는 가슴 아프게 하나님의 사랑으로 주어질 미래 회복의 날, 땅을 다시 선물 받을 날에 대해 선포한다. 예레미야도 동족의 운명을 바라보며 같은 주제의 예언을 했다. 곧 백성이 포로로 잡혀갈 것이나 하나님의 은혜로 그들이 "새로운 출애굽"을 경험할 것이고, 다시 땅을 소유하게 될 것이다.

> 여호와의 말씀이니라 보라 내가 내 백성 이스라엘과 유다의 포로를 돌아가게 할 날이 오리니 내가 그들을 그 조상들에게 준 땅으로 돌아오게 할 것이니 그들이 그 땅을 차지하리라 여호와께서 말씀하시니라 (렘 30:3)

새로운 시대에 이스라엘은 에돔과 만국을 다스리게 된다. 그런데 하나의 질문이 생긴다. 왜 그 많은 나라 중에 "에돔"을 언급했을까? 이 역시 이스라엘의 역사 경험과 밀접한 관계를 갖고 있다. 에돔은 이스라엘(야곱)의 형제였음에도 불구하고 오랫동안 이스라엘을 괴롭혀왔다. 역사적으로 정복 시대(민 20), 사울(삼상 14:47), 다윗(삼하 8:11-14), 아모스 시대(1:11-12)에 이르기까지 에돔은 이스라엘의 적국이었다. 남왕국 유다가 멸망당할 때도 에돔은 유다에 대해 적대적이었고, 그 대가로 바벨론으로부터 이득을 취할 수 있었다. 그러므로 유다(이스라엘) 백성의 마음에는 에돔에 대한 적개심이 들어 있었다. 그러한 "에돔"을 다스리게 된다는 것은 이스라엘의 원한이 풀리며, 멸망 이전의 상태로 돌아간다는 것을 말한다. "에돔의 남은 자"라고 한 것은 에돔이 생존했을지언정 역시 작은 나라로 명맥만 이어가고 있는 역사적 현실을 담은 표현이다.

"만국"은 일차적으로는 이스라엘과 경쟁했던 나라들을 가리킨다. "다윗의 장막"을 고려한다면 "만국"은 다윗이 정복했던 블레셋, 에돔, 모압, 암몬, 아람 등을 뜻할 것이다. 그러나 기독교 독자들은 "만국"이 아모스 시대의 이해를 넘어가는 개념이라는 것을 잘 안다. 문자적으로 "모든 나라"〈콜-고임〉כָּל־הַגּוֹיִם는 역사적 이스라엘의 주변 국가에 한정되지 않는다. 신약성경의 누가는 이 본문에 대해 다음과 같은 영감된 해석(inspired interpretation)을 제공한다.

> [16]이후에 내가 돌아와서 다윗의 무너진 장막을 다시 지으며 또 그 허물어진 것을 다시 지어 일으키리니 [17]이는 그 남은 사람들[히브리 본문의 "에돔"이 생략됨]과 내 이름으로 일컬음을 받는 모든 이방인들로 주를 찾게 하려 함이라 하셨으니(행 15:16-17)[306]

---

306) 다르게 읽는 이유는 히브리어 אדם의 모음 붙이기와 관계가 있다. 원래 나라 이름인 〈에돔〉은 중간에 와우(mater lectionis waw)가 있는 אֱדוֹם이다. 본문에는 와우가 없으므로(생략되었기 때문에) 에돔이 아니라 〈아담〉אָדָם으로 읽을 수도 있다. 칠십인역은 "에돔" 대신 "사람"으로 읽는다. 이로 인해 히브리어 본문의 "에돔의 남은 자"가 사도행전 15:17에서 "그 남은 사람들"로 바뀌게 되었다. 칠십인역은 네 가지 점에서 마소라 본문과 다르다. "에돔의 남은 자" 대신 "남은 사람", "모든 나라" 대신 "모든 민족", 목적격 대신 주격, "소유하다"〈야라쉬〉 대신 "찾다"로 읽는다. 그리하여 마소라 본문의 "그들이 에돔의 남은 자와 내 이름으로 일컫는 만국을 기업으로 얻도록" 대신 "그 남은 사람과 내 이름으로 일컬음을 받는 모든

아모스 시대에 살던 사람들이 여호와 하나님의 예언의 말씀을 어떻게 이해했든, 이미 성취된 경험을 하고 있는 우리 (이방인) 그리스도인들은 "만국"이 어느 나라들을 포함하는지, "다윗의 장막"을 재건하신 "만왕의 왕"이 누구인지 안다.

"내 이름으로 일컫는"〈아쉐르-니크라 쉐미〉אֲשֶׁר־נִקְרָא שְׁמִי이란 숙어는 다양한 상황에서 사용된다. 첫째, 대표성이나 소속을 말한다. 결혼한 여자는 남편의 이름으로 칭함을 받는다(사 4:1). 둘째, 권위를 나타내는 표현이다. 이스라엘 백성은 그 왕 여호와의 이름으로 인식되며(신 28:9, 10 렘 15:16), 솔로몬 성전도 주의 이름으로 일컬어지는 전이었다(왕상 8:43). 셋째, 영예롭고 복된 이름, 복의 계승을 뜻하기도 한다. 아브라함과 이삭은 후손들이 자랑하는 복된 이름이었다.

> [15]그가 요셉을 위하여 축복하여 이르되 내 조부 아브라함과 아버지 이삭의 섬기던 하나님, 나의 출생으로부터 지금까지 나를 기르신 하나님, [16]나를 모든 환난에서 건지신 여호와의 사자께서 이 아이들에게 복을 주시오며 이들로 내 이름과 내 조상 아브라함과 아버지 이삭의 이름으로 칭하게 하시오며 이들이 세상에서 번식되게 하시기를 원하나이다(창 48:15-16)

넷째, 또한 나라나 도시를 취하는 정복자의 명성이나 권리를 나타낼 때도 사용되었다.[307]

이방인이 (나를) 찾게 하도록"(칠십인역, 신약)으로 읽는다. 칠십인역을 번역하던 당시의 이스라엘의 역사적 상황이 번역에 영향을 미쳤을지도 모른다. 그렇다면 이스라엘이 그 당시까지 결코 만국을 소유하지 못했으며, 헬라가 아시아와 아프리카를 지배하고 있었기 때문에 본문을 달리 이해했을 것이다.

307) Mays, *Amos*, 165.

[26]요압이 암몬 자손의 랍바를 쳐서 그 왕성을 점령하매 [27]요압이 전령을 다윗에게 보내 이르되 내가 랍바 곧 물들의 성읍을 쳐서 점령하였으니 [28]이제 왕은 남은 군사를 모아 그 성에 맞서 진치고 이 성읍을 쳐서 점령하소서 이 성읍이 내 이름으로 일컬음을 받을까 두려워하나이다 하니(삼하 12:26-28)

이러한 다양한 용도를 고려한다면, "내[여호와 하나님] 이름으로 일컫는"이라는 표현은 여호와께서 그 백성의 남편이 되시며, 자랑스러운 부모가 되시며, 친히 왕이 되어주시며, 주인이 되어주시며, 여호와의 권위와 영화를 그 백성에게 주신다는 뜻이다.

아모스 시대의 농경 사회에서 백성들이 소망하던 것은 무엇
9:13 이었을까? 평화와 풍요 아니었겠는가! 그 날은 강한 나라의 백
성으로 살 뿐 아니라, 전쟁과 질병과 가난을 잊고 철을 따라 일하는 대로 열매 맺는 평화와 기쁨 가운데 사는 날이다(겔 47:12; 욜 4:18 [3:18] 참조). 아모스와 동시대에 예언했던 호세아 역시 "그 날"의 은혜와 평강을 전하는데, 그 날은 하나님의 백성이 아니었던 자들이 땅에 심기고, 긍휼히 여김을 입으며, 풍성한 수확으로 즐거워하는 날이다.

[21]여호와께서 이르시되 그날에 내가 응답하리라 나는 하늘에 응답하고 하늘은 땅에 응답하고 [22]땅은 곡식과 포도주와 기름에 응답하고 또 이것들은 이스르엘에 응답하리라 [23]내가 나를 위하여 그를 이 땅에 심고 긍휼히 여김을 받지 못하였던 자를 긍휼히 여기며 내 백성 아니었던 자에게 향하여 이르기를 너는 내 백성이라 하리니 그들은 이르기를 주는 내 하나님이시라 하리라 하시니라(호 2:21-23)

농산물의 소출이 얼마나 풍성한지, 경작자가 다음 농사를 위해 흙을 갈아엎고 있을 동안에 다른 한쪽에서는 아직도 전 해에 심은 곡식

을 베고 있다. 시간적으로 보아 추수 시기가 한참 지나 새해 농사를 시작하는 때까지도 아직도 추수를 끝내지 못하고 곡식을 다 처리하지 못한 상태다. 밭가는 자와 곡식 베는 자가 함께 일하고 있으니 그 추수의 풍성함이 얼마나 큰가!

포도 농사도 대풍년이다. 보리와 밀은 5월 초에 익고 포도는 9월 초에 익는다. 10월이나 11월이 되면 다시 땅을 갈고 그 직후 씨를 뿌리는데, "포도를 밟는 자가 씨 뿌리는 자의 뒤를" 잇고 있으니 포도 압착의 시기가 몇 개월이나 더 지속되는 것을 보여준다.[308]

이어서 대풍년의 다른 표현이 나온다. 도처에 포도주와 포도즙이 넘치고 작은 산 전체가 마치 포도즙인 것처럼 녹아내린다. 젖과 꿀이 흐르는 기름진 땅에서 사람들은 포도주로 상징되는 기쁨과 풍요의 삶을 누리게 된다는 것이다. 기쁨의 날이 어떠한지는 다음 절에서도 계속된다.

"사로잡힌 것을 돌이키리니"는 번역 상 논란이 있는 구절
9:14 이다. 히브리어 문장은 〈워샵티 에트 쉬부트〉וְשַׁבְתִּי אֶת־שְׁבוּת인데,
앞의 〈샵티〉(돌이키다)의 번역은 어려움이 없지만 〈쉬부트〉의 이해가 두 갈래로 나뉜다. 원형을 〈샤바〉שָׁבָה로 보면 그 뜻은 "사로잡힌 것"이 된다(KJV, 개역[개정]성경, 표준새번역, 칠십인역). 그러나 원형을 〈슈브〉שׁוּב로 보면 〈쉬부트〉의 뜻은 "역전된 것"(NRS)이다. 14절을 함께 읽으면 '내가 내 백성 이스라엘의 역전된 것을 돌이키리라', 즉 이스라엘의 역전된 운명을 회복시킨다는 뜻이 된다.[309]

---

308) King, *Amos, Hosea, Micah*, 109.

309) 주전 8세기 아람어 문서에도 같은 표현이 나온다. 그래서 샬롬 폴은 이는 포로 상황에 대한 언급이 아니라고 하면서 사로잡힌 것을 돌이킨다는 의미를 영화에서 비천함으로 떨어진 그 운명을 돌이킨다는 뜻으로 본다. Paul, *Amos*, 294. 공동번역 역시 "이스라엘의 국운"으로 번역한다. 그

포로에서 돌이키든 운명에서 돌이키든, 여호와 하나님의 전적이며 무조건적인 은혜로써 "내 백성 이스라엘"〈암미 이스라엘〉עַמִּי יִשְׂרָאֵל은 이전처럼 회복되어 집을 짓고 마을을 이루며, 과원에서 에덴에서와 같은 생을 즐기게 된다는 것이다.

여기서의 "땅"은 〈에레츠〉가 아니라 〈아다마〉אֲדָמָה이다. 〈아
9:15 다마〉는 위치 개념인 〈에레츠〉(예. 하늘과 땅, 이스라엘 땅 등)와는 달리
"흙"의 개념을 담고 있다. 경작지, 식물이 자라는 토양, 토지재산 땅도 〈아다마〉이다. 태어나고 묻힐 곳이라는 뜻에서 가끔은 "고국"이란 뜻도 가진다(예. 욘 4:2). 에스겔서는 "이스라엘 땅"〈아다마트 이스라엘〉이란 표현을 다른 어떤 책에서보다 많이 사용하는데, 여기에서도 정치적 의미보다는 이스라엘 사람들이 구체적으로 생활하는 터전으로서의 땅을 의미하는 것으로 보인다(예. 사 14:2; 19:17와 에스겔서의 여러 곳).

이스라엘이 잘 알고 있는 농사 언어로 회복을 말씀하시는 하나님은 땅의 주인이신 동시에 식물을 기경하는 농부로 묘사된다. 하나님은 먼저 땅을 준비하신다. 그 땅은 강대국의 땅이 아니라 "그들[이스라엘]의 땅"〈아드마탐〉אַדְמָתָם이며 "내가 준 '그들[이스라엘]의' 땅"〈아드마탐 아쉐르 나타티〉אַדְמָתָם אֲשֶׁר נָתַתִּי이다.

하나님은 그 땅에 이스라엘을 심으신다. 하나님은 이전에 애굽으로부터 이스라엘을 인도하사 포도나무처럼 주의 기업에 심으셨고(출 15:17; 시 80:8[히 9], 15[히 16]; 사 5:2), 이스라엘은 한 때 하나님이 "기뻐하시는 식물〈네타으〉נֶטַע이었다"(사 5:7). 이러한 하나님의 돌보심에도 불구하고 이스라엘은 변질되었고(사 5:7), 들포도가 되었다(렘 2:21). 그런데도 하나님은 그들을 다시 "내가 심은 가지"로 부르기를 원하셨다(사 60:21). 하나

러나 다음 절의 "다시 뽑히지 아니하리라"와 "그들의 땅에(본토에) 심는다"는 뽑힌 경험을 전제로 하기 때문에, 필자는 '사로잡힌 것을 돌이키다'가 더 적합한 번역이라 생각한다.

님의 은혜로 말미암아 그들은 "여호와께서 심으신 나무"(사 61:3)라 불릴 것이다.

하나님은 이스라엘에게 다시는 뽑히지 않을 것이라고 약속하신다. 이전에 이스라엘은 그 땅에서 뽑히고 말았다. "뽑다"의 히브리어 동사 〈나타쉬〉נָתַשׁ는 "뿌리를 뽑다"라는 뜻이다. 이 단어는 구약성경에서 약 70번 사용되는데, 대부분 예언서에서, 특히 이사야서와 예레미야서에서 30번 정도 나온다. 이 동사는 자주 나라들에 대한 하나님의 파괴 행동을 나타내는 경우 사용되었다. 이 행동의 대상은 이스라엘(신 29:28 [히 27]; 대하 7:20)과 이웃 나라들(렘 12:14-15, 17)이다. 이스라엘은 뿌리 뽑혔고, 그들의 땅으로부터 다른 곳으로 이식되었다(렘 45:4; 참고. 렘 24:6).

그러나 그것은 영구 이식이 아니다. 하나님이 다윗과 맺은 언약(나단 신탁)에서 이스라엘을 심고 다시 옮기지 않을 것이라고 약속했기 때문이다(삼하 7:10; 대상 17:9). 아모스는 이 약속을 다시 상기시킨다. 예레미야도 심판 후에는 더 이상의 뿌리 뽑힘이 없을 것이라는 하나님의 약속을 선포한다(렘 31:28; 32:41). 하나님이 이스라엘을 심고 뽑히지 않도록 보호하시므로 다시는 아무도 이스라엘을 뽑을 수 없다. 마치 더 이상의 홍수는 없다는 약속(창 8:21)으로 살아가는 때처럼 하나님의 양육과 보호를 받으며 살아가는 이스라엘, 이것이 새 이스라엘의 운명이다.

아모스서는 "묵시 받은 말씀"으로 시작하여 "네 하나님 여호와의 말씀"〈아마르 아도나이 엘로헤카〉אָמַר יְהוָה אֱלֹהֶיךָ(네 하나님 여호와께서 말씀하셨다)으로 끝난다. 그렇다 여호와 하나님은 이스라엘에게 여전히 "네 하나님"이시다. 그러므로 심판하셨고, 그러므로 다시 기르신다. 이로써 아모스의 사역도 끝이 나고 이스라엘은 멸망하지만, 여호와 하나님의 역사는 계속된다.

<묵상>

아모스의 거듭된 지적에도 불구하고 이스라엘은 여호와 하나님께 대한 반역을 거두지 않았다. 그들은 결국 선물로 받은 모든 영화를 잃어버리고 남의 땅으로 붙들려가고 말았다. 그러나 이스라엘의 심판과 그들의 파멸이 여호와의 마지막 말씀은 아니다. 우리들이 잘 아는 것처럼 여호와 하나님은 불의를 미워하셔서 불의한 일을 행한 백성에서 심판을 명하셨지만 그 가운데서 사랑하는 백성들을 위해 다른 길을 마련하시는 분이다. 이스라엘의 패배가 이스라엘이 믿던 하나님의 패배는 아니다. 하나님의 로드 맵은 거기서 끝나지 않는다. 오직 그분의 성품과 계획에 의해서 구원과 새로운 시작이 마련된다.

앞에서의 아모스의 심판 신탁은 이스라엘이 범한 죄로 인한 결과로 주어진 것이다. 그러나 우리의 본문의 구원 신탁은 이스라엘이 택한 선한 행동의 결과로 주어진 것이 아니다. 하나님의 은혜는 환경과 태도와 행실의 변화 없이, 조건 없이 주어진다. 오직 하나님의 성품에 근거한 은혜로써 버려진 사람들을 하나님의 백성이라 칭하시고, 불행을 행복으로 바꾸시는 것이다.

참고문헌

『기독교대백과사전』. "애곡." 서울: 교문사, 1983.

김중은. "하나님의 전령사."『목회와 신학』51(1993), 186-192.

김태훈. "아모스 6:4-7의 〈마르제아흐〉 비판 혼합종교에 대한 것인가, 사회적 불의에 대한 것인가."『신학과 사회』24/2(2011), 9-38.

______. 『소예언서』. 신학전문도서시리즈 6. 서울: 한국장로교출판사, 2009.

______. "아다드니라리 III의 서방 원정, 샴시일루 그리고 여로보암 II의 군사적-경제적 성공."『구약논단』26(2007), 129-146.

______. "앗시리아 역사 문서와 사마리아의 함락."『구약논단』15(2003), 195-222.

김태훈·이종록·채은하. 『만물아, 주를 찬양하라: 히브리 시편 입문』. 파주: 한국학술정보, 2009.

이용호. "지혜문학의 수 잠언과 아모스의 이방신탁의 양식 비교." 한국구약학회 제70차 춘계학술대회자료집(2006. 4. 27), 133-153.

이윤경. "전쟁이라는 삶의 자리에서 살펴본 열방신탁의 담론적 기능."『한국기독교신학논총』62(2009), 35-56.

Alter, R. *The Art of Biblical Poetry*. New York: Basic Books, 1985.

Andersen F. I. · D. N. Freedman. *Amos*. Anchor Bible. New York: Doubleday, 1989.

Archer, Gleason. *A Survey of Old Testament Introduction*. Chicago: Moody Bible Institute, 2007.

Auld, A. G. *Amos*. OT Guides. Sheffield: JSOT Press for the Society for Old Testament Study, 1986.

Barton, J. *Amos's Oracles against the Nations: a Study of Amos 1.3-2.5.* Society for Old Testament Study Monograph Series Vol. 6. New York: Cambridge University Press, 1980.

Bramer, Stephen J. "The Structure of Amos 9:7–15." *BS* 156 (July–September 1999), 272–281.

______. "Analysis of the Structure of Amos." *BS* 156 (April–June 1999), 160–174.

______. "The Literary Genre of the Book of Amos." *BS* 156 (January–March 1999), 42–60.

Ceresko, Anthony R. "Janus Parallelism in Amos's 'Oracles Against the Nations'(Amos 1:3-2:16)." *JBL* 113/3 (Fall 1994), 485-490.

Chaney, Marvin L. 우택주·조은석·홍성혁·천사무엘·김태훈·배정훈·김영혜 옮김. 『농경사회 시각으로 바라본 성서 이스라엘: 구약성서의 종교와 사회의 역사·문학 해석』. 서울: 한들출판사, 2007.

Chisholm, Robert B. Jr. "'For Three Sins … Even for Four': the Numerical Sayings in Amos." *BS* 147/586 (April- June 1990), 188-197.

Cohen, S. "Amos Was a Navi." *HUCA* 32 (1961), 175-178.

Coote, R. B. *Amos among the Prophets: Composition and Theology*. Philadelphia: Fortress Press, 1981.

Cross, F. M.·D. N. Freedman. *Early Hebrew Orthography*. New Haven: American Oriental Society, 1951.

Eichrodt, W. *Theology of the Old Testament* I. London: SCM Press, 1975.

Galil, J. "An Ancient Technique for Ripening Sycamore Fruit in East-Mediterranean Countries." *Economic Botany* 22 (1968), 179-190.

Gelin, Albert. *The Poor of Yahweh*. Collegeville: The Liturgical Press, 1964.

George, Augustin. "Poverty in the Old Testament." In *Gospel Poverty: Essays in Biblical Theology*. Chicago: Franciscan Herald Press, 1977.

Gottwald, N. K. *All the Kingdoms of the Earth*. New York: Harper and Row, 1964.

Grayson, Albert K. *Assyrian Royal Inscriptions* II. Wiesbaden: Otto Harrassowitz, 1976.

Hasel, Gerhard F. *Understanding the Book of Amos: Basic Issues in Current Interpretation*. Baker Book House, 1991.

Hayes, J. H. "Amos's Oracles Against the Nations (1:2-2:16)." *Review and Expositor* 92(1995), 153-167.

______. *Amos the Eighth-Century Prophet: His Times and His Preaching*. Nashville: Abingdon, 1988.

Hubbard, D. A. *Joel and Amos: An Introduction and Commentary*. Leicester, England: Downers Grove, Ill., 1989.

Huffmon, H. "The Treaty Background of Hebrew YĀDA." *BASOR* 181(1966), 31-37.

Josephus. *The Antiquities of the Jew*, Book 9. 222-226. 『유대고대사 II』. 서울: 달산, 1991.

Kapelrud, Arvid S. "New Ideas in Amos," *VTS* 15 (1966), 193-206.

King, Philip J. "The Eighth, the Greatest of Centuries?." *JBL* 108(1989), 3-15.

______. *Amos, Hosea, Micah: An Archaeological Commentary*. Philadelphia: Westminster Press, 1988.

______. "The Marzeah Amos Denounce." *BAR* 14(1988), 34-44.

Klein, Ernst. *A Comprehensive Etymological Dictionary of the Hebrew Language*. New York: McMillan Publishing Co., 1987.

Kraus, H-J. *Psalms 60-150: A Commentary*. Minneapolis: Augsburg, 1989.

Lenski, Gerhard. *Power and Privilege: A Theory of Social Stratification*. New York: McGraw-Hill Book Company, 1966.

Levine, B. *In the Presence of the Lord: A Study of Cult and Some Cultic Terms in Ancient Israel*. SJLA 5. Leiden: Brill, 1974.

Lewis, Theodore J. *Cults of the Dead in Ancient Israel and Ugarit*. HSM 39. Atlanta: Scholars Press, 1989.

Limburg, James. *Hosea-Micah*. Interpretation. Atlanta: John Knox Press, 1988.

Longman III, Tremper. 한화룡 옮김. 『어떻게 시편을 읽을 것인가?』. 서울: IVP, 1989.

Lust, J. *Remarks on the Redaction of Amos* V, *4-6, 14-15*. OTS 21(1981), 129-154.

Maag, Victor. *Text, Wortschatz und Begriffswelt des Buches Amos*. Leiden: E. J. Brill, 1951.

Mays, James L. *Amos*. London: SCM Press, 1969.

Matthews, Victor H. · Don C. Benjamin. *Social World of Ancient Israel: 1250-587 BCE*. Peabody, Mass.: Hendrickson Publishers, 1993.

Miller, Patrick. "Animal Names as Designations in Ugaritic and Hebrew." *Ugarit-Forschungen* 2(1970), 177-186.

Möller, Karl. "'Hear This Word against You': a Fresh Look at the Arrangement and the Rhetorical Strategy of the Book of Amos." *VT* 50/4 (2000), 499-518.

Noth, Martin. *The History of Israel*. 2d ed. New York: Harper & Row, 1960.

O'Conell, R. H. "Telescoping N+1 Patterns in the Book of Amos." *VT* 46/1 (January 1996), 56-73.

Paul, Shalom. M. *Amos: A Commentary on the Book of Amos*. Minneapolis: Fortress Press, 1991.

Pritchard, James B., ed. *Ancient Near Eastern Texts Relating to the Old Testament*. Princeton, N. J.: Princeton University Press, 1969.

Rad, Gerhard Von. *Theology of the Old Testament* I. New York: Harper, 1962.

Richardson, H. Neil. "Skt (Amos 9:11): 'booth' or 'succoth'?" *JBL* 92/3 (Spring 1973), 375-381.

. "A Critical Note on Amos 7:14." *JBL* 85/1 (March 1966), 89.

Roth, Martha T. "Age at Marriage and the Household: A Study of Neo-Babylonian and Neo-Assyrian Forms." *Comparative Studies in Society and History* 29 (October 1987), 741-746.

Schmidt, Brian B. *Israel's Beneficent Dead: Ancestor cult and Necromancy in Ancient Israelite Religion and Tradition*. Tübingen: J.C.B. Mohr, 1994.

Smith, B. K., and F. S. Page. *Amos Obadiah Jonah*. NAC 19B. Nashville: Broadman & Holman Publishers, 1995.

Speiser, E. A. "Of Shoes and Shekels." *BASOR* 77(1940), 15-20.

Steinman, A. E. "The Order of Amos's Oracles Against the Nations: 1:3-2:16." *JBL* 111(1992), 683-689.

Stuart, Douglas. *Hosea-Jonah*. WBC 31. Waco, Texas: Word Books, 1987.

Talmon, Shemaryahu. "The Judaean 'Am HA'AREṢ in Historical Perspective." In *King, Cult and Calendar in Ancient Israel*, 68-78. Leiden: Brill; Jerusalem: Magnes Press, 1986.

Vaux, R. de. *Ancient Israel*. New York: McGraw-Hill Co., 1965.

Waard, J. de "The Chiastic Structure of Amos V, 1-17." *VT* 27(1977), 170-177.

Wellhausen, Julius. *Prolegomena zur Geschichte Israels*. Berlin: Druck und verlag von G. Reimer, 1878.

______. *Die Kleinen Propheten*. 4th ed. Berlin: W. de Gruyter, 1963.

Wenham, G. J. *The Book of Leviticus*. NICOT. Grand Rapids: W. B. Eerdmans, 1979.

Westermann, Claus. *Basic Forms of Prophetic Speech*. Louisville: Westminster, 1991.

Wolff, Hans Walter. *Joel and Amos*. Hermeneia. Philadelphia: Fortress Press, 1977.

______. *Anthropologie des Alten Testaments*. 문희석 옮김. 『구약성서의 인간학』. 왜관: 분도출판사, 1993.

Wood, Leon J. *The Prophet of Israel*. 김동진 옮김. 『이스라엘의 선지자』. 서울: 기독교 문서선교회, 1990.

사자의 부르짖음: 예언자 아모스의 선포와 삶

\- 설교를 위한 아모스서 연구

1쇄 발행	2012년 9월 10일
1쇄 인쇄	2012년 9월 15일
지은이	김태훈
펴낸이	이연옥
펴낸곳	도서출판 한국성서학 서울 종로구 연지동 1-1 여전도회관 1105호 TEL. 02-766-5220 / FAX. 02-744-7046
출판 등록	제1-1286호(1991. 12. 21)
총판	도서출판 두란노(TEL. 02-749-1059 / FAX. 02-749-3705)

ISBN 978-89-86015-84-3 93230

값 13,000원